Berliner Theologische Zeitschrift (BThZ)

31. Jahrgang 2014
Heft 2

Das Zweite Vatikanische Konzil in der evangelischen Theologie

EVANGELISCHE VERLAGSANSTALT
Leipzig www.eva-leipzig.de

BERLINER THEOLOGISCHE ZEITSCHRIFT (BTHZ)
ISSN 0724-6137

Herausgegeben von der Humboldt-Universität zu Berlin,
handelnd durch die Theologische Fakultät

Herausgeber-Kreis: Heinrich Assel (Greifswald), Cilliers Breytenbach (Berlin),
Daniel Cyranka (Halle), Katharina Greschat (Bochum), Klaus Hock (Rostock),
Heinrich Holze (Rostock), Jürgen van Oorschot (Erlangen), Rolf Schieder (Berlin),
Jens Schröter (Berlin), Christopher Spehr (Jena), Anne M. Steinmeier (Halle),
Markus Witte (Berlin)

Berater-Kreis (Advisory Board): Sven-Erik Brodd (Uppsala), Ingolf U. Dalferth (Zürich),
Susanne Heine (Wien), Volker Küster (Kampen), Risto Saarinen (Helsinki), Werner Ustorf
(Birmingham), Joseph Verheyden (Leuven)

Schriftleiter: Prof. Dr. Cilliers Breytenbach
Redaktionsassistentin: Dr. Anja Sakowski
Postadresse: Redaktion der BThZ · Humboldt-Universität zu Berlin · Theologische Fakultät ·
Unter den Linden 6 · 10099 Berlin
Sitz: Burgstraße 26
Tel. (030) 2093-5973 · Fax (030) 2093-5969
bthz@theologie.hu-berlin.de · www2.hu-berlin.de/bthz

Vertrieb: Evangelische Verlagsanstalt GmbH · Blumenstraße 76 · 04155 Leipzig
Bestellservice: Leipziger Kommissions- und Großbuchhandelsgesellschaft (LKG)
Frau Christine Falk, An der Südspitze 1–12, 04579 Espenhain
Tel. +49 (0)34206-65129, Fax +49 (0)34206-651736 · E-Mail: cfalk@lkg-service.de

Bezugsbedingungen: erscheint zweimal jährlich, Frühjahr und Herbst
Preise incl. MWSt.*: Einzelheft: € 18.80, Einzelheft zur Fortsetzung € 16,80 jeweils zuzügl.
Versandkosten. Die Fortsetzung läuft immer unbefristet, ist aber jederzeit kündbar.
* gültig ab Januar 2012

Coverentwurf: Kai-Michael Gustmann
Gesamtherstellung: Druckerei Böhlau, Leipzig
ISBN 978-3-374-04024-7
www.eva-leipzig.de

Inhalt

Zu diesem Heft

Vor fünfzig Jahren fand das Zweite Vatikanische Konzil statt. Die große Bedeutung dieses Konzils wurde früh gesehen. Es veränderte nicht nur die katholische Kirche und öffnete sie für neue Themen und Fragestellungen. Es wirkte sich auch auf die evangelische Christenheit aus. Als erstes römisch-katholisches Konzil, das die konfessionelle Ausdifferenzierung der Christenheit ernst nahm und nicht mehr ausschließlich als schuldhafte Abspaltung von der einen wahren Kirche auffasste, eröffnete es für die Ökumene neue Perspektiven. Kann man von evangelischen „Rezeptionen" sprechen? Die Lehrbildung in der evangelischen Kirche folgt nicht römisch-katholischen Rezeptionsbedingungen. Auch formulierte das Konzil keine Rezeptionserwartungen an die nicht-katholischen Kirchen. Es gab keine „Rezeptionen" mit dem Ziel einer verbindlichen Lehreinheit. Dort, wo ökumenische Arbeitskreise nach intensiver theologischer Arbeit Konsense formulierten, wurden diese – von der Gemeinsamen Erklärung zur Rechtfertigung (1999) abgesehen – bis heute nicht offiziell rezipiert. Gleichzeitig ist die Fülle von Rezeptionen in der Arbeit ökumenisch engagierter Theologinnen und Theologen unbestreitbar. Es sind diese theologischen Rezeptionen, denen sich das vorliegende Heft im Gedenkjahr des Ökumenismus-Dekrets vom November 1964 widmet.

Das Heft wird mit Überlegungen zur zeitgeschichtlichen Rezeption eröffnet. *Theo Dieter* (Straßburg) beschreibt in seinem Beitrag das Konzil im Spiegel der Berichte der evangelischen Konzilsbeobachter. Er zeigt, dass die Anwesenheit evangelischer Beobachter nicht nur deren theologisches Denken veränderte, sondern auch die konziliaren Debatten beeinflusste. Von dieser ökumenischen Offenheit waren auch die Darstellungen des Konzils geprägt, die in der deutschsprachigen evangelischen Kirchengeschichte erschienen und von *Klaus Fitschen* (Leipzig) vorgestellt werden.

Mehrere Beiträge behandeln die dogmatischen Rezeptionen in der evangelischen Theologie. *Friederike Nüssel* (Heidelberg) untersucht in ihrem Beitrag das grundlegende Dokument zur Offenbarungslehre, die dogmatische Konstitution *Dei verbum*. Sie zeigt, dass in den evangelischen Rezeptionen die Möglichkeiten einer ökumenischen Verständigung in den prinzipientheologischen Fragen gesehen und auch ergriffen wurden. *Eilert Herms* (Tübingen) lenkt den Blick auf das Ökumenismusdekret Unitatis redintegratio und macht in seiner Analyse deutlich, dass hier ein Lehrkonzept mit präzisen Grundsätzen und inneren Zusammenhängen zu den dogmatischen Hauptdokumenten des Konzils entfaltet wurde. Für die evangelischen Kirchen liege die Bedeutung des Dekrets in der Aufgabe, die konfessionell-lehrhaften Grundlagen des Ökumenismus zu respektieren sowie „eine fundamentaltheologische Synthese ihres Dogmenbestandes und seiner lehrmäßigen Entfaltung" vorzunehmen. *Reinhard Frieling* (Bensheim) untersucht die Topoi, unter denen das universale Amt als Zeichen und Werkzeug der Einheit auf dem Konzil diskutiert wurde. Außerdem beschreibt er Einheitsmodelle wie den Rahner-Fries-Plan, der die Vorstellung von einer Ökumene der Konfessionen und Christentümer „mit, nicht unter dem Papst" entwirft. *Reinhold Bernhardt* (Basel) widmet sich der konziliaren Erklärung Nostra Aetate über das Verhältnis der Kirche zu den nichtchristlichen Religionen, die der katholischen wie den evangelischen Kirchen in der Israeltheologie und der Theologie der Religionen entscheidende Impulse gegeben habe. Auf katholischer Seite sei damit die Grundlage für das Nebeneinander von christlich-jüdischen und christlich-muslimischen Dialogen gelegt worden.

Zwei Beiträge lenken den Blick auf die Rezeption des vatikanischen Konzils in den theologischen Disziplinen. *Cilliers Breytenbach* (Berlin) beschreibt die Bedeutung des Konzils für die katholische Exegese, die sich den exegetischen Diskursen geöffnet und dadurch auch die protestantische Exegese beeinflusst habe. In den großen evangelisch-katholischen Kommentaren zeige sich, dass es „schon jetzt nur eine Wissenschaft vom Neuen Testament" gebe. *Bernd Oberdorfer* (Augsburg) bietet in seinem Beitrag eine Darstellung des Spektrums fachdisziplinärer Rezeptionen des zweiten Vatikanums in der protestantischen Dogmatik. Einsetzend mit Karl Barths Stellungnahme analysiert er zunächst die Konzeptionen Wolfhart Pannenbergs und Dietz Langes und lenkt abschließend den Blick auf die Beiträge einer Ökumenischen Dogmatik, wie sie von Edmund Schlink und zuletzt von Ulrich Kühn und Wolfgang Beinert vorgelegt wurden.

Den Abschluss bilden Überlegungen zur künftigen Rezeption des vatikanischen Konzils. *Josef Wohlmuth* (Bonn), Herausgeber der „Dekrete der ökumenischen Konzilien", formuliert als katholischer Theologe und Experte der Konzilien und ihrer Rezeptionen den Wunsch nach einer gelebten Konsensökumene in der jetzt beginnenden zweiten Phase der Rezeption des Konzils. Er erinnert an das Glaubensbekenntnis von Nizäa-Konstantinopel als Grundlage der Einheit der Kirchen in einer globalisierten Menschheit. *Markus Dröge* (Berlin), Bischof der Evangelischen Kirche in Berlin-Brandenburg-Oberlausitz, beschreibt die Erinnerung an das Konzil als eine gemeinsame Aufgabe, den ökumenischen Stillstand zu überwinden, in der Taufe die Einheit mit Christus bewusst zu machen und die spirituelle Ökumene zu fördern, wozu die Jubiläen von Konzil und Reformation auffordern.

Mai 2014   Heinrich Assel (Greifswald)
                                                   Heinrich Holze (Rostock)

THEODOR DIETER

Erneuerung der Römisch-katholischen Kirche und Ökumenismus

Die evangelischen Beobachter auf dem Zweiten Vatikanischen Konzil

„Gewiss ein wenig vor Bewegung zitternd, aber zugleich mit demütiger Entschlossenheit des Vorsatzes spreche ich vor Euch die Bezeichnung und den Vorschlag der doppelten feierlichen Veranstaltung aus: einer Diözesansynode für Rom und eines allgemeinen Konzils für die Weltkirche" – mit diesen Worten kündigte Papst Johannes XXIII. am 25. Januar 1959 vor einer kleinen Gruppe von Kardinälen zum Abschluss der Weltgebetsoktav für die Einheit der Christen seinen Entschluss, ein Konzil einzuberufen, an.[1] Er bat jeden um sein Gebet für einen guten Beginn und sprach dann von einer „freundlichen und neuerlichen Einladung an unsere Brüder aus den getrennten christlichen Kirchen, mit uns dieses Gastmahl der Gnade und Bruderschaft zu teilen"[2]. Aus diesen Worten wurde in der autorisierten Version eine „neuerliche Einladung an die Gläubigen der getrennten Gemeinschaften, Uns ebenfalls mit gutem Willen bei dieser Suche nach Einheit und Gnade zu folgen"[3]. Die Frage nach dem Verständnis des Ökumenischen sollte ein Grundthema wie auch Gegenstand heftiger Auseinandersetzungen vor, auf und nach dem Konzil werden. Die Ankündigung eines ökumenischen Konzils elektrisierte damals sehr viele Menschen, Katholiken wie Protestanten, verstanden sie doch zumeist „ökumenisch" im Sinn der ökumenischen Bewegung, wie sie sich seit der Weltmissionskonferenz in Edinburgh 1910 ausgebreitet hatte.[4] Diffuse Er-

---

1   G. Alberigo, Die Ankündigung des Konzils. Von der Sicherheit des Sich-Verschanzens zur Faszination des Suchens, in: ders. / K. Wittstadt (Hg.), Geschichte des Zweiten Vatikanischen Konzils (1959–1965), Bd. 1, Mainz/Leuven 1997, 1–60: 1. Ebd., Anm. 2.: „In den vorbereitenden Fassungen hatte der Papst stets ‚allgemeines Konzil' geschrieben, während in der offiziellen Fassung ‚ökumenisches Konzil' erscheint".

2   Zit. nach P. Hebblethwaite, John XXIII. Pope of the Council, London 1984, 321 (Übers. Th.D.).

3   Hebblethwaite, John XXIII. (s. Anm. 2), 321.

4   E. Kinder definiert so: „Ökumenisch" in dieser Bedeutung soll heißen: „die *gesamte* Christenheit betreffend und diese repräsentierend, auf die *Eine* Kirche Jesu Christi zielend und diese in gemeinschaftlichem Ringen der verschiedenen Konfessionskirchen neu zur Darstellung zu brin-

226 THEODOR DIETER

wartungen auf eine rasche Überwindung der Trennung der christlichen Kirchen wurden geäußert. Jedoch stellte Kardinalstaatssekretär Tardini bald klar, „dass das Konzil ‚ein katholisches Konzil, unter Katholiken gehalten' sein werde; Beobachter der anderen christlichen Konfessionen würden nur zu den öffentlichen Sitzungen zugelassen"⁵. Es standen sich im Blick auf das Konzil also, vereinfacht gesprochen, zwei Konzeptionen von „ökumenisch" gegenüber: eine, wonach die Kirche, die in Gemeinschaft mit dem Papst steht, die eine und ganze Kirche Jesu Christi darstellt und darum ökumenisch ist, und eine Konzeption, die sich an der Gemeinschaft der Kirchen des Ökumenischen Rates orientierte. Tatsächlich vollzog sich in den Beratungen des Konzils eine Transformation und Ausweitung des römisch-katholischen Ökumene-Verständnisses, und zwar nicht nur auf Grund der Herausforderung durch die ökumenische Bewegung. Biblische und historische Forschung hatte die Vielfalt von Strukturen und Gestalten der Kirche im Lauf der Geschichte deutlich gemacht und so den römischen Exklusivismus fragwürdig erscheinen lassen. So hing die Erneuerung der Kirche, die Papst Johannes XXIII. mit dem Konzil erreichen wollte, untrennbar, wenn auch höchst spannungsvoll mit der Öffnung zur Ökumene zusammen.⁶

Ein scharfsichtiger Beobachter, Hermann J. Pottmeyer, urteilt: „Das eigentliche Problem, das sich aus dem Programm einer Erneuerung von Kirche und Ekklesiologie ergab, ging den Beteiligten erst im Verlauf der Konzilsarbeit auf. Es stellten sich folgende Fragen: Was bedeutet eigentlich eine Erneuerung der Kirche und ihres Selbstverständnisses, die die Kirche für das ökumenische Anliegen öffnen sollte? Ist der ekklesiologische Exklusivismus nicht unauflöslich mit dem

---

gen suchend'", E. Kinder, Was ist ein ökumenisches Konzil? Eine dogmatische Besinnung, in: K. E. Skydsgaard (Hg.), Konzil und Evangelium. Lutherische Stimmen zum kommenden römisch-katholischen Konzil, Göttingen 1962, 18–39: 21.

5 Alberigo, Ankündigung (s. Anm. 1), 34. – Wie der Kardinal stellt der lutherische Theologe Kinder klar, dass „ökumenisch" im Blick auf das Konzil „eine Kirchenversammlung [meint], die die *ganze* römisch-katholische Kirche repräsentiert und betrifft und nicht nur Teile von ihr", Kinder, Ökumenisches Konzil (s. Anm. 4), 18. „Genau genommen – so Kinder weiter – dürfte man also nicht von einem *ökumenischen* Konzil, sondern müsste von einem *Generalkonzil der römisch-katholischen Kirche* sprechen." (ebd., 21).

6 Y. Congar notierte in sein Konzilstagebuch, „im Konzil sofort eine Chance nicht nur für die Sache der Einheit, sondern auch für die Fortentwicklung der Ekklesiologie gesehen zu haben. Das Konzil erachtete man als eine Gelegenheit, die maximal genutzt werden musste, um in der Ekklesiologie die Rückgewinnung der Werte ‚Episkopat' und ‚Kirche' zu beschleunigen und um einen substantiellen Fortschritt in ökumenischer Hinsicht zu erzielen.", zit. nach Alberigo, Ankündigung (s. Anm. 1), 39.

Glauben an die Wahrheit der römisch-katholischen Kirche verbunden? Gehören die jetzige Gestalt und Struktur der Kirche nicht auch zur göttlichen Wahrheit der Kirche und sind deshalb unveränderbar? [...] Bedeutet eine ökumenische Öffnung nicht den Verrat am katholischen Glauben und an der römisch-katholischen Kirche, in der unter Führung des Heiligen Geistes die eine, heilige, universale und apostolische Kirche unversehrt erhalten blieb? [...] Die Grundfrage also, vor der das Konzil stand, lautet: Wie lässt sich der Glaube an die Wahrheit der römisch-katholischen Kirche so mit ihrer ökumenischen Öffnung verbinden, dass der bisherige Exklusivismus nicht mehr zwingend erscheint, um einen ekklesiologischen Relativismus und Indifferentismus auszuschließen?"[7] In diesem Zusammenhang spielten die Beobachter aus den nicht römisch-katholischen Kirchen eine nicht unbedeutende Rolle. Im Folgenden sollen die evangelischen Beobachter in den Blick genommen werden; das kann freilich angesichts des begrenzten Raumes nur exemplarisch geschehen.[8]

1. Eine Einladung und ihre Folgen

Die Vorstellung von der Gestalt des angekündigten Konzils gewann in Papst Johannes XXIII. nur schrittweise genauere Konturen. Dass Beobachter aus nicht römisch-katholischen Kirchen eingeladen werden sollten, war keineswegs selbst-

7 H. J. Pottmeyer, Die Öffnung der römisch-katholischen Kirche für die ökumenische Bewegung und die ekklesiologische Reform des 2. Vatikanums: ein wechselseitiger Einfluss, in: Istituto Paolo VI (Hg.), Paolo VI e l'ecumenismo. Colloquio internazionale di studio (Brescia, 25-26-27 settembre 1998), Brescia/Rom 2001, 98–117: 99. Vgl. dazu auch J.-H. Tück: „Die Einbeziehung der Anderen in die Selbstverständigung der Kirche – das ist der entscheidende Perspektivenwechsel, den das Konzil im Blick auf die Ökumene und den interreligiösen Dialog vorgenommen hat.", ders., Die Einbeziehung der Anderen. Zur Unhintergehbarkeit der ökumenischen Öffnung und des interreligiösen Gesprächs, Sonderheft zur Ausgabe „zur debatte" 3 (2013), 21–23: 21.
8 Einen umfassenden Überblick über die Beobachter auf dem Konzil haben gegeben: M. Velati, Gli osservatori del Consiglio ecumenico delle chiese al Vaticano II, in: M.F. Fattori / A. Melloni / G. Alberigo (Hg.), L'evento e le decisioni. Studi sulle dinamiche del Concilio Vaticano II (TRSR 20), Bologna 1997, 189–257 ; A. Birmelé, Le Concile Vatican II vu par les observateurs des autres traditions chrétiennes, in: J. Doré / A. Melloni (Hg.), Volti di fine concilio (TRSR 27), Bologna 2000, 225–264 ; J. Wicks, Collaboration and Dialogue. The Roman Catholic Presence in the Ecumenical Movement during the Pontificate of Paul VI, in: Istituto Paolo VI (Hg.), Paolo VI e l'ecumenismo (s. Anm. 7), 215–267.

verständlich, jedenfalls an der Kurie sehr umstritten.[9] Die Möglichkeit der Teilnahme solcher Beobachter wurde von Papst Johannes XXIII. in seiner *Bulla indictionis* am 25. Dezember 1961 indirekt ausgesprochen: „Und wir wissen auch, dass die Ankündigung des Konzils von ihnen [den Nichtkatholiken] nicht nur mit Freude aufgenommen wurde, sondern dass viele auch für seinen Erfolg beten wollen und dass sie hoffen, Vertreter ihrer Gemeinschaften entsenden zu können, um die Konzilsarbeit aus der Nähe zu verfolgen. All dies ist für uns ein Grund zu großem Trost und zur Hoffnung, und eben zur Erleichterung dieser Kontakte haben wir vor einiger Zeit ein entsprechendes Sekretariat ins Leben gerufen."[10] In der ersten Session waren 46 Beobachter und acht „Gäste", die persönlich eingeladen waren, zugegen. Y. Congar nannte ihre Anwesenheit „ein Hauptelement der konziliaren Konstellation"[11]. Die Zahl der Beobachter hat von Session zu Session zugenommen. Über den Sinn der Einladung von Beobachtern notierte 1963 Edmund Schlink: „Wenngleich [...] das 2. Vatikanische Konzil als internes Konzil der römischen Kirche stattfindet, ohne dass Vertreter anderer Kirchen in ihm Sitz und Stimme haben, soll seine Arbeit doch nicht introvertiert, sondern im Hinblick auf die anderen Kirchen stattfinden. Es soll ständig beobachtet werden, wie die römische Kirche und ihre Konzilsthematik sich für die Augen der anderen Kirchen darstellt, wie die Formulierungen der Konzilstexte von ihnen verstanden werden, und es sollen verletzende Aussagen nach Möglichkeit vermieden werden. Diese Forderung schließt die Notwendigkeit ein, die anderen Kirchen genauer zu studieren [...] Das alles bedeutet den Eintritt in einen zwischenkirchlichen Dialog, der die Unterschiede weder verzeichnet noch verschleiert – ein Dialog, der dem

---

9 Vgl. zur Vorgeschichte der Einladung: J. A. Komonchak, Der Kampf für das Konzil während der Vorbereitung (1960–1962), in: Alberigo/Wittstadt (Hg.), Geschichte 1 (s. Anm. 1), 189–401, bes. 359–369.

10 Zit. nach Komonchak, Kampf (s. Anm. 9), 364. Man vergleiche damit, was K. Schatz über die Aufforderung an die Protestanten mit Blick auf das Erste Vatikanische Konzil schreibt: In dem päpstlichen Schreiben *Iam vos omnes* vom 13. September 1868 wurden die Protestanten, anders als die orthodoxen Oberhäupter, nicht zum Konzil eingeladen, sondern aufgefordert, *„aus Anlass* des kommenden Konzils die eigene Position angesichts der Zerrissenheit des Protestantismus zu überdenken, sich aus einem Zustand zu erheben, *in welchem sie ihres Heiles nicht sicher sein können* und in den einen Schafstall Christi zurückzukehren. Der Appell richtete sich an die einzelnen Protestanten, nicht an die Kirchen als solche.", K. Schatz, Vaticanum I (1869–1870) Bd. 1, Paderborn u. a. 1992, 129.

11 Zit. nach H. Raguer, Das früheste Gepräge der Versammlung, in: G. Alberigo / K. Wittstadt (Hg.), Geschichte des Zweiten Vatikanischen Konzils (1959–1965), Bd. 2, Mainz/Leuven 2000, 201–272: 214, bei Anm. 30.

Verstehen und Verstandenwerden dient. Zu diesem Dialog wurden die Beobachter eingeladen, wobei von ihnen die Offenheit der Kritik an den Konzilsvorlagen ausdrücklich erbeten wurde.[12] Es gibt zahlreiche Zeugnisse davon, wie das Bewusstsein, dass alles, was in der Konzilsaula gesprochen wurde, von nichtkatholischen Beobachtern gehört würde, zur Klarheit, Verständlichkeit und Offenheit vieler Reden beigetragen hat, zumal nicht wenige Konzilsväter außerhalb der Aula in intensivem Gedankenaustausch mit den Beobachtern standen.[13]

Diese konnten an den öffentlichen Sitzungen und allgemeinen Versammlungen teilnehmen, nicht jedoch an Sitzungen der Konzilskommissionen. Sie erhielten aber vertraulich alle Entwürfe und hatten wie alle anderen das Konzilsgeheimnis zu wahren. Rede- und Stimmrecht hatten sie nicht.[14]

Die Beobachtung der Beobachter hat das Beobachtete nicht unverändert gelassen. Dazu hat nicht allein die bloße Tatsache, dass die Konzilsväter in Anwesenheit der Beobachter redeten und handelten, beigetragen. Die Beobachter hatten auch verschiedene Wege, ihre *opiniones et suggestiones* in die Kommissionen zu bringen. So war ihre Beobachtung oft eine *teilnehmende Beobachtung*.[15] Der Histo-

---

12 E. Schlink, Themen des zweiten vatikanischen Konzils in evangelischer Sicht, KuD 9 (1963), 167–193: 172. – Edmund Schlink (1903–1984), Ordinarius für Systematische Theologie, Gründer und langjähriger Leiter des Ökumenischen Instituts der Theologischen Fakultät der Universität Heidelberg, war im Auftrag der EKD Beobachter beim Zweiten Vatikanischen Konzil.

13 Vgl. J. Grootaers, Ebbe und Flut zwischen den Zeiten, in: Alberigo /Wittstadt (Hg.), Geschichte 2 (s. Anm. 11), 619–677, bes. 627–629, vgl. C. Soetens, Das ökumenische Engagement der katholischen Kirche, in: G. Alberigo / K. Wittstadt (Hg.), Geschichte des Zweiten Vatikanischen Konzils (1959–1965), Bd. 3, Mainz/Leuven 2002, 299–400: 337 Anm. 129: „Zum Zeitpunkt der Ökumenedebatte im November 1963 notiert der Konzilsexperte B. Olivier: ,Es ist unbestreitbar, dass die Anwesenheit nichtkatholischer Beobachter in der Konzilsaula, schweigsam aber nahe, großen Einfluss auf die Debatten ausübt. Jeder Konzilsvater, der das Wort ergreift, ist sich bewusst, zu ihnen zu sprechen, und viele sprechen für sie.'"

14 Vgl. Komonchak, Kampf (s. Anm. 9), 365.

15 „By the second period [of the Council], the Observers were learning other various ways to transmit their oral or written *opiniones et suggestiones* besides directly to the SPCU [Einheitssekretariat]: directly to a SPCU Pater or another friendly bishop; the Pater would incorporate it as his own in his intervention *in aula*; or directly to a SPCU consultor or a *peritus* who had his own ways of finding a benevolent *Pater*. The SPCU also had its own ways of transmitting the observations, either to a commission as such, or through a commission member. As a result, the Observers did influence the contents and wordings of several constitutions and decrees, but most specifics seem to be impossible to trace.", Th. Stransky, Paul VI and the Delegated Observers/Guests to Vatican Council II, in: Istituto Paolo VI (Hg.), Paolo VI e l'ecumenismo (s. Anm. 7), 118–158: 138 f. „More than any other schema, the Observers contributed detailed written suggestions to the SPCU. De Oecumenismo was also their document." (ebd., 141).

riker urteilt: „Wie sich herausstellte, war die Entscheidung, Nichtkatholiken als Beobachter einzuladen, eine der wichtigsten während der Vorbereitungsperiode überhaupt. Sie hatte Konsequenzen für den Charakter und die Arbeit des kommenden Konzils, die selbst die optimistischsten Erwartungen übertrafen. In mehr als einer Hinsicht bedeutete die Anwesenheit von nichtkatholischen Beobachtern das ‚Ende der Gegenreformation'."[16]

2. Drei Grundprobleme der Beobachter

Erstes Grundproblem: Die Beobachter standen vor der Frage, *in welcher Perspektive und nach welchen Maßstäben* sie über die Diskussionen und Vorgänge im Konzil urteilen sollten. Sollten sie unvermittelt fragen, wie bestimmte katholische Lehrmeinungen und Veränderungen in der Perspektive evangelischer Auffassungen sich darstellten, oder sollten sie sich auf die Lage der katholischen Kirche mit *ihren* Traditionen, *ihren* Fragestellungen und *ihren* Problemen einlassen und ihr Urteil darauf beziehen? Sie haben sich für ein mehrstufiges Vorgehen entschieden, in dem sie unterschiedliche Bezugsgrößen ins Spiel brachten und in reflektiertem Bezug auf diese Perspektiven jeweils ihre Urteile getroffen haben. Dementsprechend fielen diese bei einem und demselben Beobachter unterschiedlich aus.

So schrieb etwa Edmund Schlink: „Vergleicht man die Beschlüsse dieses Konzils mit dem vorkonziliaren Zustand der römischen Kirche, so wird man voller Respekt, ja voller Bewunderung dafür sein müssen, in welchem Umfang hier so ziemlich alle Probleme in Angriff genommen wurden, die der römischen Kirche heute gestellt sind, mit welcher Bereitschaft zur Neuorientierung dies geschah, mit welcher Intensität und Sorgfalt in Generalkongregationen, in Kommissionen und in Bischofs- und Theologenkonferenzen miteinander gerungen wurde [...] und welche unbezweifelbaren großen Fortschritte gegenüber dem vorherigen Zustand erreicht worden sind."[17] „Anders – fuhr er dann fort – wird die Beurteilung ausfallen, wenn man dieselben Vorgänge und Beschlüsse mit den Ordnungen anderer Kirchen vergleicht."[18]

---

16 Komonchak, Kampf (s. Anm. 9), 368 f. (mit Zitat von Yves Congar).

17 E. Schlink, Das Dekret über den Ökumenismus, in: G. A. Lindbeck, Dialog unterwegs. Eine evangelische Bestandsaufnahme zum Konzil, Göttingen 1965, 197–235: 204 f.

18 Schlink, Dekret (s. Anm. 17), 205.

Oskar Cullmann hat wiederholt betont, dass Johannes XXIII. „eine *katholische Erneuerung im katholischen Rahmen*"[19] wollte. Man könne von der katholischen Kirche nicht verlangen, ihre Grunddogmen aufzugeben. Sie könne sich nur in ihren Grenzen erneuern. Freilich hat er sich nicht gescheut, sehr deutlich zu sagen, wo er den „grundsätzlichen Gegensatz" zwischen der katholischen Kirche und den evangelischen Kirchen sieht, etwa in der Frage von Schrift und Tradition: „[H]ier haben wir es mit einer jener Grundlagen des Katholizismus zu tun, mit denen wir nicht einverstanden sind, wo wir aber trotzdem nicht verlangen können, dass der Katholizismus fundamentale Dogmen aufgebe."[20] Gerade weil er seine evangelische Auffassung so deutlich macht, kann er sich andererseits so tief auf das, was er als die innere Logik der katholischen Position versteht, einlassen. In der Überblendung dieser beiden Perspektiven liegen dann jene Urteile über die Konzilsdokumente, die die Überzeugung zum Ausdruck bringen, dass die in ihnen sich bekundenden Elemente der Veränderung das ökumenische Gespräch ermöglichen und erleichtern.

Ein weiteres Problem für die urteilende Wahrnehmung der Beobachter hat sich daraus ergeben, dass Johannes XXIII. die Substanz der alten im Glaubensgut enthaltenen Lehre von ihrer Formulierung unterschieden hat und nur letztere pastoral modernisieren wollte.[21] Aber geht nicht der Streit gerade darum, *wie* diese Unterscheidung durchzuführen ist? Oskar Cullmann sieht es als die eigentliche theologische Aufgabe des Konzils an, durch Konzentration Einkleidung und Substanz gegeneinander abzugrenzen.[22] Er hält es für eine Schwäche des Konzils, dass es das Problem dieser Unterscheidung nicht von vornherein zum Gegenstand der Besinnung gemacht hat. Wie jene Unterscheidung eine Reform ermögliche, so

---

19 O. Cullmann, Was bedeutet das Zweite Vatikanische Konzil für uns Protestanten?, in: W. Schatz (Hg.), Was bedeutet das Zweite Vatikanische Konzil für uns?, Basel 1966, 15-52, 19. – Oscar Cullmann (1902-1999), Professor für Neues Testament und Geschichte der Alten Kirche in Strasbourg, Basel und Paris, war als Gast des Einheitssekretariats Beobachter auf dem Konzil.
20 Cullmann, Was bedeutet (s. Anm. 19), 34.
21 In seiner Eröffnungsansprache *Gaudet mater ecclesia* hat Papst Johannes XXIII. unterschieden zwischen Substanz und Formulierung der Lehre: „Eines ist die Substanz der tradierten Lehre, d. h. des depositum fidei; etwas anderes ist die Formulierung, in der sie dargelegt wird. Darauf ist – allenfalls braucht es Geduld – großes Gewicht zu legen, indem alles im Rahmen und mit den Mitteln eines Lehramtes von vorrangig pastoralem Charakter geprüft wird.", zit. nach A. Riccardi, Die turbulente Eröffnung der Arbeiten, in: Alberigo/Wittstadt (Hg.), Geschichte 2 (s. Anm. 11), 1-81, 20 f.
22 Vgl. O. Cullmann, Die Reformbestrebungen des 2. Vatikanischen Konzils im Lichte der Geschichte der katholischen Kirche, ThLZ 92 (1967), 1-22: 14-19.

könne dies auch geschehen durch eine „*Umschichtung*, die unter den verschiedenen Dogmen, die den Kern der Lehre ausmachen, vorgenommen wird. Von dem
Erneuerungsprinzip aus werden gewisse dogmatische Aussagen stärker betont,
andere schwächer als früher [...] Die unterschiedliche Setzung der Akzente auf die
verschiedenen Dogmen erlaubt, aufs Ganze gesehen, eine wesentliche Neuorientierung der ganzen Kirchenlehre."²³. Diese Möglichkeit sieht Cullmann realisiert
in der vom Konzil aufgenommenen Konzeption einer „Hierarchie der Wahrheiten" je nach ihrer Nähe zur Mitte des christlichen Glaubens: „Von da aus ist jene
Umschichtung im *Kern* des katholischen Fundaments selbst möglich [...], und von
hier aus rücken unabsehbare Möglichkeiten für die Zukunft ins Blickfeld."²⁴

Damit hängt ein drittes Grundproblem, vor dem die Beobachter standen, zusammen: Die Texte haben für sie nicht selten eine irritierende Mehrdeutigkeit.
Für Oscar Cullmann ist die eine Weise, in der das Konzil eine Erneuerung auf dem
Gebiet der Lehre vorgenommen hat, die, dass „neben den unveränderten Wortlaut
des alten Dogmas sozusagen eine *Gegenthese* gestellt worden ist, in der der Er-
neuerungswille zum Ausdruck kommt"²⁵. Das aber hat zur Folge, „dass überall
dort, wo neue, kühne Aussagen, die vom biblisch-heilsgeschichtlichen Erneuerungsprinzip diktiert sind, gemacht werden, jedesmal die alten Dogmen, die oft
gerade die entgegengesetzte Tendenz vertreten, mit besonderem Nachdruck
gleichzeitig hervorgehoben werden."²⁶ So hat er beobachtet, dass in *Lumen gentium* das Primatsdogma häufiger erwähnt wird als im Ersten Vatikanischen Konzil. Er meint, dass die Kollegialität der Bischöfe neben den Papstprimat gestellt,
aber keine Synthese erreicht worden sei.²⁷

George Lindbeck schreibt, dass er durch die Lektüre entgegengesetzter Inter-
pretationen der Kirchenkonstitution zu der Überzeugung gekommen ist, dass
„die Konstitution von ehrlichen und zuständigen Gelehrten wirklich grundver-

---

23 Cullmann, Reformbestrebungen (s. Anm. 22), 8.
24 O. Cullmann, Sind unsere Erwartungen erfüllt?, in: M. Schmaus / E. Gössmann (Hg.), Sind die
    Erwartungen erfüllt (TFH 7), München 1966, 35–66, 55. Die Einfügung des Ausdrucks „Hierarchie
    der Wahrheiten" in das Ökumenismus-Dekret (UR 11: „„hierarchiam' veritatum doctrinae catho-
    licae") geht auf einen Redebeitrag von Erzbischof Pangrazio zurück; vgl. Y. Congar / H. Küng/D.
    O'Hanlon (Hg.), Konzilsreden, Einsiedeln 1964, 140–143. Vgl. auch unten Anm. 33. – Man wird
    kaum sagen können, dass sich nach dem Konzil die diesbezügliche Erwartung Cullmanns erfüllt
    hat.
25 Cullmann, Reformbestrebungen (s. Anm. 22), 4.
26 Cullmann, Was bedeutet (s. Anm. 19), 36.
27 Vgl. Cullmann, Reformbestrebungen (s. Anm. 22), 6 f.

schieden verstanden werden kann"[28]. Das hängt für ihn mit dem Kompromiss-
charakter der Konstitution zusammen. Lindbeck tadelt das nicht, weil er sieht,
dass kirchliche Lehrtexte immer versuchen müssen, verschiedene Gruppen in der
Kirche zusammenzuhalten. Problematisch erscheint ihm freilich, dass in der Kirchenkonstitution unterschiedliche Betrachtungsweisen *unvermittelt* nebeneinander gestellt werden. Nicht, dass es unterschiedliche Betrachtungsweisen gibt, sei
das Problem, auch nicht, dass sie in ein und demselben Text auftauchten, wohl
aber, dass nicht zureichend geklärt sei, welche Betrachtungsweise die leitende sei
und wie die anderen auf diese bezogen werden sollten.[29]

Bezieht man das zu den drei Problemen Gesagte auf die heutige Diskussion
um das Konzil, in der häufig eine Hermeneutik des Bruches und eine Hermeneutik der Kontinuität einander als ausschließende Alternativen gegenübergestellt
werden, dann wird man sagen müssen, dass die Beobachter das Konzil mit einer
dritten Art der Hermeneutik wahrgenommen haben, die man mit Papst Benedikt
XVI. als „Hermeneutik der Reform"[30] bezeichnen könnte.

3. Die ökumenische Öffnung

Schlink beschreibt in seinen Analysen des Ökumenismusdekrets eindrucksvoll die
tief greifende Wandlung, die die katholische Kirche in ihrer offiziellen Einstellung
zum Ökumenismus vorgenommen hat und die sich in jenem Dokument manifestiert. 1954 zum Beispiel hat der Vatikan denjenigen Katholiken, die zur Weltkir-
chenratskonferenz nach Evanston gereist waren, verboten, das Stadtgebiet auch
nur zu betreten – in der Überzeugung, „bereits in sich selbst die eine heilige ka-

---

28 G. A. Lindbeck, Die Kirchenlehre des Konzils ist ein Übergang, in: J.Chr. Hampe (Hg.), Die Autorität der Freiheit. Gegenwart des Konzils und Zukunft der Kirchen im ökumenischen Disput, Bd.
1, München 1967, 359–372, 359 f. – George A. Lindbeck (*1923), Professor für Theologie in Yale, war
Beobachter des Lutherischen Weltbunds beim Konzil.

29 Vgl. dazu auch: V. Vajta, Zur Interpretation des Vatikanischen Konzils, in: F.W. Kantzenbach / V.
Vajta (Hg.), Wir sind gefragt … Antworten evangelischer Konzilsbeobachter, Göttingen 1966, 205–
213. – Vilmos Vajta (1918–1998), erster Direktor des Instituts für Ökumenische Forschung in
Strasbourg, war Beobachter des Lutherischen Weltbunds beim Konzil.

30 Vgl. aus der Ansprache von Papst Benedikt XVI. an das Kardinalskollegium und die Mitglieder
der römischen Kurie beim Weihnachtsempfang (22. Dezember 2005), in: VapS 172 (2006), 10–20. –
Die Beobachter haben allerdings das innovative Potential des Konzils erheblich höher eingeschätzt als Papst Benedikt XVI.

234   THEODOR DIETER

tholische und apostolische Kirche"³¹ zu sein. Das theologische Problem, das sich
hier für den Beobachter stellt, formuliert Schlink so: Wie verhält sich „in diesem
Dekret der exklusive Begriff des Ökumenischen, der in der dogmatischen und ka-
nonistischen Selbstbezeichnung der Generalsynoden der römischen Kirche [als
ökumenischer Konzile] vorliegt, zu dem Verständnis des Ökumenischen [...], das
in der ökumenischen Bewegung der nichtrömischen Kirchen üblich geworden
und nun auch vom Vatikanischen Konzil aufgenommen ist"?³²

Das zweite Kapitel des Dekrets „De exercitio oecumenismi" erhält hohes Lob für
seine Anweisungen zum ökumenischen Verhalten, angefangen von der Bekehrung
der Herzen über die Forderung, der Dialog sei par cum pari zu führen, und die Betonung, es gehe nicht um eine Belehrung der getrennten Brüder über die Wahrheit,
die sie noch nicht richtig erkannt hätten, sondern um gemeinsame Forschungsar-
beit, bis zur Konzeption einer „Hierarchie der Wahrheiten"³³. Besonders wichtig ist
für Schlink, dass es sich bei den Forderungen nicht um bloße Forderungen handelt;
sie sind vielmehr „ein Ausdruck dessen, was in der Konzilsarbeit weithin bereits
Wirklichkeit zu werden begonnen hat und was wir als Beobachter in zahlreichen
Begegnungen mit Konzilsvätern und Theologen erfahren haben"³⁴.

Weit weniger positiv ist die Einschätzung des dritten Kapitels über die vom
römischen Sitz getrennten Kirchen und kirchlichen Gemeinschaften. Der Maßstab für deren Beurteilung ist, so Schlink, „[e]ntsprechend dem Selbstverständnis
der römischen Kirche als der einen, heiligen, katholischen, apostolischen Kirche
[...] in erster Linie sie selbst, und zwar ihre in der Geschichte gewordene gegenwärtige, dogmatisch und kanonistisch bestimmte Wirklichkeit"³⁵. Daraus ergebe sich
eine quantifizierende Betrachtung nach den Elementen, die eine bestimmte Kirche mit der römischen Kirche teilt. Schlink sieht freilich auch andere Aussagen, in
denen „von der Erfahrung des Geheimnisses einer Einheit in Christo her gesprochen [wird], die mit den herkömmlichen ekklesiologischen Begriffen nicht erfass-
bar ist. Hier begegnen sich die Herzen in der Gewissheit desselben Glaubens"³⁶.

31 Schlink, Dekret (s. Anm. 17), 198.
32 Schlink, Dekret (s. Anm. 17), 200.
33 Dazu merkt Schlink freilich sogleich an: „Diese Rangordnung [der Wahrheiten] kann jedoch ge-
    mäß dem römisch-katholischen Verständnis dogmatischer Gültigkeit allein *inhaltlich-systema-*
    tisch gemeint sein, nicht aber im Sinne einer unterschiedlich *verpflichtenden Geltung* von zentra-
    len und weniger zentralen Dogmen.", Schlink, Dekret (s. Anm. 17), 207 f.
34 Schlink, Dekret (s. Anm. 17), 208.
35 Schlink, Dekret (s. Anm. 17), 226.
36 Schlink, Dekret (s. Anm. 17), 227.

Was die Frage nach dem Ziel der Einigung der getrennten Kirchen angeht, betont Schlink, es sei die gemeinsame Auffassung der Konzilsväter, „dass die Einheit der Kirche in der römischen Kirche Wirklichkeit ist und dass die Einigung in der Herstellung der vollkommenen Gemeinschaft der nichtrömischen Christen mit der römisch-katholischen Kirche zu erfolgen hat [...] Zur vollkommenen Gemeinschaft gehört das Bekenntnis des einen Glaubens, die gemeinsame Feier des göttlichen Kultes (die Gemeinschaft des sakramentalen Lebens) und die Eintracht in der Leitung, und zwar die Anerkennung der vollen Primatialgewalt des römischen Bischofs in Sachen des Glaubens und der Disziplin gemäß dem I. Vatikanum.“[37] Schlink akzeptiert, dass der Begriff „Rückkehr“ von Konzilsvätern und -theologen nicht mehr verwendet wird, denn das Ziel der Einigung sieht ganz unterschiedlich aus, je nachdem, wie tief die Erneuerung der Kirche, die ja das Konzil als vorrangige Aufgabe sich gesetzt hat, verwirklicht wird.

Die Ausgangsfrage in der Interpretation des Dekrets, wie sich das Verständnis des Ökumenischen, das sich in der Selbstbezeichnung des Konzils findet, zum Verständnis des Ökumenischen im Sinn der ökumenischen Bewegung außerhalb der römisch-katholischen Kirche verhält, beantwortet Schlink so, dass das Konzil eine Synthese beider versuche. Freilich, auch wenn das Konzil zahlreiche Elemente dieser Synthese, vor allem im Bereich der Mittel, eindrucksvoll dargelegt habe, bleibt nach Schlink offen, wie eine solche Synthese, vor allem im Bereich des Ziels, letztlich aussehen könnte.

Cullmann ist in seinem Urteil weit enthusiastischer: „Es ist nicht zu viel gesagt, dass das Ökumenismusdekret unsere kühnsten Erwartungen weit übertrifft. Zu Beginn des Konzils wagten wir kaum zu glauben, dass in einem offiziellen Konzilstext die nichtkatholischen Kirchen, so wie sie sind, so weitgehend anerkannt und dass ihre Eigenheiten positiv als Charismen gewertet werden. Eine ganz neuartige Auffassung des Ökumenismus hat sich hier aufgetan, aber damit auch eine im Katholizismus neuartige Auffassung von der Kirche: die römische Kirche ist nicht mehr die alleinige, die alle anderen aufsaugt.“[38]

---

37 Schlink, Dekret (s. Anm. 17), 213 f.
38 Cullmann, Erwartungen erfüllt? (s. Anm. 24), 50.

4. Ein Thema von besonderem Interesse: Schrift und Tradition

Von den Beobachtern ist in der Dogmatischen Konstitution Dei Verbum die Veränderung im Offenbarungsverständnis – weg von einer instruktionstheoreti-
schen Auffassung der Offenbarung als Mitteilung von Wahrheiten zu einem kom-
munikativen Verständnis, wonach sich Gott in seiner Offenbarung selbst mitteilt
– viel weniger beachtet worden als das klassische Thema Schrift und Tradition.[39]
Cullmann stellt fest: „Es hat kaum je ein Konzil gegeben, auf dem das Bestreben,
allen Konzilstexten eine biblische Grundlage zu geben, so stark im Vordergrund
stand."[40] Er bemerkt auch: „Die ökumenischen Diskussionen der letzten dreißig
Jahre sind sehr eng mit der Erneuerung der katholischen Exegese verbunden"[41].

Was die konzeptuelle Fassung des Verhältnisses von Schrift und Tradition betrifft, hat gerade der Beobachter Cullmann durch sein Buch über die Tradition,[42]
das mehrfach in der Konzilsaula zitiert worden ist, Einfluss auf die Fassung der
Konstitution ausgeübt. Cullmann will bei der Bestimmung des Verhältnisses von
Schrift und Tradition den Sinn der Kanonbildung berücksichtigt wissen, nämlich
die Herausbildung eines normativen Textkorpus angesichts von zahlreich wu-
chernden Traditionen schon im zweiten Jahrhundert. Mit der „Fixierung der Bibel als Norm [...] ist aller Deutung in der Gegenwart eine Norm gegeben, neben
die in unserer unabgeschlossenen Zwischenzeit keine andere mit gleicher Autorität treten kann. Kein unfehlbares Lehramt, sei es in der Person des Papstes, sei es
im Konzil oder in der Zusammenarbeit beider, kann der nur in der Bibel mit der
Zeugenschaft verbundenen einmaligen Augenzeugenschaft der entscheidenden
Ereignisse der Zeit Jesu zur Seite treten, auch nicht als Interpretation der Bibel."[43]
Während in der Zeit der Entstehung der apostolischen Überlieferung Augenzeu-
gen, Zeugen und Lehramt dieselben Personen gewesen seien, seien sie in der nach-

---

39 Eine Ausnahme stellt die Studie von K. E. Skydsgaard dar: ders., Schrift und Tradition. Eine vor-
    läufige Untersuchung zur Entstehung und Aussage des Dokumentes Constitutio Dogmatica de
    Divina Revelatione „Dei Verbum", in: Kantzenbach/Vajta (Hg.), Wir sind gefragt (s. Anm. 29), 31–
    61, 38 f. – Kristen E. Skydsgaard (1902–1990), Professor für Dogmatik in Kopenhagen, war Beob-
    achter des Lutherischen Weltbunds beim Konzil.

40 O. Cullmann, Die Bibel und das 2. Vatikanische Konzil, in: Lindbeck (Hg.), Dialog unterwegs (s.
    Anm. 17), 144–159: 144.

41 Cullmann, Bibel (s. Anm. 40), 144.

42 Vgl. O. Cullmann, Die Tradition als exegetisches, historisches und theologisches Problem, Zü-
    rich 1954.

43 O. Cullmann, Die kritische Rolle der Heiligen Schrift, in: Hampe (Hg.), Autorität der Freiheit (s.
    Anm. 28), 189–197: 193.

apostolischen Zeit auseinander getreten, und so sei ein unaufhebbares Gegenüber von Schrift und Tradition, Schrift und Kirche entstanden, auch wenn diese weiterhin voneinander abhingen. „Dank dieser höchsten Norm und solange sie als höchste Norm anerkannt wird, ist eine Reform der Kirche stets möglich."[44] Protestantische Kritik aufnehmend spricht das Konzil nicht mehr, wie zunächst vorgesehen, von den zwei Quellen der Offenbarung, und Cullmann sieht darin einen „gewaltigen Fortschritt"[45]. Dass nun aber *Dei Verbum* 9 sagt, die heilige Überlieferung und die Heilige Schrift sollten „beide mit gleicher Liebe und Achtung angenommen und verehrt werden", dass „beide gewissermaßen in eins zusammen[fließen]", findet Cullmanns Kritik: „Die Schrift wird nicht als eine Größe betrachtet, die der Kirche *gegenübersteht*."[46] 1967 urteilt Cullmann so: „Bei näherer Untersuchung des Textes ergibt sich [...], dass trotz dieser so positiven Erklärungen eigentlich nichts von der traditionellen Unterscheidung zwischen Schrift und Tradition abgestrichen ist. Denn die Gleichrangigkeit der beiden Größen hat sich in dem endgültigen Text nur verlagert: der Ursprung ist zwar die eine Offenbarung, aber es ist nun die Transmission, die nach wie vor auf zwei gleich wichtigen Wegen vor sich geht."[47]

In seinem Kommentar zu *Dei Verbum* spricht Joseph Ratzinger von dem „paradoxen Ergebnis, dass heute gerade jene Formulierungen unseres Textes, die aus dem Versuch einer möglichst weitgehenden Aufnahme der reformatorischen Anliegen hervorwuchsen und dazu bestimmt waren, den Raum für ein katholisches Sola Scriptura freizuhalten, auf den stärksten Widerspruch reformatorischer Theologen stoßen"[48]. Während nämlich das partim-partim von Schrift und Tradition immerhin – so Ratzinger – noch ein gewisses Gegenüber von Schrift und Tradition einschließt, muss ein Sola Scriptura unter katholischen Voraussetzungen immer mit einem *totum in traditione* innerlich verbunden sein, so dass das unauflösliche Ineinander von Schrift und Tradition und Lehramt (DV 10) der protestantischen Betonung der richterlichen Funktion der Schrift noch stärker entgegengesetzt ist als das alte Modell.

44 Cullmann, Kritische Rolle (s. Anm. 43), 194.
45 Cullmann, Kritische Rolle (s. Anm. 43), 189.
46 Cullmann, Kritische Rolle (s. Anm. 43), 190.
47 Cullmann, Reformbestrebungen (s. Anm. 22), 5.
48 J. Ratzinger, Dogmatische Konstitution über die göttliche Offenbarung (Constitutio dogmatica de divina Revelatione „Dei Verbum"). Kommentar zum II. Kapitel, in: LThK².E 1 (1966), 515–528: 524.

Cullmann bemerkt kritisch: „Aber es gibt nun einmal in der Kirche nicht nur
legitime, sondern auch illegitime Tradition, nicht nur Entfaltung, sondern auch
Entstellung."[49] Darin besteht bemerkenswerterweise Übereinstimmung zwischen Cullmann und Ratzinger: Man wird „zugestehen müssen, dass die aus-
drückliche Nennung der Möglichkeit entstellender Tradition und die Herausstel-
lung der Schrift als eines *auch* traditionskritischen Elements im Innern der Kirche
[in *Dei Verbum*] praktisch fehlen und dass damit eine nach dem Ausweis der Kirchengeschichte höchst wichtige Seite des Traditionsproblems, vielleicht der eigentliche Ansatzpunkt der Frage nach der ecclesia semper reformanda, übergangen worden ist. Gerade ein Konzil, das sich bewusst als Reformkonzil verstand
und damit implizit Möglichkeit und Wirklichkeit entstellender Tradition einräumte, hätte hier ein wesentliches Stück theologischer Grundlegung seiner
selbst und seines eigenen Wollens reflex vollziehen können. Dass das versäumt
worden ist, wird man nur als eine bedauerliche Lücke bezeichnen können."[50] Auf
der anderen Seite widerspricht Ratzinger Cullmanns Auffassung, dass die richter-
liche Funktion der Schrift mit Hilfe der historisch-kritischen Methode ausgeübt
werden könne; vielmehr sei „eine Entgegensetzung von Schrift und Kirche letztlich nicht möglich"[51].

Nun ist aber für die Kirche nicht nur die programmatische Bestimmung des
Verhältnisses von Schrift und Tradition wichtig, sondern auch der faktische Gebrauch der Bibel. Man kann laut „sola scriptura" rufen und doch der Bibel nicht
folgen. Umgekehrt stellt Cullmann fest, dass trotz der für ihn problematischen
Theorie zu konstatieren ist: „In der Wirklichkeit hat sich die katholische Kirche
bis heute sehr oft der Bibel unterworfen"[52]. Im Blick auf die Konzilsdokumente
zur Liturgie und zum Ökumenismus kommt er zu dem Urteil: „Sowohl ihre
grundsätzlichen Ausführungen als auch die praktischen Anwendungen, die sie

---

49 Cullmann, Reformbestrebungen (s. Anm. 22), 5.
50 Ratzinger, Dogmatische Konstitution (s. Anm. 48), 524 f.
51 Ratzinger, Dogmatische Konstitution (s. Anm. 48), 525. – Hier hätten sich die protestantischen Be-
    obachter trotz des Rechtes ihrer Kritik an ungenügenden Lösungen des Konzils herausfordern las-
    sen können, zu fragen, ob denn die Lösungen, die ihre Kirchen in ihren Traditionen und in der ge-
    genwärtigen Wirklichkeit für die jeweiligen Probleme anboten, überzeugend gewesen sind. Zwar
    ist immer wieder betont worden, dass natürlich alle Kirchen der Reform bedürfen, dennoch sind
    die katholischen Stärken und Schwächen zu selten als Herausforderung an die evangelischen Kir-
    chen verstanden worden, selbstkritisch auf sich und lernbereit auf das Konzil zu blicken. Das hätte
    wohl einen Dialog als *gemeinsame Suche* nach tragfähigen Lösungen in Fragen von Lehre und Pra-
    xis eröffnet und nicht so sehr als Gespräch zwischen bereits klar definierten Lehren.
52 Cullmann, Kritische Rolle (s. Anm. 43), 197.

vorschlagen, atmen ganz und gar den Geist der Bibel. [...] alle [beiden] Dokumente leiten sich direkt von der Bibel her, auch dort, wo sie nicht ausdrücklich zitiert ist."[53] Zahlreiche Reden von Bischöfen in der Konzilsaula haben Cullmann offenbar sehr beeindruckt: „Die Art, auf die die Bibel von den Konzilsvätern nicht nur zitiert, sondern studiert und interpretiert wurde, zeigt einen der neuen Aspekte dieses Konzils auf, einen Aspekt, der vielversprechend ist und zweifellos nicht ohne die Erneuerung der katholischen Exegese aufgetaucht wäre, die vor dem Konzil begann."[54] Es wird auch hier wieder deutlich, wie differenziert – wohlwollend und kritisch zugleich – die Beobachter wahrgenommen und geurteilt haben.

5. Rückblick und Ausblick

1. Die Arbeiten des Konzils hatten sehr viele Themen und gingen in viele verschiedene Richtungen. Cullmann fragt, ob sich in dieser Vielfalt eine gemeinsame Bewegungsrichtung ausmachen lässt. Er sieht den „Erneuerungsimpuls" des Konzils in einer „biblisch-heilsgeschichtlichen Durchdringung des katholischen Glaubens"[55], so dass die „Rückkehr zur Bibel das Reformprinzip dieses Konzils"[56] sei. Diese biblische Erneuerung habe freilich bereits zwei oder drei Jahrzehnte vor dem Konzil eingesetzt. Nun aber erlaubt „eine eingehende Prüfung der Konzilstexte sowie des Konzilsgeschehens [...], mit Sicherheit zu schließen, dass das 2. Vaticanum tatsächlich eine Reform der ganzen katholischen Lehre und der Kirche von der Bibel her ist."[57] Der Beobachter kommt außerdem zu dem Urteil, „dass überall, wo die Bibel Grundlage ist, auch eine rechte, vertiefte ökumenische Einstellung vorhanden ist"[58]. Er erwartet, dass dieser Impuls langfristig wirkt, weil für die Erziehung zum Priestertum das Schriftstudium als Grundlage aller Theologie verstanden wird.[59]

---

53 Cullmann, Bibel (s. Anm. 40), 152f.

54 Cullmann, Bibel (s. Anm. 40), 155. – Cullmann ist als Exeget immer wieder begeistert von den „Perlen", die er findet, etwa: In der Offenbarungskonstitution „lesen wir den überaus schönen Satz: Gott geht in der Schrift seinen Kindern entgegen und hält Zwiesprache mit ihnen. Könnten wir besser sagen, was die Schrift für uns bedeutet?", ders., Was bedeutet (s. Anm. 19), 32.

55 Cullmann, Erwartungen erfüllt? (s. Anm. 24), 59 (Hervorh. getilgt).

56 Cullmann, Reformbestrebungen (s. Anm. 22), 13.

57 Cullmann, Reformbestrebungen (s. Anm. 22), 14.

58 Cullmann, Reformbestrebungen (s. Anm. 22), 12.

59 Cullmann, Reformbestrebungen (s. Anm. 22), 12.

2. Gegenüber der Devise eines *aggiornamento* hegen die Beobachter eine gewisse Skepsis. Es setzt die Unterscheidung von Substanz und Formulierung voraus, aber Cullmann hat den Eindruck, dass diese Frage auf dem Konzil nicht explizit genug gestellt wurde und darum „auch einige Konzilsväter der Gefahr nicht entgingen, einfach alles gut zu finden, was modern ist, ohne zu fragen, was denn nun modernisiert werden soll"[60]. Für ihn scheint es der Fehler der mittelalterlichen Kirche gewesen zu sein, dass sie sich zu sehr aristotelisch „modernisiert" habe. „Paradoxerweise ist sie dann gerade auf Grund dieses ungeschützten mittelalterlichen aggiornamento weltfremd geworden."[61] Darum könne nur ein biblisch orientiertes Bemühen um ein tiefergehendes Verstehen des „Kerns", des Herzens des Evangeliums, das Movens für ein angemessenes aggiornamento sein. Es gebe auch ein Skandalon des Evangeliums, das nicht von den Fehlern der Kirche herrühre, sondern aus dem Evangelium selbst, und das darum nicht zugunsten einer Anpassung an die Welt aufgegeben werden dürfe. Einige Konzilsväter in der Aula, aber immer wieder auch die Beobachter hätten darauf hingewiesen, dass es nicht zureichend sei, wenn die Kirche nur wiederhole, was „die Welt" auch sage, sondern dass sie es anders und auch anderes zu sagen habe. Cullmann beobachtet mit Sorge, dass die Warnungen vor oberflächlichen Anpassungen an das Neue meist nur von den Reaktionären, die gar keine Reform wollten, kämen, während solche Warnungen gerade Aufgabe derer sein müssten, die authentische Reformen im Sinn hätten.[62]

3. Bei aller Zustimmung für viele Aspekte von *Lumen gentium* und trotz seiner Bewunderung ist Kristen Skydsgaard davon überzeugt, dass die Selbstrelativierung der Kirche auf dem Konzil nicht weit genug gegangen sei. Er wendet ein, dass in der Kirchenkonstitution „die *letzte Dimension der Geschichte*"[63] fehle. Na-

---

60 Cullmann, Reformbestrebungen (s. Anm. 22), 15.
61 Cullmann, Reformbestrebungen (s. Anm. 22), 17.
62 Vgl. Cullmann, Reformbestrebungen (s. Anm. 22), 14–19; vgl. ders., Das Konzil und die Frage nach dem Kern und den wandelbaren Elementen der christlichen Botschaft, in: Kantzenbach / Vajta (Hg.), Wir sind gefragt (s. Anm. 29), 185–193: 187: „Die Reaktion gegen eine falsche Erneuerung müsste aber von seiten der Reform*freunde*, nicht von seiten der konservativen Reform*feinde* kommen, wie es auf dem Konzil oft der Fall war, denn die Reaktion letzterer ist ja immer auch falsch begründet. Unsere Reformatoren haben im 16. Jahrhundert die Bekämpfung der Schwärmer selbst in die Hand genommen.", vgl. auch: K. E. Skydsgaard, Kehrseiten, in: Kantzenbach/Vajta (Hg.), Wir sind gefragt (s. Anm. 29), 194–201.
63 K. E. Skydsgaard, Vom Geheimnis der Kirche, in: Lindbeck (Hg.), Dialog unterwegs (s. Anm. 17), 160–185: 171.

türlich weiß Skydsgaard, dass in der katholischen Theologie geschichtlich gedacht wird, freilich eher organologisch, und er weiß auch, dass heilsgeschichtliches Denken in großem Stil Eingang in die Konzilsdokumente gefunden hat. Er denkt aber an das Geschichtsverständnis der alttestamentlichen Propheten. „Was gibt es in der Geschichte des auserwählten Volkes an Dunkel und Verhüllung, an Abgründen und Höhen, an Schuld, Gericht und wieder Gnade Gottes! Wie oft wurde nicht das Volk bis zur Auslöschung ins Gericht geführt, und doch war immer im Gericht die grundlose Gnade und Barmherzigkeit Gottes wirksam, die das Volk wieder zu neuem Leben erweckte."[64] Auch wenn diese Geschichte ein Telos hat, so ist sie nicht eine stetige Entwicklung darauf hin; auf dem Weg gibt es Irrtümer und Scheitern des Volkes und immer wieder die unbegreifliche Errettung daraus durch Gottes Erbarmen. So steht auch die Geschichte der Kirche in der Spannung von Gericht und Gnade. Wenn in der Konstitution die Kirche mit dem Volk Israel verglichen wird, dann unter dem Aspekt der Erwählung, des Bundes, der fortschreitenden Offenbarung und Heiligung. Die eben genannte Dimension fehlt, obwohl Erzbischof Andreas Pangrazio in der Peterskirche eindrucksvoll darüber gesprochen hatte.[65] Schwächen und Schatten der Kirche werden durchaus genannt, die Kirche bedarf der ständigen Reinigung und Erneuerung. Wohl hat die Kirche Sünder in ihren Reihen, aber von der Sünde der Kirche wird nicht gesprochen – anders als Karl Rahner, der die Kirche der Sünder eine sündige Kirche nennt.[66] „Auch in der Kirche gibt es eine Dimension der Schuld, des Abfalls und des Zornes Gottes, der sein Volk trifft. Auf diesem Hintergrund wird die unbegreifliche, grundlose Liebe und Barmherzigkeit Gottes das letzte, alles beherrschende Geheimnis der Kirche."[67]

Ein weiterer Einwand besagt, dass die Differenz der Kirche vom Reich Gottes nicht recht deutlich wird. Die Konstitution sieht die Kirche auf Erden als Keim und Anfang des Reiches Gottes. Das Verhältnis wird organologisch verstanden. Aber das Reich Gottes ist, so Skydsgaard, die „kritische Grenze der Kirche"[68]. Die Kirche ist der Versuchung ausgesetzt und unterliegt ihr auch immer wieder. An-

---

64 Skydsgaard, Vom Geheimnis (s. Anm. 63), 173.

65 Vgl. A. Pangrazio, Das Geheimnis der Kirchengeschichte, in: Congar / Küng / O'Hanlon (Hg.), Konzilsreden (s. Anm. 24), 140–143.

66 Vgl. Skydsgaard, Vom Geheimnis (s. Anm. 63), 176 f.

67 Skydsgaard, Vom Geheimnis (s. Anm. 63), 175; vgl. auch die Rede von Bischof Stefan László, „Die Sünde in der heiligen Kirche Gottes", in: Congar /Küng /O'Hanlon (Hg.), Konzilsreden (s. Anm. 24), 35–38.

68 Skydsgaard, Vom Geheimnis, (s. Anm. 63), 183.

dererseits sind in der Kirche „die Kräfte des Gottesreiches wirksam. Denn das Gottesreich ist die Wirklichkeit des Gekreuzigten und Auferstandenen."[69] Die Konstitution aber versteht das Reich Gottes von der Kirche her anstatt umgekehrt. An dieser Stellungnahme Skydsgaards sieht man, wie die – zustimmenden und kritischen – Urteile je nach der gewählten Perspektive unterschiedlich ausfallen und sich dennoch – oder vielmehr gerade deshalb – keineswegs widersprechen müssen.

4. Die Beobachter haben immer wieder darauf hingewiesen, dass das Konzil nicht allein nach seinen Texten beurteilt werden dürfe, sondern dass das „Konzilsgeschehen" in Betracht zu ziehen sei, also die Folge der Textfassungen, die Interventionen, die ungezählten Diskussionen auf den verschiedensten Foren.[70] Konzilsteilnehmer wie auch Beobachter aus den nichtkatholischen Kirchen sind durch Erfahrung und Erlebnis des Konzils in besonderer Weise Zeugen dieses Konzilsgeschehens geworden. Darum gilt es, die Dokumente ihrer Zeitgenossenschaft sorgfältig zu studieren und für die Interpretation der Texte fruchtbar zu machen. Der vorliegende Beitrag ist ein Plädoyer dafür. Darum soll auch zum Schluss einem der Beobachter, George Lindbeck, ausführlich das Wort gegeben werden, damit das, was Cullmann „Konzilsgeschehen" nennt, anschaulich wird. Auf die Frage, welches seine stärkste Erinnerung an das Konzil sei, antwortete er:

„The event in the official sessions of the council that most stands out is the speech in St. Peter's given by Archbishop Leon-Arthur Elchinger of Strasbourg on what Catholics owe to non-Catholics. His climactic example was justification by faith. He pointed out that if Catholics were now rediscovering this dogma of the church, first ,defined', as he put it, by the Jerusalem council referred to in Acts and Galatians, it was largely because it had at times been better maintained outside rather than within Roman Catholicism by the ecclesial communities issuing from the 16th-century Reformation. I knew that some Catholics entertained such ideas, but had never expected to hear them publicly proclaimed by, of all people, an archbishop in good standing speaking from the podium in St. Peter's to an apparently receptive audience of the world's 2.000 Roman bishops gathered in solemn assembly to seek the Spirit's guidance in renewing the church in accordance with the Veni Creator Spiritus they together prayed each day before starting their working sessions. Tears filled my eyes, and I couldn't but think of Abbot Christopher Butler's eyewitness account of what happened to Bishop Josip

---

69 Skydsgaard, Vom Geheimnis, (s. Anm. 63), 184. Vgl. A. Elchinger, Keine Angst vor der Wahrheit, in Cogar / Küng / O' Hanlon (Hg.), Konzilsreden (s. Anm. 24), 161-165.
70 Vgl. etwa Cullmann, Erwartungen erfüllt? (s. Anm. 24), 38. 55-57.

Stossmeyer when he spoke from much the same spot at the First Vatican Council some nine decades earlier. Trying to make less one-sided the blame previous speakers had heaped on the Reformers for all ills of the modern world-atheism, anarchism, the repudiation of Christian morality – Stossmeyer had asked them to remember ‚that there are millions of Protestants who truly love the Lord Jesus‘. As he spoke, shouts of ‚heresy‘, ‚blasphemy‘, ‚another Luther‘, and ‚come down, come down‘ drowned him out and he was forced to descend from the podium. The contrast between then and now was enough to make a born-and-bred Lutheran weep with joy."[71]

Zusammenfassung

Der Beitrag untersucht die Bedeutung, die die Teilnahme evangelischer Beobachter am Zweiten Vatikanischen Konzil für dieses hatte. Er stellt drei Grundprobleme, vor denen sie bei der Wahrnehmung und Beurteilung des Geschehens standen, dar und analysiert exemplarisch an einzelnen Beobachtern und Themen die Differenziertheit ihrer Beobachtungen.

The paper investigates the significance of the participation of Protestant observers at the Second Vatican Council on the Council itself. It elaborates on three basic problems they faced in their perception and evaluation of the event, and using specific examples, it analyzes the differentiated approach of individual observers with respect to special themes.

---

71 R. Wood, Performing the Faith: An Interview with George Lindbeck (Nov 28, 2006), The Christian Century 123,24 (2006), 28–35: 30 f.

Das II. Vatikanische Konzil in der deutschsprachigen evangelischen Kirchengeschichtsschreibung

Das Zweite Vatikanische Konzil war von seiner Ankündigung an ein Thema für evangelische Kirchenhistoriker, freilich vor allem für solche, die zugleich Konfessionskundler oder Ökumeniker waren. Für sie, aber auch für Systematische Theologen, war das Konzil historisch gesehen ja nicht ortlos: Es reihte sich ein in die Konziliengeschichte, die nach Trient unterbrochen gewesen war, und es fand statt in einer Zeit, in der auch die nichtkatholischen Kirchen sich in der Ökumenischen Bewegung zunehmend vereinigten, so dass sie nun im Gewand der Ökumene ebenfalls als Weltkirche auftreten konnten. Einen wesentlichen Anhaltspunkt für die ökumenischen Hoffnungen, die sich auch für Kirchenhistoriker mit dem Konzil verbanden, bot darum die Vollversammlung des Ökumenischen Rates im Jahre 1961 in New Delhi. Hier waren die Russisch-Orthodoxe und weitere Orthodoxe Kirchen der ökumenischen Bewegung beigetreten und ebenso protestantische Kirchen aus ehemaligen Kolonialländern.

Das zeitliche Zusammenfallen dieser Vollversammlung mit der Ankündigung des Konzils provozierte eine Art „präkonziliarer" Kirchengeschichtsschreibung im Sinne ökumenischer Hoffnungen. Der in Kiel lehrende Peter Meinhold jedenfalls war der erste Kirchenhistoriker, der noch vor dem Konzil antizipierend darüber schrieb: 1961 erschien in der Reihe „Herder-Bücherei", also in einem katholischen Umfeld, das Taschenbuch „Der evangelische Christ und das Konzil". Es beinhaltete fünf Vorträge Meinholds, zu denen auch eine Ansprache über Radio Vaticana gehörte. Einer der Beiträge war dem Thema „Das Konzil im Jahrhundert der Reformation" gewidmet. Meinhold warb hier für eine Akzeptanz des anstehenden Konzils auch aus kirchenhistorischen Gründen und schlug dabei einen Bogen von Trient – nicht also vom Ersten Vatikanischen Konzil – hin zur Gegenwart. Nicht ein Konzil an sich war für Meinhold aus reformatorischer Perspektive das Problem, sondern die Frage, wie es sich zur Autorität der Schrift verhalte.[1] Die Vor-

---

1 Vgl. P. Meinhold, Das Konzil im Jahrhundert der Reformation, in: ders., Der evangelische Christ und das Konzil, Freiburg/Basel/Wien 1961, 67–102: 101 f.

träge dokumentierten insgesamt deutliche Erwartungen an das Konzil, und Meinhold machte diese eben an jener Vollversammlung des Ökumenischen Rates fest, die kurz nach der Veröffentlichung des Buches in New Delhi stattfinden sollte. Meinhold war der Überzeugung, „daß es unmöglich ist, daß sowohl die römisch-katholische Kirche wie auch die in Neu Delhi sich versammelnde nichtkatholische Christenheit ihr Einssein in Christus lediglich für sich selbst bekunden"[2]. Zwar erwartete Meinhold keineswegs eine Vereinigung der Kirchen, wohl aber eine stärkere Betonung der den Kirchen „vorgegebenen Einheit".[3]

Bald darauf, 1962, veröffentlichte Meinhold das Buch „Konzile der Kirche in evangelischer Sicht", das dem Aufriss nach keine Geschichte der ökumenischen Konzilien war, sondern eine Konziliengeschichte im weiteren Sinne, in deren Mitte ein Kapitel stand, das mit „Reformation und Konzil. Die Synode von Dordrecht" überschrieben war. Meinhold ging es um die theologischen Aspekte der Konziliengeschichte, nicht um die politischen und rechtlichen, wie er im Vorwort deutlich machte.[4] Eben darum wurden die Zeit vor Nicaea und die reformatorischen Stellungnahmen, aber auch die Versammlungen des Ökumenischen Rates einbezogen, bei denen wiederum die letzte, gerade in New Delhi abgehaltene eine große Rolle spielte, zumal sie unter Anwesenheit katholischer Beobachter stattgefunden hatte. Das Buch endete mit einem Kapitel „Die Konzile der Kirche im evangelischen Urteil" und mit „dem Appell an die Kirchen, diejenigen Ansätze weiter zu entwickeln, die sie gerade in jüngster Zeit für die Bekundung der Einheit der Christenheit auf den letzten Weltkirchenkonferenzen, für das in Aussicht gestellte Ökumenische Konzil und bei der Vorbereitung einer orthodoxen Synode (1961) aufgestellt haben".[5] Dieser Appell basierte auf Meinholds Auffassung, die Versammlungen des Ökumenischen Rates seien „Repräsentationen der Christenheit", die „niemals die Einheit der Christenheit vernachlässigen dürfen und also auch ihre heutigen Glaubensaussagen stets in Rücksicht auf die getrennten Brüder treffen müssen".[6] Meinhold war also voller ökumenischem Optimismus und erwartete von dem bald zusammentretenden Konzil, dass es eine Art Gegenüber

---

2 P. Meinhold, Die christliche Ökumene. Eine evangelische Besinnung auf die Weltkirchenkonferenz in Neu-Delhi und das Zweite Vatikanische Konzil, in: ders., Der evangelische Christ (s. Anm. 1), 103–127: 124.

3 Meinhold, Der evangelische Christ (s. Anm. 1), 17 (Vorwort).

4 Vgl. P. Meinhold, Konzilien der Kirche aus evangelischer Sicht, Stuttgart 1962, 8.

5 Meinhold, Konzilien (s. Anm. 4), 202.

6 Meinhold, Konzilien (s. Anm. 4), 202.

der ÖRK-Versammlung sein würde und so die Einheit und die Bruderschaft der Christenheit bezeugt würden.[7] „Präkonziliar" könnte man auch ein von Hans Jochen Margull herausgegebenes Buch nennen. Margull wurde später in Hamburg Professor für Missionswissenschaft und Ökumene und war zu dieser Zeit Referatsleiter für Fragen der Verkündigung beim Ökumenischen Rat.[8] Kirchenhistorische Ambitionen zeigte Margull zwar nicht als Autor, wohl aber als Herausgeber des 1961 erschienenen Bandes „Die ökumenischen Konzile der Christenheit". Unter den Autoren waren Peter Meinhold mit seinem Beitrag „Das Konzil im Jahrhundert der Reformation" und Edmund Schlink mit einem Aufsatz zu „Ökumenische Konzile einst und heute". Hinzu kamen der Katholik Otto Karrer, der auch biographisch ein Grenzgänger zwischen den Konfessionen war, und der orthodoxe Bischof Emilianos von Meloa, der den Patriarchen von Konstantinopel beim Konzil vertrat. Im Vorwort warnte Margull davor, das anstehende Konzil als eine bloß innerkatholische Angelegenheit anzusehen und damit einer Selbstisolierung des Katholizismus Vorschub zu leisten, die es aber auch auf evangelischer Seite nicht geben dürfe. Wie Meinhold wollte also auch Margull eine ökumenische Einbindung des Konzils, und dies, indem die Rezeption der Konziliengeschichte über die nach katholischer Zählung anerkannten Konzilien hinaus erweitert wurde. Schlink nahm diesen Faden in seinem abschließenden Beitrag auf, in dem er von den zwei anstehenden ökumenischen Konzilien sprach, von der Vollversammlung des Ökumenischen Rates in New Delhi also und vom Zweiten Vatikanischen Konzil. Aus der zeitlichen Koinzidenz erwuchs auch in seiner Sicht eine große Chance: „Zweifellos würde es für die Christenheit und die Welt schon viel bedeuten, wenn an den beiderseitigen Beschlüssen sichtbar würde, daß beide Konzile nicht gegeneinander tagen und ein jedes von ihnen nicht sich selbst sucht, sondern allein dem Herrn Jesus Christus dienen will."[9]

New Delhi war ebenso ein wichtiger Anhaltspunkt für den schweizerischen Ökumeniker Lukas Vischer, der als Beobachter des Ökumenischen Rates am Konzil teilnahm. Als Autor beteiligt war Vischer an dem bald nach dem Konzil erschienenen ökumenischen Konzilskommentar „Die Autorität der Freiheit", er verfasste aber auch einen Beitrag in der „Geschichte des Zweiten Vatikanischen

---

7   Vgl. Meinhold, Konzilien (s. Anm. 4), 196.
8   Vgl. W. Weiße, Art. Margull, Hans Jochen, in: RGG⁴ 5 (2002), 79 f: 794.
9   E. Schlink, Ökumenische Konzile einst und heute, in: H. J. Margull, Die ökumenischen Konzile der Christenheit, Stuttgart 1961, 393–428: 428.

Konzils". In beiden Beiträgen war sein Thema naturgemäß die ökumenische Bedeutung des Konzils. Wie andere sah Vischer diese im Lichte der expandierenden Ökumenischen Bewegung: „Was vor Jahren als ein kleines, wenn auch stetig wachsendes Rinnsal schien, ist mit einemmal zu einem reißenden Strom geworden."[10] Freilich war Vischer auch nicht zu optimistisch, was die ökumenische Öffnung der katholischen Kirche anging: Zwar konnte es für ihn kein Zurück mehr geben, doch war zugleich mit restaurativen Tendenzen zu rechnen.[11] Aber auch wenn sich die katholische Kirche nicht anschickte, dem Ökumenischen Rat beizutreten, so war sie „ein Abwesender, der doch anwesend ist"[12]. Rund 30 Jahre später war Vischers Befund noch zurückhaltender, was allerdings seinen Grund in der Krise der ökumenischen Bewegung hatte: Die großen ökumenischen Hoffnungen waren in offene Fragen des ökumenischen Miteinanders gemündet, die in erster Linie die nichtkatholischen Kirchen angingen.[13]

Mit Edmund Schlink ist schon der offizielle Beobachter der EKD beim Konzil genannt, der bald von den anderen Beobachtern zu ihrem Sprecher gewählt wurde.[14] Einem Bericht Lukas Vischers zufolge hatte Schlink die offizielle Einladung Meinholds zum Konzil durch das Sekretariat für die Einheit der Christen hintertrieben. Ebenso soll Schlink eine Einladung an Max Lackmann vereitelt haben, der freilich als „katholisierender" Lutheraner ohne kirchliches Mandat ohnehin nur als Privatperson anzusehen war.[15] In Rom hielt er sich als Berichterstatter des „Bundes für evangelisch-katholische Wiedervereinigung" auf. Allerdings war es dann Lackmann, der in vier Bänden den umfangreichsten Bericht über das Konzil aus evangelischer Sicht lieferte: „Mit evangelischen Augen. Beobachtungen eines Lutheraners auf dem Zweiten Vatikanischen Konzil". Lackmann verstand sich als Lutheraner, „der sich der korporativen Eingliederung reformatorischer Kirchengemeinschaften in die Katholische Kirche als einer Weisung des Evangeli-

---

10 L. Vischer, Die ökumenische Bewegung nach dem Konzil, in: J.Chr. Hampe (Hg.), Die Autorität der Freiheit. Gegenwart des Konzils und Zukunft der Kirche im ökumenischen Disput, Bd. 3, München 1967, 668–678: 668.

11 Vgl. Vischer, Die ökumenische Bewegung (s. Anm. 10), 670 f.

12 Vischer, Die ökumenische Bewegung (s. Anm. 10), 673.

13 Vgl. L. Vischer, Das Konzil als Ereignis der ökumenischen Bewegung, in: Geschichte des Zweiten Vatikanischen Konzils, Bd. 5, Ostfildern/Leuven 2008, 559–618.

14 Vgl. E.M. Skibbe, Edmund Schlink. Bekenner im Kirchenkampf – Lehrer der Kirche – Vordenker der Ökumene, Göttingen 2009, 125.

15 Vgl. H. Raguer, Das früheste Gepräge der Versammlung, in: G. Alberigo / K. Wittstadt (Hg.), Geschichte des Zweiten Vatikanischen Konzils (1959–1965), Bd. 2, Mainz/Leuven 2000, 215.

ums Jesu Christi verpflichtet weiß."[16] Schlink nun war zwar ein Systematischer
Theologe mit langer Dialogerfahrung, aber er verwies schon auf das Problem einer
„postkonziliaren" Geschichtsschreibung. Sein Resümee des Konzils stellte das
1966 veröffentlichte Buch „Nach dem Konzil" dar, das eine Art systematisch-theo-
logischer Kommentar war. Im Vorwort verwies Schlink auf die künftige kirchenhistorische Aufgabe: „Aber die Geschichte dieses Konzils ist damit nicht beendet.
Denn zu ihr gehört auch die Geschichte seiner Auswirkungen. Die Verwirklichung von Konzilsbeschlüssen erfordert Zeit, und sie erfolgt, wie die Konzilsgeschichte zeigt, nicht überall gleichzeitig und auch nicht überall in gleicher
Weise."[17] Mit einem „ubique, semper, ab omnibus" rechnete Schlink also nicht,
und ähnlich wie die „präkonziliaren" Autoren forderte er ein korrespondierendes
Agieren auf evangelischer Seite: „Die Verwirklichung dieser [sc. ökumenischen]
Möglichkeiten liegt aber nicht bei der römischen Kirche allein, sondern hängt zugleich davon ab, wie die anderen Kirchen die veränderte Situation beurteilen und
wie sie der römischen Kirche nunmehr begegnen."[18]

Auch Systematische Theologen konnten das Konzil also als kirchenhistori-
sches Ereignis wahrnehmen. Der in Leipzig lehrende Systematiker Ulrich Kühn
veröffentlichte 1966 das Buch „Die Ergebnisse des II. Vatikanischen Konzils", und
er nannte das Konzil „ein kirchengeschichtliches Ereignis von außergewöhnli-
chen Dimensionen"[19]. Sein Blick war zugleich nach vorne gerichtet, denn auch für
ihn war das Bild, das die katholische Kirche bot, spannungsreich: Traditionsbe-
tonte und vorwärtsweisende Tendenzen standen nebeneinander.[20]

Nicht mit ökumenischen, sondern mit konfessionskundlichen Interessen beobachtete Gottfried Maron das Konzil und schrieb darüber. Freilich war Maron zu
dieser Zeit noch nicht der Kirchenhistoriker, als der er bekannt werden sollte, sondern er war Referent am Konfessionskundlichen Institut des Evangelischen Bundes in Bensheim und von dort aus und auch im Auftrag der EKD mit der Beobachtung des Konzils betraut worden. Seine Berichte veröffentlichte Maron in den
„Bensheimer Heften", wobei der Bericht zur ersten Session von Kurt-Victor Selge
stammte, der Maron vertreten hatte. Die Beobachtung des Konzils prägte Marons
weiteres Arbeiten maßgeblich, nicht nur weil seine unter der Betreuung des Er-

---

16 M. Lackmann, Mit evangelischen Augen. Beobachtungen eines Lutheraners auf dem Zweiten
    Vatikanischen Konzil, Bd. 1, Graz/Wien/Köln 1963, 8 f.

17 E. Schlink, Nach dem Konzil, Göttingen 1966, 7.

18 Schlink, Nach dem Konzil (s. Anm. 17), 7.

19 U. Kühn, Die Ergebnisse des II. Vatikanischen Konzils, Berlin 1966, 163.

20 Vgl. Kühn, Die Ergebnisse (s. Anm. 19), 164.

langer Kirchenhistorikers Walther von Loewenich angefertigte Habilitationsschrift zur Rechtfertigungslehre kontroverstheologisch angelegt war, sondern
auch, weil er dem Evangelischen Bund lebenslang verbunden blieb und auch
lange als dessen Präsident amtierte.

In diesen Kontext gehört auch die Ökumenekunde von Reinhard Frieling, der
zur Zeit ihrer Abfassung Leiter des Konfessionskundlichen Instituts war. In einem
Abschnitt „Die Konfessionen und die Ökumene" ging Frieling auch den ökumenischen Aktivitäten der katholischen Kirche nach und hier insbesondere dem Ökumenismus des Konzils und seinen Folgen. Dies beinhaltete eine positive Wertung
von „Unitatis redintegratio", aber auch die Gegenüberstellung der auf dem Konzil
ebenso formulierten römischen Exklusivitätsansprüche.[21]

Loewenich wiederum, Marons akademischer Lehrer, hatte sein 1955 erstmals
erschienenes Buch „Der moderne Katholizismus" zwar 1968 in siebter Auflage
herausgebracht, mit der Einarbeitung der Geschichte des Konzils aber bis zu einer
1970 erschienenen völligen Neubearbeitung gewartet. Schon im veränderten Titel
zeigte sich, dass das Konzil für Loewenich ein einschneidendes Ereignis war: „Der
moderne Katholizismus vor und nach dem Konzil" hieß das Buch nun, wobei das
„vor" wie in den ersten Auflagen mit dem Tridentinum begann, während das
„nach" noch offen blieb und eher eine Sache von Prognosen war.[22] Den Verlauf des
Konzils selbst stellte Loewenich nur kurz dar[23] und schmolz die Ergebnisse in eine
thematisch gegliederte Darstellung ein, die jeweils die Vorgeschichte bestimmter
Konzilsentscheidungen berücksichtigte. So stand das Buch auf der Grenze zwischen Kirchengeschichte und Konfessionskunde. Das Thema war ja „der Katholizismus" als Konfession, nicht die Ereignis- oder Institutionengeschichte. Loewenich zielte einerseits auf ein besseres Verständnis des Katholizismus durch
evangelische Leser und hoffte andererseits auf katholische: „Es dürfte auch für
einen überzeugten Katholiken nicht wertlos sein, die Schau seiner eigenen Kirche
in der Sicht eines evangelischen Theologen kennenzulernen und sich zur Selbstbesinnung dienen zu lassen."[24]

Wenige Jahre nach dem Konzil verfasste Gottfried Maron in dem Handbuch
„Die Kirche in ihrer Geschichte" den Faszikel „Die römisch-katholische Kirche

---

21 Vgl. R. Frieling, Der Weg des ökumenischen Gedankens. Eine Ökumenekunde, Göttingen 1992,
    135–138.
22 Vgl. W. von Loewenich, Der moderne Katholizismus vor und nach dem Konzil, Witten 1970, 9 f.
    (Vorwort).
23 Vgl. Loewenich, Der moderne Katholizismus (s. Anm. 22), 108–118.
24 Loewenich, Der moderne Katholizismus (s. Anm. 22), 13.

von 1870 bis 1970". In der Einleitung schlug er einen Bogen vom Ersten zum Zweiten Vatikanischen Konzil, „dessen Auswirkungen vorerst im einzelnen noch schwer abzuschätzen sind. Eine vorläufige knappe Charakterisierung dieses Abschnitts könnte folgendermaßen lauten: Die römisch-katholische Kirche unter der Führung des unfehlbaren Papsttums."[25] Dies war also Marons These, die sich auch in der Gliederung des Faszikels widerspiegelte: Auf einen ersten Teil über die Päpste folgte ein zweiter über den römischen Katholizismus in einzelnen Ländern und ein dritter zur inneren Geschichte der römisch-katholischen Kirche. Die Darstellung des Konzils bildete einen eigenen, abschließenden Paragraphen im papstgeschichtlichen Teil. Die Dynamik des Konzils wurde von Maron im Wesentlichen auf die Initiativen der Päpste, also Johannes' XXIII. und Pauls VI. zurückgeführt, wobei dem „pastoralen" Johannes XXIII. der Organisator Paul VI. gegenübergestellt wurde und dem nach außen weisenden Aggiornamento eine introvertierte Tendenz, die die Einheit der Kirche sichern sollte.[26] Johannes XXIII. war für Maron der Wiedererwecker, strenger Herr und gütiger Helfer des Konzils, sein Nachfolger der Fortführer, der auch autoritativ eingriff, wobei Maron insgesamt die Emanzipation der Konzilsteilnehmer von päpstlichen Vorgaben würdigte.[27] Wie für alle evangelischen Autoren hatte die Ökumene für Maron einen hohen Stellenwert, und so betonte er auch die Initiativen Johannes' XXIII.: „Er war nicht der erste Papst, der zu nichtrömischen Christen mit freundlichen Worten sprach, aber er war der erste Papst, der brüderliche Worte wie ein Bruder gesprochen hat." Positiv vermerkt wurde von Maron wie von allen evangelischen Autoren vor allem die Einrichtung des Sekretariates zur Förderung der Einheit der Christen.[28]

Zwanzig Jahre nach Marons Faszikel erschien in der konkurrierenden Reihe „Kirchengeschichte in Einzeldarstellungen" der korrespondierende Band „Das Papsttum und der deutsche Katholizismus 1870–1958", der also das Zweite Vatikanische Konzil ausklammerte, und an ihn anschließend im Jahre 1996 der Band „Die römisch-katholische Kirche vom II. Vatikanischen Konzil bis zur Gegenwart". Der Verfasser der beiden Bände war Hubert Kirchner, der nicht am Konzil teilgenommen hatte und es auch gar nicht gekonnt hätte. Zur Zeit des Konzils

---

25 G. Maron, Die römisch-katholische Kirche von 1870 bis 1970 (KIG 4, Lieferung N2), Göttingen 1972, N 197.

26 Vgl. Maron, Die römisch-katholische Kirche (s. Anm. 25), N 231 und N 234.

27 Vgl. Maron, Die römisch-katholische Kirche (s. Anm. 25), N 238 f.

28 Vgl. Maron, Die römisch-katholische Kirche (s. Anm. 25), N 231.

war er Mitarbeiter der Weimarer Lutherausgabe, später wurde er zum Katholizis-
mus-Experten des Bundes Evangelischer Kirchen in der DDR. Nach dem Mauer-
fall arbeitete er am Konfessionskundlichen Institut des Evangelischen Bundes in
Bensheim – auch eine Form der Wiedervereinigung, denn nun konnte in Bensheim das konfessionskundliche Fachwissen gesamtdeutsch gebündelt werden.

Anders als Maron nun – jedenfalls was seinen Beitrag in der Reihe „Die Kirche
in ihrer Geschichte" angeht – konnte Kirchner schon auf die Folgen des Konzils
zurückblicken, das er im Vorwort „als das Ereignis, mit dem Papst Johannes XXIII.
eine neue Epoche in der Geschichte der römisch-katholischen Kirche herauf-
führte", qualifizierte. Was danach kam, war „Nachkonzilszeit": „Auch die Jahrzehnte, die sich daran anschlossen, die Entwicklungen, Auseinandersetzungen
und Entscheidungen, sind nur aus dem Spiel der Kräfte heraus zu verstehen, die
das Konzil weckte, und gerade auch in ihrer teilweise einander widerstrebenden
Tendenz."[29] Unter diesem Leitmotiv konnte Kirchner dann die „Nachkonzilszeit"
darstellen und damit zu dem evangelischen Kirchenhistoriker werden, der die innere Dynamik der katholischen Kirche am besten erfasste und dies auch in ihrem
Charakter als „Weltkirche".

Im Vergleich zu Maron (der freilich auch eine Zeitspanne von 100 Jahren auf
130 Seiten darzustellen hatte), ist Kirchners Darstellung wesentlich ausführlicher
und insofern auch sachkundiger, als Kirchner die Dinge aus gehörigem zeitli-
chem Abstand sehen konnte. Maron schrieb im Präsens, als Zeitgenosse, Kirchner
konnte schon längere Entwicklungslinien sehen. Kirchner ging wie Maron auf
den ökumenischen Aspekt ein, freilich nicht sehr ausführlich[30] – eine Folge der
ökumenischen Abkühlung in seiner Zeit, ließe sich vermuten. Differenzierter als
bei Maron fiel bei Kirchner das Bild Pauls VI. aus, den er zwar auch als deutlich
konservativer im Blick auf das Aggiornamento sah (was sich ja auch nicht verleug-
nen lässt), dessen ökumenisches Engagement er andererseits würdigte, vor allem
natürlich im Blick auf die Ostkirchen.[31] Passend zum Grundmotiv der span-
nungsreichen Nachgeschichte des Konzils war es aber gerade dieser Papst, der „vor
fast unlösbare Probleme" gestellt war.[32]

In den gängigen protestantischen Kompendien und Lehrbüchern spielte und
spielt das Konzil eine eher beiläufige Rolle. Karl Heussi hatte den Beginn des Kon-

29 H. Kirchner, Die römisch-katholische Kirche vom II. Vatikanischen Konzil bis zur Gegenwart
    (KGE 4,1), Leipzig 1996, 5.
30 Vgl. Kirchner, Die römisch-katholische Kirche (s. Anm. 29), 34–36.
31 Vgl. Kirchner, Die römisch-katholische Kirche (s. Anm. 29), 51 f.
32 Kirchner, Die römisch-katholische Kirche (s. Anm. 29), 52 f.

zils nicht mehr erlebt. In der letzten Auflage seines Kompendiums erwähnte er nur den Amtsantritt Johannes' XXIII., nicht aber seine Konzilsankündigung.[33] In Wolf-Dieter Hauschilds zweibändigem „Lehrbuch der Kirchen- und Dogmengeschichte" kommt das Konzil nicht vor, aber das Werk endet ohnehin mit dem Zweiten Weltkrieg. Die von Hauschild geplante Darstellung der Kirchengeschichte nach 1945 in einem Lehrbuch ist nicht mehr zu Stande gekommen.[34] Kurt Dietrich Schmidt veröffentlichte seinen Grundriss der Kirchengeschichte 1960 in letzter Auflage und verstarb über der Neubearbeitung im Jahre 1964, doch konnten die Bearbeitungen letzter Hand immerhin in einer posthumen Fassung mit abgedruckt werden. Hier fand dann auch das Konzil etwas ausführlichere Erwähnung, nämlich als Aufnahme eines von Johannes XXIII. und Paul VI. entworfenen „Aktionsprogramms" unter den Aspekten dogmatisch, pastoral, ökumenisch und missionarisch.[35]

In Bernd Moellers „Geschichte des Christentums in Grundzügen" wird das Konzil nur kurz und mit dem Befund angesprochen, in den Dokumenten zeichne sich eine Annäherung der Konfessionen ab – ohne dass dies an der weiteren Geschichte überprüft wird.[36] In Martin Greschats „Christentumsgeschichte II", Teil einer Reihe „Grundkurs Theologie", ist das Konzil „ein epochales Ereignis": „Alle Aussagen und Urteile über diese Kirche, die diese Wasserscheide nicht berücksichtigen, müssen als anachronistisch bezeichnet werden."[37] Hans-Walter Krumwiede bot in der Reihe „Geschichte des Christentums" (die sich gerade in Überarbeitung befindet) eine knappe Würdigung des „in die Zukunft Weisenden [...] vom evangelischen Standpunkt aus".[38] In dem von Greschat und Krumwiede herausgegebenen fünften Band der „Kirchen- und Theologiegeschichte" in Quellen werden dem Charakter des Werkes entsprechend auf fünf Seiten knappe Auszüge geboten, von denen die aus dem Ökumenismus-Dekret die Hälfte des Umfangs ausmachen.[39]

33 Vgl. K. Heussi, Kompendium der Kirchengeschichte, Tübingen [12]1960, 514 (§132h).
34 Vgl. W.-D. Hauschild, Lehrbuch der Kirchen- und Dogmengeschichte, Bd. 2: Reformation und Neuzeit, Göttingen 1999, V (Vorwort).
35 Vgl. K. D. Schmidt, Grundriß der Kirchengeschichte, Göttingen [9]1990, 413a–413c.
36 Vgl. B. Moeller, Geschichte des Christentums in Grundzügen, Göttingen [9]2008, 380.
37 M. Greschat, Christentumsgeschichte II. Von der Reformation bis zur Gegenwart, Stuttgart 1997, 287.
38 H.-W. Krumwiede, Geschichte des Christentums III (Neuzeit: 17. bis 20. Jahrhundert), Stuttgart [2]1987, 249–251.
39 Vgl. M. Greschat/H.-W. Krumwiede (Hg.), Das Zeitalter der Weltkriege und Revolutionen (KTGQ 5), Neukirchen-Vluyn 1999, Nr. 95.

In einem von dem Wiener Systematischen Theologen Wilhelm Dantine und dem Religionspädagogen Eric Hultsch verfassten Beitrag zum dreibändigen Handbuch der Dogmen- und Theologiegeschichte mit dem Titel „Lehre und Dogmenentwicklung im römischen Katholizismus" werden die Konzilsentscheidungen an zwei Stellen dargestellt, einmal unter der Rubrik „Katholische ‚Bewegungen' zwischen und nach den Weltkriegen" und zum anderen unter der Überschrift „Die Kirche".[40] An beiden Stellen aber ist das Oberthema die Ekklesiologie und damit, wenn auch eher implizit, die Ökumene.

Idealerweise wäre das Konzil Gegenstand einer interkonfessionellen oder ökumenischen Beschreibung, aber die „Ökumenische Kirchengeschichte" ist auch im Blick auf dieses Thema nur insoweit ökumenisch, als dass sie die evangelische Kirchengeschichte evangelischen Autoren, die katholische katholischen Autoren überlässt: Die Darstellung des Konzils wurde für die erste Fassung von Erwin Iserloh, für die zweite von Josef Pilvousek verfasst.[41] Dieses historiographische Projekt ist letztlich auch ein Beleg für das Scheitern allzu hoher ökumenischer Erwartungen, auch wenn die Beiträge jeweils von einem Autor der anderen Konfession gegengelesen wurden.

Ein wichtiges Zeugnis der kirchenhistorischen Beschäftigung aus evangelischer Sicht ist bis heute ein Torso geblieben und wird es sicher bleiben: Kurt Aland hatte es in Angriff genommen, das von dem Göttinger Kirchenhistoriker Carl Mirbt in letzter Auflage 1924 veröffentlichte Buch „Quellen zur Geschichte des Papsttums und des römischen Katholizismus" wiederzubeleben und als „Mirbt/ Aland" in mehreren, bis zur Gegenwart reichenden Bänden herauszubringen. Mirbt hatte mit seinem Werk, das aus Quellenauszügen bestand und für Theologiestudenten gedacht war, durchaus Einfluss auf das Bild, das man sich vom Katholizismus machte. Unter Alands Händen nun wurde der „Mirbt" zu einem überarbeiteten ersten Band des neuen „Mirbt/Aland". Hatte aber der „Mirbt" noch mit Quellen aus den ersten Jahren Papst Pius XI.' geschlossen (hinzu kamen Beilagen), brachte Aland Mirbts Sammlung mit Überarbeitungen in der Quellenauswahl und in stark erweitertem Umfang heraus, der aber nur noch die Zeit bis zum Ende des Tridentinums abdeckte. Alands Vorhaben war insgesamt ambitio-

---

40 W. Dantine/E. Hultsch, Lehre und Dogmenentwicklung im Römischen Katholizismus, in: HDThG 3 (1984), 289–423: 343–379. 397–421 (Kap. IV, §3, Kap. VI).

41 Vgl. E. Iserloh, Das zweite Vatikanische Konzil, in: ÖKG 3 (1974), hier nach der ÖKG⁴ (1989), 340–348; vgl. J. Pilvousek, Die katholische Kirche vom Ersten Weltkrieg bis zur Gegenwart, in: Th. Kaufmann u. a. (Hg.), Ökumenische Kirchengeschichte, Bd. 3, Darmstadt 2007, 271–349 (zum Konzil: 319–332).

nierter und zielte auf eine Dokumentation, die nicht nur für die protestantische Leserschaft tauglich war. Für den 1967 erschienenen ersten Band hatte er sich Rat bei Erwin Iserloh, Hubert Jedin und anderen katholischen Theologen geholt, um „(relative) Vollständigkeit und die Objektivität der Sammlung" zu gewährleiten. „Sie [sc. die Sammlung] erhofft sich Gebrauch in der wissenschaftlichen Arbeit, dem akademischen Unterricht und der kirchlichen Praxis beider Konfessionen."[42]

Geplant war von Aland, die neuzeitlichen Quellen in einem eigenen, also zweiten Band des „Mirbt/Aland" zu präsentieren und diesen bis zum Zweiten Vatikanischen Konzil reichen zu lassen. Dazu ist es nicht gekommen, auch wenn Aland das baldige Erscheinen ankündigte.[43] Was erschien, war der erste Band einer „II. Reihe", in dem Aland Auszüge aus nachkonziliaren Quellen dokumentierte. Die II. Reihe sollte „das ungemein farbige, ja widersprüchliche Bild, das der Katholizismus seitdem bietet, in Ergänzungsbänden"[44] einfangen. Auch diesen Band hatte Aland katholischen Theologen – Karl Rahner und Lorenz Jäger – vor dem Druck vorgelegt, damit er unter wissenschaftlichen wie praktisch-kirchlichen Gesichtspunkten eine gute Grundlage biete.[45] Über den ersten Band kam die zweite Reihe nicht hinaus.

Die Befassung der evangelischen Kirchengeschichtsschreibung mit dem Konzil ist also ein Zeugnis für die Hoffnungen und Enttäuschungen, die sich mit dem Konzil verbanden. Insofern ist sie nicht zuletzt ein zeitgeschichtliches Dokument. Andererseits ist sie ein Zeugnis der Versachlichung des Umgangs mit dem Katholizismus, der nicht mehr fremd oder gar bedrohlich erscheint. Wo es kritische Züge gibt, wären diese mit der katholischen Perspektive zu vergleichen, die ebenfalls auf die disparaten Wirkungen blickt. Insofern ist diese Geschichtsschreibung durchaus ökumenisch.

---

42 K. Aland, Quellen zur Geschichte des Papsttums und des römischen Katholizismus, Bd. 1: Von den Anfängen bis zum Tridentinum, Tübingen 1967, IV.

43 Vgl. Aland, Quellen 1 (s. Anm. 42), III; ähnlich in: Aland, QGPRK, Reihe II: Die Kirche nach dem 2. Vatikanischen Konzil, Bd. 1: Die Jahre 1966 und 1967, Tübingen 1972, III.

44 Aland, Quellen, Reihe II, Bd. 1 (s. Anm. 43), III.

45 Vgl. Aland, Quellen, Reihe II, Bd. 1 (s. Anm. 43), III.

Zusammenfassung

Für evangelische Kirchenhistoriker war das Konzil vor allem dann ein Thema, wenn sie ökumenische oder konfessionskundliche Interessen hatten. Die zeitliche Nähe der Vollversammlung des Ökumenischen Rates in New Delhi stimulierte ihre Hoffnungen auf neue ökumenische Perspektiven. Der historische Rückblick auf das Konzil war dann skeptischer, weil es von seinen Folgen her gesehen wurde, was freilich der katholischen Perspektive entspricht.

Protestant Church historians paid attention to the Council particularly if they were interested in ecumenical or confessional studies. Their hopes of new ecumenical perspectives were stimulated by the temporal proximity to the assembly of the World Council of Churches in New Delhi in 1961. The historical review was more skeptical, because it was assessed on the basis of its outcomes, which are actually comparable to the Catholic perspective.

FRIEDERIKE NÜSSEL

Dei Verbum – die Offenbarungslehre des II. Vatikanischen Konzils in der evangelisch-theologischen Rezeption

1. Fragestellung

Die Bewertung der Dogmatischen Konstitution *Dei Verbum* über die Offenbarung (DV) des Zweiten Vatikanischen Konzils ging und geht in der römisch-katholischen Theologie bis heute weit auseinander. Während Walter Kardinal Kasper die Konstitution zu den „ausgereiftesten und aufgeschlossensten Dokumenten des Konzils"[1] rechnet, ist sie nach dem Urteil von Otto Hermann Pesch „der am meisten unausgeglichene Text des Konzils – bis hin zu nur mühsam verdeckten logischen Brüchen, ja Widersprüchen: ein Musterbeispiel für den Kompromiß vom Typ des ‚kontradiktorischen Pluralismus'"[2]. Auch im Umfeld des 40jährigen Konzilsjubiläums finden sich weiterhin kontroverse Urteile, insbesondere in Bezug auf die ökumenische Reichweite der Aussagen zum Verhältnis von Schrift und Tradition.[3] So vertritt Johannes Brosseder die Auffassung, dass mit DV „die Anfragen der Reformation aus dem 16. Jahrhundert" in Bezug auf das Verhältnis von Schrift, Tradition und Lehramt durch die Konstitution *nicht* „gegenstandslos"[4] geworden sind und widerspricht damit der deutlich positiveren Be-

---

1 W. Kasper, Schrift – Tradition – Verkündigung, in: ders., Glaube und Geschichte, Mainz 1970, 159–196: 163; vgl. auch G. Baum, Die Konstitution De Divina Revelatione, Cath(M) 20 (1966), 85–107, der der Konstitution „eine erstaunlich große Einheitlichkeit" attestiert (ebd., 107).

2 O. H. Pesch, Das Zweite Vatikanische Konzil (1962–1965). Vorgeschichte – Verlauf – Ergebnisse – Nachgeschichte, Würzburg 1993, 272 f., mit Bezug auf Max Seckler.

2 Weniger kontrovers erscheint die Bewertung der Lehraussagen zum Offenbarungsverständnis. Vgl. hierzu H. Hoping, Die Lehraussagen des Konzils zur Selbstoffenbarung Gottes und zu seinem Handeln in der Geschichte, in: P. Hünermann / B.J. Hilberath (Hg.), Die Dokumente des Zweiten Vatikanischen Konzils: Theologische Zusammenschau und Perspektiven, Herders Theologischer Kommentar zum Zweiten Vatikanischen Konzil, Bd. 5, Freiburg/Basel/Wien 2006, 107–119.

4 J. Brosseder, Ökumenische Probleme der Dogmatischen Konstitution Dei Verbum des Zweiten Vatikanischen Konzils, in: P. Hünermann (Hg.), Das Zweite Vatikanische Konzil und die Zeichen der Zeit heute, Freiburg/Basel/Wien 2006, 270–282: 280, vgl. auch ebd., 277.

wertung von Helmut Hoping.[5] Im Spektrum der vielfältigen Auslegungen und Einschätzungen, die die römisch-katholische Rezeptionsgeschichte der letzten fünfzig Jahre bestimmen, spiegelt sich so bis heute die Dynamik des um einen Ausgleich zwischen den konservativen und progressiven Kräften ringenden Textes der Offenbarungskonstitution selbst wider.[6] Doch wie ist die dogmatische Konstitution über die Offenbarung in der evangelischen Theologie rezipiert, d. h. interpretiert und bewertet worden? Welchen Einfluss hatte und hat dieser Text auf die evangelische Diskussion? Was lässt sich ein halbes Jahrhundert nach der Promulgation von DV am 18.11.1965 der evangelisch-theologischen Rezeptionsgeschichte über die Wirkung dieses Textes entnehmen? Diesem Thema widmet sich der folgende Beitrag, wobei er sich mit Blick auf den in diesem Themenheft zur Verfügung stehenden Raum vornehmlich auf die deutschsprachige Debatte konzentriert.

Von entscheidender Bedeutung für die Rezeptionsgeschichte insgesamt ist zunächst, dass zu dem Konzil Beobachter aus anderen Kirchen zum Konzil eingeladen und auf diese Weise in das Konzilsgeschehen einbezogen wurden.[7] Denn mit der gegen den Willen der Kurie durchgesetzten Einladung der Beobachter beförderte Papst Johannes XXIII. schon vor Beginn der Beratungen des Konzils die

---

5 Vgl. H. Hoping, Theologischer Kommentar zur Dogmatischen Konstitution über die göttliche Offenbarung Dei Verbum, in: P. Hünermann / B. J. Hilberath (Hg.), Herders Theologischer Kommentar zum Zweiten Vatikanischen Konzil, Bd. 3, Freiburg/Basel/Wien 2005, 695–831: 754 f. Den Unterschied zum Ersten Vatikanum skizziert Hoping wie folgt: „Waren die Dokumente des 1. Vatikanischen Konzils wie jene des Tridentinums vor allem darauf bedacht, sich gegen das protestantische Sola-Scriptura-Prinzip kritisch abzugrenzen, während demgegenüber die positive und normative Bedeutung der Schrift kaum gewürdigt wurde, so stellt die Konstitution über die göttliche Offenbarung eine entscheidende Wende dar. [...] Unterschieden wird das Evangelium bzw. das Wort Gottes selbst, das durch die Propheten angekündigt und in Jesus Christus proklamiert worden ist. Schrift und Tradition bezeugen authentisch dieses Evangelium. Schrift und Tradition werden dabei nicht auf die gleiche Stufe gestellt." (ebd., 812).

6 Vgl. dazu Brosseder, Ökumenische Probleme (s. Anm. 4), 270, siehe auch die dort in Anm. 1 angegebene Literatur.

7 Vgl. zur Rolle der Beobachter K. Wittstadt, Am Vorabend des Zweiten Vatikanischen Konzils, in: G. Alberigo / K. Wittstadt (Hg.), Geschichte des Zweiten Vatikanischen Konzils, (1959–1965), Bd. 1, Mainz/Leuven 1997; vgl. auch C. Soetens, Das ökumenische Engagement der katholischen Kirche, in: G. Alberigo / K. Wittstadt (Hg.), Geschichte des Zweiten Vatikanischen Konzils (1959–1965), Bd. 3, Mainz/Leuven 2002, 299–400: 336–343.

ökumenische Aufmerksamkeit[8] und eröffnete zugleich den anderen Kirchen die Möglichkeit, sich von dem Konzil aus der Perspektive der von ihnen benannten Beobachter berichten zu lassen.[9] Die Bedeutung der Beobachter für die weltweite Wahrnehmung und ökumenische Wirkung des Konzils kann gar nicht überschätzt werden. Die Evangelische Kirche in Deutschland (EKD) sandte den Heidelberger Dogmatiker und Direktor des Ökumenischen Instituts Edmund Schlink zum Konzil, der 1966 der Öffentlichkeit seinen Bericht und seine Einschätzung des Konzils in dem Buch „Nach dem Konzil"[10] vorlegte. Dieser Band wurde bereits 1968 ins Amerikanische übersetzt[11] und zeugt zusammen mit weiteren Publikationen aus dieser Zeit davon, dass amerikanische, deutsche und auch skandinavische Lutheraner die Frage, was das Konzil für die Ökumene bedeute, in engem Austausch miteinander bedachten. Bereits 1967 publizierte der evangelische Dogmatiker Ulrich Kühn eine weitere evangelische Sichtung und kritische Reflexion der Konzilstexte in dem Buch „Die Ergebnisse des II. Vatikanischen Konzils"[12].

Sowohl Edmund Schlink[13] als auch Ulrich Kühn trauen DV dabei besonderes ökumenisches Potential zu. Kühn hält im Einklang mit Martin Seils die Konstitution sogar für den ökumenisch bedeutsamsten Text des Konzils: „Denn bei der Rückfrage nach Ursprung und Fundament unseres Glaubens in der Offenbarung Gottes treten die Wurzeln des konfessionellen Gegensatzes möglicherweise noch leichter zutage als in einem Gespräch über das Wesen der Kirche, die ja ihrerseits wieder auf der einen Offenbarung Gottes gründet"[14]. Aus ähnlichen Überlegungen heraus widmet der Marburger Kirchenhistoriker Georg Günter Blum 1971 der Offenbarungskonstitution eine eigene Studie, in der er ihre Bedeutung im Lichte altkirchlicher und moderner Theologie erörtert. Damit verbindet er den für die Rezeption wichtigen methodischen Hinweis, die „pastoraltheologische Absicht des Konzils und seine ökumenische Zielsetzung" werde verfehlt durch „eine In-

---

8   Vgl. K. E. Skydsgaard, Konzil und Evangelium: Lutherische Stimmen zum kommenden römisch-katholischen Konzil, Göttingen 1962.

9   Vgl. W. Schatz (Hg.), Was bedeutet das Zweite Vatikanische Konzil für uns?, Basel 1966.

10 E. Schlink, Nach dem Konzil, in: ders., Schriften zu Ökumene und Bekenntnis, Bd. 1, Göttingen 2000, 3–253. Zu Schlinks Sicht auf seine Verpflichtung als Beobachter vgl. das Vorwort zu genannter Schrift, bes. ebd., 7.

11 Vgl. E. Schlink, After the Council, Philadelphia 1968.

12 U. Kühn, Die Ergebnisse des II. Vatikanischen Konzils, Berlin 1967. Kühn hatte – wie er im Vorwort mitteilt – den Bericht von Schlink erst nach Fertigstellung des Manuskripts erhalten und darum nicht mehr einbeziehen können.

13 Vgl. Schlink, Nach dem Konzil (s. Anm. 10), 176 f.

14 Kühn, Ergebnisse (s. Anm. 12), 47.

terpretationsmethode, die mit einer konfessionellen Lösung des vielschichtigen und komplizierten Problemkomplexes rechnet und deshalb nur darauf bedacht ist, bestimmte kontroverstheologische Positionen der Vergangenheit zu fixieren und noch weiter zu verhärten. Eine dem Geist des Konzils sachgemäße Interpretation muß bereit sein, die Offenheit der ausgesprochenen und formulierten Gedanken für die Zukunft in Rechnung zu stellen"[15]. Es wird sich zeigen, dass dieser Hinweis durchaus berücksichtigt wurde.

In der evangelischen Interpretation des nur sechs Kapitel umfassenden Textes der Offenbarungskonstitution[16] wird schon bei Schlink und Kühn, aber ebenso in der Folgezeit, besondere Aufmerksamkeit zum einen dem ersten Kapitel der Konstitution *De ipsa revelatione* und damit dem Offenbarungsverständnis zuteil. Zum anderen konzentrieren sich evangelische Rezipienten auf die im zweiten Kapitel *De divina revelationis transmissione* verhandelte Frage nach dem Verhältnis von Schrift, Tradition und Lehramt, die durch die Aussagen zur akademischen Theologie und zur Bedeutung der Bibel im Leben der Kirche in DV 5 und 6 flankiert werden. In welchem Verhältnis die Aussagen dieser beiden in der Konstitution behandelten Themenkreise zueinander zu lesen und aus evangelischer Perspektive zu bewerten sind, ist die Frage, die sich – wie im Folgenden gezeigt wird – in der evangelisch-theologischen Rezeptionsgeschichte als Kernfrage erweist und die dann auch Konsequenzen hat für die evangelische Interpretation der ekklesiologischen und ökumenischen Aussagen des Konzils.

2. Die Diskussion des Offenbarungsverständnisses in DV

Die Entstehungsgeschichte des ersten Kapitels der Offenbarungskonstitution ist selbst eine kleine Geschichte des *aggiornamento*, welches das Konzil einleiten wollte.[17] Im ersten Schema *De fontibus revelationis*, das den Beratungen in der er-

---

15 G. G. Blum, Offenbarung und Überlieferung: die dogmatische Konstitution *Dei Verbum* des II. Vaticanums im Lichte altkirchlicher und moderner Theologie (FSÖTh 2), Göttingen 1971, 11 f.

16 Die Kapitelabfolge sei hier kurz in Erinnerung gebracht: Kap. 1: Die Offenbarung in sich; Kap. 2: Die Weitergabe der göttlichen Offenbarung; Kap. 3: Die göttliche Inspiration und die Auslegung der Heiligen Schrift; Kap. 4: Das Alte Testament; Kap. 5: Das Neue Testament; Kap. 6: Die Heilige Schrift im Leben der Kirche.

17 Vgl. dazu Baum, De Divina Revelatione (s. Anm. 1), der der Konstitution „eine erstaunlich große Einheitlichkeit" attestiert und das erste Kapitel als „Schlüssel für die Stellungnahme in den folgenden Kapiteln" ansieht (ebd., 107).

sten Sitzungsperiode vorlag und schon in seinem Titel die argumentative Stoß-
richtung erkennen lässt, gab es ein solches Kapitel über das Offenbarungsverständnis noch nicht. Die Mehrheit der Konzilsväter lehnte das Schema jedoch
„wegen seines neuscholastischen Offenbarungs- und Traditionsbegriffs, seines
supranaturalistischen Inspirationsverständnisses sowie seiner ablehnenden Haltung gegenüber der modernen Bibelwissenschaft"[18] ab. Gleichwohl kam bei der
Abstimmung am 20. November 1962 die nötige Zwei-Drittel-Mehrheit für die Ab-
setzung des Schemas nicht zustande. Es ist der Intervention von Johannes XXIII.
zu verdanken, dass gleichwohl am 21. November 1962 eine Kommission mit der
Neubearbeitung des Schemas betraut wurde. Sie justierte nicht nur den argumen-
tativen Duktus des Schemas neu, sondern brachte zugleich das Anliegen der Kon-
zilsmehrheit zum Zuge, welches Kardinal Ruffini am Abstimmungstag in der
werbenden Frage artikulierte: „Warum nicht zuerst erklären, was Offenbarung
überhaupt ist und was sie für uns bedeutet?"[19]

Im Einklang mit vielen römisch-katholischen Theologen erblickt Kühn in
diesem ersten Kapitel der Konstitution einen erheblichen „Durchbruch und Neuansatz offizieller katholischer Lehrverkündigung"[20]. Denn hier gelinge es dem
Konzil, über ein „konzeptualistisches" Verständnis der Offenbarung, wie es im Ersten Vatikanischen Konzil gelehrt werde, hinauszuführen und Offenbarung als
ein trinitarisches Geschehen zu verstehen, das sich in der Heilsgeschichte realisiert, in der Gott seine Güte und Weisheit manifestiert.[21] Kühn versteht diese
Lehrentwicklung als „eine Frucht der theologischen Begegnung der Konfessionen
in diesem Jahrhundert"[22] und traut ihr zu, nicht nur das ökumenische Gespräch,
sondern auch die Debatte über das heilsgeschichtliche Verständnis der Offenbarung produktiv voranzubringen, die damals in der evangelischen Theologie geführt wurde.[23] Denn die Konstitution mache deutlich, „daß das Reden von einer

---

18 Hoping, Kommentar (s. Anm. 5), 725.

19 Zit. nach Hoping, Kommentar (s. Anm. 5), 727.

20 Kühn, Ergebnisse (s. Anm. 12), 57.

21 Vgl. Kühn, Ergebnisse (s. Anm. 12), 51–57, bes. 52.

22 Kühn, Ergebnisse (s. Anm. 12), 57.

23 Vgl. Kühn, Ergebnisse (s. Anm. 12), 54. Konkret geht es Kühn um die Auseinandersetzung zwi-
    schen heilsgeschichtlichen bzw. offenbarungsgeschichtlichen Zugängen, wie sie pointiert von
    den Autoren der Programmschrift „Offenbarung als Geschichte" 1961 vorgetragen wurden, und
    solchen Ansätzen, denen – im Anschluss an Rudolf Bultmanns Antwort auf die Herausforderun-
    gen des Historismus in Gestalt der existentialen Interpretation des biblischen Zeugnisses – „der
    Begriff der Heilsgeschichte in steigendem Maße problematisch geworden ist" (ebd.).

‚Heilsgeschichte' keineswegs zu jener unguten ‚Objektivierung' des Heilshandelns Gottes jenseits aller persönlichen Inanspruchnahme führen muß, wie ihm immer wieder nachgesagt wird, sondern daß die Geschichte des Heils eben gerade in ihrer zeitlichen Entwicklung und Erstreckung eine Anrede und damit einen Anspruch Gottes darstellt. Man wird neu lernen müssen, daß Gottes Wort an uns Seine in der Geschichte geschehenen Taten sind, die wir weiterzusagen haben und die den Zuspruch der Vergebung und den Anspruch an uns in sich tragen"[24].

Tatsächlich wird in der weiteren offenbarungstheologischen Reflexion in der evangelischen Theologie die Frontstellung in Bezug auf das heilsgeschichtliche Verständnis der Offenbarung überwunden. Die evangelisch-theologischen Ansätze in der zweiten Hälfte des 20. Jahrhunderts, in denen der Offenbarungsbegriff im Anschluss an Karl Barth als konstitutiv angesehen und entfaltet wird, begreifen übereinstimmend Offenbarung im Rekurs auf das biblische Zeugnis als Geschehen der Selbstoffenbarung Gottes in Jesus Christus, das als geschichtliches seine Annahme und Bezeugung wiederum in einem geschichtlichen Verstehens- und Auslegungszusammenhang aus sich heraussetzt. Ob bzw. inwieweit DV die Entwicklung mitbeeinflusst hat, ist schwer auszumachen. Tatsache ist, dass das Offenbarungsverständnis der Offenbarungskonstitution in den offenbarungstheologischen Kapiteln deutschsprachiger evangelischer Dogmatiken bzw. Systematischer Theologien keine für die jeweilige Argumentation konstituive Rolle spielt. Die explizite Auseinandersetzung mit der Offenbarungslehre von DV findet im evangelischen Bereich stattdessen zum einen in der ökumenischen Theologie statt, zum anderen im Rahmen der Reflexion auf die Entwicklung der neuzeitlichen Problemkonstellation für die Theologie und den aus ihr resultierenden Aufgaben für die Systematische Theologie.[25] Was das zweite genannte Feld der Rezeption betrifft, so verdient der 1995 in der Theologischen Realenzyklopädie erschienene Artikel „Offenbarung V. Theologiegeschichte und Dogmatik" von Eilert Herms besondere Beachtung, der in der historischen Rekonstruktion des Offenbarungsverständnisses detailliert und mit systematischem Interesse auf die Entwicklung der römisch-katholischen Offenbarungslehre eingeht. Herms macht hier deutlich, dass der „interkonfessionelle Gegensatz [...] im späten 17. und ganzen 18. Jh. überlagert [wird] von der gemeinsamen Herausforderung des christlichen Offenbarungsverständnisses durch den Anspruch des *lumen naturale* auf

---

24 Kühn, Ergebnisse (s. Anm. 12), 54.

25 Vgl. dazu E. Herms, Art. Offenbarung V. Theologiegeschichte und Dogmatik, in: TRE 25 (1995), 146–210, bes. Abschnitte 11 und 12. Siehe ebenso G. Wenz, Offenbarung: Problemhorizonte moderner evangelischer Theologie (StST 2), Göttingen 2005.

Autonomie, Suffizienz, Effizienz und Kanonizität in der Gottes-, Welt- und Selbst-erkenntnis"[26]. Zwar werde die Herausforderung für das christliche Offenbarungs-verständnis unterschiedlich angegangen, so dass auch unterschiedliche Erfolge und Desiderate zu verzeichnen seien.[27] Doch in beiden Konfessionen werde die Frage nach der Bedingung der Möglichkeit christlicher Glaubenserkenntnis und Glaubensgewissheit im Medium der Reflexion auf den Offenbarungsbegriff bear-beitet, der auf diese Weise die Rolle eines fundamentaltheologischen Schlüsselbe-griffs gewinnt. Nachdem das aufgeklärte Zutrauen in die Kräfte der menschlichen Vernunft einer „kritischen Selbstbesinnung"[28] gewichen sei, werde diese theologi-sche Entwicklung auch durch „die philosophische Rehabilitierung des Offenba-rungsbegriffs"[29] flankiert.

Die Offenbarungslehre des Zweiten Vatikanischen Konzils[30] interpretiert Herms im Rahmen seiner theologiegeschichtlichen Rekonstruktion dezidiert als Approbation und Vertiefung der römisch-katholischen Lehrentwicklung, die von der „Synode von Trient"[31] über die nachtridentinische Scholastik[32] bis zum Ersten Vatikanischen Konzil[33] führt und in der die Herausforderungen der Aufklärung[34] und des Pluralismus[35] verarbeitet werden. Im Einzelnen macht er deutlich, dass die Beschreibung der Offenbarung in Gestalt des Wortes Gottes und im Modus der locutio bzw. der Anrede, die in DV[36] prominent ist, schon für die römisch-katholische Theologie im 16. Jh. charakteristisch ist.[37] Weiter zeigt er, dass in der römisch-katholischen Lehrentwicklung bereits seit Cajetan durchgängig Gott als alleiniger Autor und Inhalt des Offenbarungsgeschehens herausgestellt wird, des-sen spezifische Struktur die Aneignung im Glauben ermöglicht.[38] Wenn also in DV die Offenbarung als Selbstoffenbarung Gottes bestimmt und im Sinne der „Selbstobjektivierung Gottes durch eine christologische Konzentration des Offen-

---

26 Herms, Offenbarung (s. Anm. 25), 172,59–173,2.
27 Vgl. Herms, Offenbarung (s. Anm. 25), 173,2–12.
28 Herms, Offenbarung (s. Anm. 25), 176,25.
29 Herms, Offenbarung (s. Anm. 25), 176,23.
30 Vgl. Herms, Offenbarung (s. Anm. 25), 187–189.
31 Herms, Offenbarung (s. Anm. 25), 167,20.
32 Vgl. Herms, Offenbarung (s. Anm. 25), 167–169.
33 Vgl. Herms, Offenbarung (s. Anm. 25), 182–184.
34 Vgl. Herms, Offenbarung (s. Anm. 25), 172–174.
35 Vgl. Herms, Offenbarung (s. Anm. 25), 182–187, bes. die Abschnitte 11.3.1–11.3.3.
36 Siehe besonders DV 1 und 2 sowie 8–10.
37 Vgl. Herms, Herms, Offenbarung (s. Anm. 25), 168,38 – 60.
38 Vgl. Herms, Offenbarung (s. Anm. 25), 167 f., und zum Vatikanum I ebd., 183 f.

barungsverständnisses fixiert"[39] wird, so steht dies „fest auf dem Boden der Definitionen des Vatikanums I und der in sie eingeflossenen Tradition"[40].

Insofern kommt die Offenbarungslehre des Vatikanums II nicht als Neuansatz zu stehen, sondern als kontinuierliche Fortentwicklung des römisch-katholischen Grundanliegens in Auseinandersetzung mit der Reformation, der Aufklärung und schließlich der Moderne.

Gegenüber solcher Betonung der Kontinuität findet man in vielen römisch-katholischen Kommentaren – wie auch bei Kühn und Schlink – das Neue bzw. die Abweichungen,[41] also insgesamt die Diskontinuität der Offenbarungslehre im Verhältnis zur vorherigen lehramtlichen Entwicklung, akzentuiert. Eine beide Perspektiven verbindende Sicht bietet Gunther Wenz, indem er das Verhältnis der Aussagen zur Offenbarung in DV als „Vertiefung" und „Fortschritt"[42] gegenüber der Dogmatischen Konstitution *Dei Filius* (DF) des Ersten Vatikanums beschreibt. Dass die Frage nach dem Verhältnis der beiden vatikanischen Konstitutionen für die evangelische Bewertung grundlegend ist, hat schon Karl Barth nach seiner „*peregrinatio ad limina Apostolorum*" im September 1966 in dem knappen Text „Conciliorum Tridentini et Vaticani I inhaerens vestigiis"?![43] in eindringlicher Weise geltend gemacht. Barth wollte, wie er hier bekundet, zur Offenbarungskonstitution gerne „ein aufrichtiges ‚*Placet juxta modum*' sagen können"[44]. Aber das setzte für ihn voraus, dass diese eben nicht „nur in Wiederholung des im Tridentinum und im 1. Vatikanum Gesagten reden wollte"[45], sondern dass sie vorwärts weisende „Änderungen, ja Neuerungen"[46] enthält.

---

39 Herms, Offenbarung (s. Anm. 25), 187,53 f.

40 Herms, Offenbarung (s. Anm. 25), 186,54 f.

41 Vgl. u. a. Hoping, Kommentar (s. Anm. 5), 739 f., 748 f., 752 u. ö. Für Hoping tritt der Wandel der Sprache im Verhältnis zu den Aussagen des I. Vatikanischen Konzils vor allem im dialogischen Charakter des Offenbarungsgeschehens und in der Anrede der Menschen als Freunde hervor.

42 Wenz, Offenbarung (s. Anm. 25), 36 f.

43 K. Barth, „Conciliorum Tridentini et Vaticani I inhaerens vestigiis"?!, in: ders., Ad limina Apostolorum, Zürich 1967, 45–59.

44 Barth, Ad limina Apostolorum (s. Anm. 43), 49.

45 Barth, Ad limina Apostolorum (s. Anm. 43), 49: „Wenn die Konstitution nur in Wiederholung des im Tridentinum und im 1. Vatikanum Gesagten reden wollte, wenn das *inhaerens* von einem Bleiben in jenen Spuren bzw. von einem ‚Treten am Ort' reden würde, dann wäre *Dei Verbum* für uns arme *fratres seiuncti* schon in ihrem Eingang als eine wenig interessante Sache bezeichnet."

46 Barth, Ad limina Apostolorum, 58: „Ich fasse zusammen: ‚*Dei Verbum*' weist in seinem Verhältnis zu den Lehren der beiden vorangehenden Konzilien im Wesentlichen nicht auf diese zurück, sondern von ihnen her vorwärts. Wichtige jenen gegenüber vollzogene Änderungen, ja Neuerungen zeigen, daß der ‚Trend' der Konstitution in Richtung auf eine die echten Probleme der

Eilert Herms hingegen gelangt zu einer positiven Bewertung der Offenbarungslehre des Zweiten Vatikanischen Konzils gerade, indem er den Zusammenhang zu den Aussagen in DF markiert. Dies geschieht in dem Beitrag „Glaubensgewißheit nach römisch-katholischer Lehre" im Rahmen eines internationalen Forschungsprojekts „Themen der Fundamentaltheologie in ökumenischer Perspektive", das Herms mit den Theologen Guiseppe Lorizio, Lubomír Žák und Massimo Serretti von der Lateranuniversität, seinem Tübinger Kollegen Christoph Schwöbel und dem akademischen Weggefährten Wilfried Härle aus Heidelberg durchgeführt hat. Die erste Arbeitsphase 2001–2006 dokumentiert der Band „Grund und Gegenstand des Glaubens nach römisch-katholischer und evangelisch-lutherischer Lehre"[47], in dem das Verständnis von Offenbarung und Glaube behandelt wird. Die spezifische Methode des Projekts besteht darin, dass katholische Theologen lehramtlich verbindliche Texte der lutherischen Tradition und evangelische Theologen entsprechende Texte der römisch-katholischen Tradition auf das zugrundeliegende Konstruktionsprinzip hin zu verstehen versuchen.[48] Dabei wird gemeinsam vorausgesetzt, dass die dem Glauben zugrunde liegende *res* des Evangeliums dynamische Identität besitzt, als solche die Mannigfaltigkeit ihrer perspektivischen Wahrnehmung eröffnet und entsprechend in perspektivisch differierenden Lehrformen zum Ausdruck kommt. Unter dieser Voraussetzung muss es dann möglich sein, im Versuch konsequenten Verstehens der jeweils anderen Lehrform dieselbe res zu erkennen. Entsprechend geht es Herms in seiner Auslegung der römisch-katholischen Offenbarungslehre darum, „diese aus ihren eigenen Intentionen heraus zu verstehen und stark zu machen"[49]. DV wird dabei „teils als Rekapitulation, teils als Vertiefung"[50] interpretiert.

,Tradition' und des ,Lehramts' sorgfältig (sorgfältiger als es bei uns geschieht) berücksichtigende und einbeziehende Lehre - nicht von der *Alleinherrschaft*, aber von der Vorherrschaft der Heiligen Schrift in Kirche und Theologie verläuft".

47 E. Herms / L. Žák (Hg.), Grund und Gegenstand des Glaubens nach römisch-katholischer und evangelisch-lutherischer Lehre, Tübingen/Rom 2008. Siehe hier besonders den Beitrag: E. Herms, Glaubensgewißheit nach römisch-katholischer Lehre, ebd., 3–50.

48 Vgl. zum fundamentaltheologischen Ansatz des Projekts F. Nüssel, Glaubensgegenstand und Glaubenslehre. Zur Dynamik der Lehrentwicklung und Lehrverständigung in der Geschichte des Christentums, MdKI 59 (2008), 89–93.

49 Herms, Glaubensgewißheit (s. Anm. 47), 3.

50 Herms, Glaubensgewißheit (s. Anm. 47), 37. Konkret interpretiert Herms DV 2-6 als Vertiefung der Aussagen von *Dei Filius* (DH 3004 und 3005) und DV 7-10 als „eine Entfaltung des entscheidenden Satzes von DH 3012, ausgehend von der dort schon gelehrten Einsetzung des Lehramts durch Christus selbst" (ebd., 37 f.).

Grundlegend für das einheitliche Offenbarungsverständnis der Konzilien ist nach Herms, dass das Offenbarungsgeschehen und damit das, was offenbart wird, darum als wahr zu gelten hat und Wahrheitserkenntnis zu erschließen vermag, weil Gott der Urheber dieses Geschehens ist. Das bedeutet: Wenn die Kirche die *revelata* zu glauben vorlegt, dann sind diese nicht deshalb zu glauben, weil sie die Kirche vorlegt, sondern weil sie sich der „Autorität des *Deus revelans*"[51] verdanken. Denn „die Autorität dieses Urhebers des Offenbarungsgeschehens und der Effekte des Offenbarungsgeschehens ist präsent als die Autorität dessen, dessen *Wesen* es *ausschließt*, täuschen zu können oder getäuscht werden zu können, weil er selbst die ungeschaffene Wahrheit ist"[52]. Der Glaube wiederum, der sich auf diese Wahrheit verlässt, ist deshalb heilsam, „weil für ihn mit der bezeugten Offenbarung die Autorität des *Deus revelans* selber ‚da' ist"[53]. Die „Insistenz des Konzils auf der Übernatürlichkeit des Offenbarungsinhalts" und ebenso auf „Gott als Urheber des Für-uns-Erschlossenseins der absoluten Bestimmtheit allen Geschehens"[54] sei zu verstehen „als Abwehr jeden möglichen Zweifels an der Zuverlässigkeit dieses Für-uns-Erschlossenseins"[55]. Die Pointe der so interpretierten Argumentation liegt für Herms darin, dass „die jedenfalls fehlbare natürliche Vernunft definitiv [...] als Richterin über das Was der Offenbarung" ausscheidet, weil „jeder Glaubende eben diese Autorität des sich offenbarenden Gottes nur anerkennen kann unter der Bedingung, daß ihm eben das Wahrsein dieser Botschaft durch deren eigenen Grund und Gegenstand selbst (also durch den sich in Christus durch den Heiligen Geist offenbarenden Gott selbst) in seinem Gewissen präsent gemacht worden ist"[56]. So gelesen wird die herkömmliche evangelische Kritik an der Rolle der natürlichen Vernunft im Verhältnis zur Offenbarung entkräftet, ohne dass der Glaube als „*blinde* Anerkennung der Autorität des *Deus relevans*"[57] zu stehen kommt. Vielmehr konstituiert das Offenbarungsgeschehen das *Evident*werden der Wahrheit Gottes und eröffnet so ein Verhältnis freier Anerkennung des Schöpfers.

Bleibt die Frage, wie die Aussagen über die Kirche „als Bewahrerin und als Lehrerin des offenbarten Gottes" (DH 3012) und das kirchliche Lehramt (DH 3011) zu verstehen sind. Herms liest die lehramtlichen Aussagen so, dass zum einen die

---

51 Herms, Glaubensgewißheit (s. Anm. 47), 24.
52 Herms, Glaubensgewißheit (s. Anm. 47), 24.
53 Herms, Glaubensgewißheit (s. Anm. 47), 30.
54 Herms, Glaubensgewißheit (s. Anm. 47), 32.
55 Herms, Glaubensgewißheit (s. Anm. 47), 32.
56 Herms, Glaubensgewißheit (s. Anm. 47), 41.
57 Herms, Glaubensgewißheit (s. Anm. 47), 37.

Traditionstätigkeit und das Lehramt auf das Christusgeschehen bzw. den Willen Christi selbst zurückgeführt werden. Zum Zweiten gelte die Glaubenspflicht „nicht bedingungslos, sondern für jeden Menschen nur unter der Bedingung, daß sie durch das gottgewirkte ‚Da'sein der Wahrheit der Bezeugung der *revelata* für ihn in seinem eigenen Gewissen in Kraft gesetzt wird. Die *propositio* durch das Lehramt ist die notwendige, aber nicht die allein hinreichende Bedingung für das Wirklichwerden der Pflicht zum freien Glaubensgehorsam. Diesen freien Gehorsam verlangt und ermöglicht erst das von Gott nach seiner Vorsehung frei gewirkte ‚Da'sein der Wahrheit der von der Kirche vorgelegten Bezeugung der *revelata* für den Empfänger der Vorlage in seinem eigenen Gewissen"[58].

Die Diagnose, die Herms in seinem TRE-Artikel zur Offenbarung in Bezug auf den Zusammenhang von Wort Gottes und Tradition gestellt hatte, wird in dieser Interpretation der vatikanischen Offenbarungslehre nicht mehr wiederholt. Dort hatte er notiert, die Wahrheit der von Gott offenbarten Dinge werde in DV begründet durch die „Gleichsetzung nicht nur der ‚Tradition' im Sinne von tradierten Lehren, sondern von ‚Tradition' im Sinne des tradierten apostolischen Traditions- und Lehr*amtes* mit dem ‚Wort Gottes' selbst"[59]. Auf diese Weise schließe das „Selbstverständnis des Amtes […] als solches die Möglichkeit der Berufung auf die Autorität Gottes in seiner Offenbarung gegen die Propositionen des Amtes"[60] aus. Dass die Möglichkeit eines Gegensatzes zwischen göttlicher Offenbarung und kirchlicher Lehre auf diese Weise faktisch ausgeschlossen werde, entspreche dabei dem in der gesamten Entwicklung der römisch-katholischen Offenbarungslehre erkennbaren Anliegen. Überdies erscheine in DV die „Frage nach dem Wirksamwerden der Offenbarung für ihre Empfänger […] überhaupt nicht mehr als eine Frage, die zum Wesen der Offenbarung selbst gehört, sondern nur noch als die davon unabhängige anthropologische Frage, wie Deo *revelanti*, dem Gott, der die objektive Offenbarung setzt, vom Menschen der ihm gebührende Gehorsam erbracht werden kann. Dieser Deus *revelans* selbst aber kann nach den Festlegungen des Vatikanums II über das Wesen der Offenbarung nur noch der seine objektiv vollendete Offenbarung durch das Lehramt dauernd präsent erhaltende (‚vorlegende') Gott sein – wie immer die traditionellen Andeutungen über die für diesen Gehorsam erforderlichen inneren Hilfsmittel der Gnade und des Heiligen Geistes, der ‚das Herz bewegt und die Augen des Geistes öffnet' (DV 5), näher entfaltet wer-

58 Herms, Glaubensgewißheit (s. Anm. 47), 41.
59 Herms, Offenbarung (s. Anm. 25), 189,1–3.
60 Herms, Offenbarung (s. Anm. 25), 189,16 f.

den mögen"[61]. Eben in dieser Aussage entdeckt Herms in seiner späteren Interpretation ökumenisches Potential. Denn die Aussage sei „sehr offen"[62], indem nicht gesagt werde, für „welche revelata die oculi mentis zuerst geöffnet sein müssen"[63]. Dies erlaube die Frage, ob man das Schweigen so verstehen könne, „daß stets und immer die Ganzhingabe an den Deus revelans davon abhängt, daß zuvor die Wahrheit der Bezeugung aller revelata für den Glaubenden durch den Heiligen Geist erschlossen und somit ,da' ist"[64]. Am Beispiel dieser Verschiebung in der Interpretation einer lehramtlichen Aussage kann man mithin sehen, wie ökumenische Hermeneutik und Einzelexegese lehramtlicher Texte ineinander greifen.

In der beschriebenen Fortentwicklung der Herms'schen Exegese wird zugleich deutlich, dass sich für ihn die Bewertung der Aussagen zur Offenbarung und zum Lehramt in DV am Verständnis des Anerkennungsgehorsams entscheidet. Dass dieser „immer und durchgehend ein Gehorsam aus von ihm, Gott, selbst frei gewährter Gewißheit" ist, werde „nicht explizit, nicht klar und nicht unübersehbar, ausgesprochen – ja der Gewißheitscharakter des Glaubens, in Dei Filius (DH 3005) noch erwähnt, kommt in Dei Verbum gar nicht mehr zur Sprache"[65]. Dass gleichwohl das Verständnis der Aneignung der Offenbarung in der lehramtlichen Auslegung der Offenbarung auf die freie Annahme in der Glaubenseinsicht abhebe, bestätigt sich für Herms in der Hinzuziehung der Erklärung über die Religionsfreiheit Dignitatis humanae und der Enzyklika Fides et Ratio von 1989. Die entsprechende Beachtung der Rolle der Empfänger, die Herms schon 1995 als eine wichtige Richtung der Weiterarbeit am Offenbarungsverständnis der römisch-katholischen Theologie identifiziert, erlaubt es ihm denn auch in einem Beitrag von 2012 über „Revelation and truth: the Lutheran Perspective" festzustellen, die römisch-katholische Sicht sei inzwischen der lutherischen „quite similar".[66]

Vergleicht man die Herms'sche Interpretation mit der von Kühn, so ist interessant zu sehen, dass Herms in der Offenbarungslehre von DV in Bezug auf das Verständnis des Glaubens keine Vertiefung, sondern eher ein Desiderat gegenüber der in DF immerhin erwähnten Gewissheitsthematik findet. Seine positive Be-

---

61 Herms, Offenbarung (s. Anm. 25), 189,22–31.
62 Herms, Glaubensgewißheit (s. Anm. 47), 38.
63 Herms, Glaubensgewißheit (s. Anm. 47), 39.
64 Herms, Glaubensgewißheit (s. Anm. 47), 39.
65 Herms, Glaubensgewißheit (s. Anm. 47), 39.
66 Vgl. E. Herms, Revelation and Truth: A Lutheran perspective, in NZSTh 54,4 (2012), 377–395, dort der letzte Satz des Artikels. Die These wird hier nicht belegt, da das Thema die Rekonstruktion der Wahrheitsgewissheit aus lutherischer Sicht ist, siehe dazu die Zusammenfassung ebd., 378f.

wertung wird ihm nur in der Zusammenschau mit anderen lehramtlichen Aussagen möglich. Ulrich Kühn hingegen bewertet gerade die Nähe der Aussagen über den Glauben in DV 5 und 6 zu denen in DF als Schwäche. Der Glaube werde – wie Kühn festhält – zwar in DV „als freie Ganzhingabe an Gott"[67] verstanden. Doch erscheine er dann wie in DF „eindeutig als intellektuelle Zustimmung zur offenbarten Wahrheit"[68]. Die „eigentliche Spitze des neutestamentlichen Glaubensbegriffes als Übergabe des Herzens und also des ganzen Menschen an Gott und in diesem Sinn als rechtfertigender Glaube, wie er zu Beginn des Art. 5 noch in Sicht kam"[69], werde nicht voll erfasst. Wenngleich Herms und Kühn beide das Verständnis der Glaubensgewissheit in DV für unterbestimmt halten, gelangen sie im Rahmen ihrer Sicht auf das Verhältnis der beiden vatikanischen Konstitutionen zu einer unterschiedlichen Bewertung. Während für Kühn und viele andere Interpreten das ökumenische Potential für eine Verständigung über das Wesen des Glaubens in dem Neuartigen der Aussagen in DV liegt, sucht Herms dieses Potential in dem Zusammenhang der vatikanischen Lehraussagen bzw. in der inneren Konsistenz des lehramtlichen Offenbarungsverständnisses. Für ihn bewährt sich diese dann, wenn sie ihren Grundgedanken durchhält, der nach Herms darin besteht, dass alle Glaubenserkenntnis ihren Gewissheitsgrund nur in der Verlässlichkeit ihres Urhebers haben kann. Dies aber muss einschließen, dass Gott in seiner Offenbarung auch die Gewissheit ihrer Wahrheit an der Stelle der Empfänger setzt.

Kühns kritische Rückfrage in Bezug auf das Glaubensverständnis richtet sich nun allerdings nicht nur auf das Verständnis des Glaubens als freier Ganzhingabe, sondern zugleich auf das in DV formulierte Verhältnis von Natur und Übernatur, „demgegenüber der Einwand notwendig ist, daß es in der Offenbarung nicht einfach um ein ‚Übersteigen', sondern um ein ‚Durchkreuzen' der menschlichen Vernunft im Sinne von 1 Kor 2 geht, da die Vernunft von sich aus gerade nicht die Richtung einschlägt, auf der die Offenbarung dann einfach aufzubauen brauchte"[70]. Diese in den traditionellen Bahnen sich bewegende Verhältnisbestimmung steht für Kühn in deutlicher Diskrepanz zu der Auslegung der Offenbarung in DV 2–4, die er ausdrücklich als Fortschritt begrüßt. In den ersten drei Sätzen von DV 2 sieht er „das ganze Offenbarungsgeschehen [...] prismaartig zu-

67 Kühn, Ergebnisse (s. Anm. 12), 55.
68 Kühn, Ergebnisse (s. Anm. 12), 55.
69 Kühn, Ergebnisse (s. Anm. 12), 55.
70 Kühn, Ergebnisse (s. Anm. 12), 56.

sammengefaßt"[71]. Hier werde gesagt, dass „die Offenbarung [...] sich durch die Fleischwerdung Christi vollzieht und als dadurch gewirkter Zugang zum Vater im Heiligen Geist ein trinitarisches Geschehen bildet"[72]. Diese Aussagen sind nach Kühn „ebenso neu und vorwärtsweisend wie die Aussage des dritten Satzes, daß sich in solchem trinitarischen Geschehen persönliche Anrede des liebenden Gottes und Gemeinschaft zwischen Gott und Mensch ereignet"[73]. Darin, dass sie gleichwohl in die traditionelle Beschreibung des Glaubens einmünden, zeigt sich nach Kühn „erneut die Unausgeglichenheit des Textes"[74].

Dass eine solche Diagnose bei Herms und in den anderen Texten der Forschergruppe nicht gestellt wird, hängt – wie schon angedeutet – mit dem hermeneutischen Zugang zu den Texten zusammen. Sie werden nicht aus ihrer historischen Genese heraus interpretiert, sondern synchron als Lehrtexte gelesen und in ihrem systematischen Zusammenhang rekonstruiert. Dabei lassen sich zwar argumentative Desiderate innerhalb eines Textes verzeichnen im Vergleich zu der die Lehrentwicklung bestimmenden Argumentationsaufgabe. Unausgeglichenheiten, die der historischen Debattenlage auf dem Konzil geschuldet sind, kommen jedoch nicht in den Blick. Wenn auch die Forschergruppe Defizite in Bezug auf den Fragenkomplex, der herkömmlich als die Verhältnisbestimmung von „Vernunft und Offenbarung" adressiert wird, anmeldet, so geschieht dies im Rahmen eines anderen hermeneutischen Zugangs. Sie rekonstruiert die Texte nicht anhand der Unterscheidung von Vernunft und Offenbarung, sondern differenziert terminologisch zwischen Schöpfungsoffenbarung und Christusoffenbarung. Die Schöpfungsoffenbarung sei dabei als ein solches Wirken Gottes zu verstehen, das Gott seinem Wirken in der Christusoffenbarung vorausgehen lasse, „um die Menschen zur Erkenntnis der Wahrheit zu führen"[75]. Damit verbindet die Gruppe die fundamentaltheologische Überlegung, dass „eine theologische Entfaltung der durch die Christusoffenbarung geschaffenen Glaubensgewißheit nur dann angemessen ist, wenn dabei auch deren eigener metaphysischer Gehalt mit entfaltet wird"[76] und das Verhältnis der Offenbarung als Fundament des Glaubens zum Funda-

---

71 Kühn, Ergebnisse (s. Anm. 12), 52.
72 Kühn, Ergebnisse (s. Anm. 12), 52.
73 Kühn, Ergebnisse (s. Anm. 12), 52.
74 Kühn, Ergebnisse (s. Anm. 12), 55f.
75 W. Härle, Protokoll der Diskussion (1. Teil), in: Herms/Žák (Hg.), Grund und Gegenstand (s. Anm. 47), 156–162: 162.
76 E. Herms, Protokoll der Diskussion (2. Teil), in: ders./Žák (Hg.), Grund und Gegenstand (s. Anm. 47), 298 ff.: 302.

ment der Erkenntnis erörtert wird. Entscheidend sei hierfür, dass „das *fundamentum fidei* als das Gewährtwerden des *lumen gratiae* [...] das Gewährtwerden von Einsicht in das *fundamentum* aller möglichen wahren Einsicht [ist], nämlich das zielstrebige Erschließungshandeln des Schöpfers, das mit der Gewährung des *lumen naturae* anhebt und über die Gewährung des *lumen gratiae* hinaus auf die Gewährung des *lumen gloriae* zielt"[77]. Die Zuordnung von Schöpfungsoffenbarung und Christusoffenbarung kann mithin „nicht den Charakter eines Gegensatzes"[78] haben. Im Rahmen dieses Interpretationsansatzes verweist die Forschergruppe darauf, dass die Schöpfungsoffenbarung nicht als „univok verstandene gemeinsame Basis zwischen christusgläubigen und anderen Menschen"[79] gelten könne, und vermisst in den offenbarungstheologischen Ausführungen nur den expliziten Hinweis darauf, dass die Unterscheidung zwischen Schöpfungsoffenbarung und Christusoffenbarung nur von der Christusoffenbarung her getroffen werden kann.

Die Rückfrage von Ulrich Kühn an die Verhältnisbestimmung von Vernunft und Offenbarung hebt demgegenüber darauf ab, dass die Gotteserkenntnis der geschaffenen Vernunft nicht nur insuffizient ist, sondern korrumpiert, so dass der Mensch auf die in der Christusoffenbarung gestiftete Erlösung von der Sünde und der damit gegebenen *Verkehrung* der Vernunft angewiesen ist. Dass Sünde „Rebellion gegen den Schöpfer" und damit „zugleich Rebellion gegen die eigene Geschöpflichkeit"[80] ist und als solche erst von der Rechtfertigungsbotschaft der Christusoffenbarung aufgedeckt wird, heben auch Christoph Schwöbel und Eilert Herms in einem der Beiträge des Forschungsprojekts hervor. Wie sich dies zu dem beschriebenen Verhältnis von Schöpfungs- und Christusoffenbarung verhält, wird jedoch nicht erklärt. Für eine auf den Aufweis der Konsistenz der vatikanischen Offenbarungslehre bedachte evangelische Interpretation wäre dies jedoch wichtig. Denn der Sache nach geht es bei dem von Kühn markierten Desiderat in Bezug auf die Verhältnisbestimmung von Vernunft und Offenbarung genau um die Frage, ob die der reformatorischen Rechtfertigungslehre korrespondierende Einsicht der Unfreiheit und radikalen Erlösungsbedürftigkeit des Menschen of-

---

77 Herms, Protokoll (s. Anm. 76), 304.
78 Härle, Protokoll (s. Anm. 75), 161 f.
79 Härle, Protokoll (s. Anm. 75), 162.
80 Vgl. E. Herms / Chr. Schwöbel, Fundament und Wirklichkeit des Glaubens als Begründung eines evangelischen Verständnisses von Lehrverantwortung, in: Herms / Žák (Hg.), Grund und Gegenstand (s. Anm. 47), 119–155: 135.

fenbarungstheologisch eingeholt ist und das in der modernen Theologieentwicklung erschlossene Potential des Offenbarungsbegriffs in DV voll zum Zuge gebracht wird.

Wie Gunther Wenz herausstellt, steht in der modernen Reflexion auf Bedeutung und Verständnis der Offenbarung Gottes für die katholische wie für die evangelische Theologie gleichermaßen die Grundfrage zur Debatte, ob „Gott [...] lediglich ein notwendiges Gebilde der Selbstdeutung religiösen Bewusstseins [ist] oder eine Wirklichkeit, die wahrhaft wirklich ist und sich durch ihr offenbares Wirken jedem Fiktionsverdacht entzieht, indem sie sich als Grund des religiösen Bewusstseins zugleich als dessen Grenze erweist, an der sich religiöses Selbstdeutungsvermögen gegebenenfalls auch bricht"[81]. Die Einsicht, dass sich für die zweite Auffassung theologisch nur argumentieren lässt, wenn Gottes Offenbarung konsequent als Selbstoffenbarung Gottes verstanden wird, bildet den theologischen Grund für die breite positive Resonanz, die das erste Kapitel der Offenbarungskonstitution auf evangelischer Seite gefunden hat. Entsprechend kann auch die evangelische Rückfrage nach dem Verhältnis von Vernunft und Offenbarung nicht allein von dem Interesse geleitet sein, die herkömmliche evangelisch-katholische Kontroverse in Bezug auf das Verhältnis von Vernunft und Gnade zu überwinden. Vielmehr geht es darum, in Replik auf Religionskritik und Atheismus die Selbstoffenbarung Gottes, seiner Güte und Weisheit, konsequent als Bedingung der Möglichkeit wahrer Gotteserkenntnis zu erschließen. Als solche deckt sie aber nicht einfach die Insuffizienz der Vernunftkräfte auf, sondern erschließt die Einsicht, dass der Mensch in seinem Selbstvollzug Gott nicht Gott sein lässt.[82]

3. Zur Überlieferung der Offenbarung: Schrift – Tradition – Lehramt

Der zweite Themenkreis, der in der evangelisch-theologischen Rezeption der Offenbarungskonstitution eine wichtige Rolle spielt, ist die Verhältnisbestimmung von Schrift, Tradition und Lehramt, die Gegenstand der Lehraussagen des zweiten Kapitels über die Weitergabe der göttlichen Offenbarung ist. Karl Barth hat be-

---

81 Wenz, Offenbarung (s. Anm. 25), 10.
82 Siehe zur Entwicklung dieser Einsicht in der neuzeitlichen Sündenlehre Chr. Axt-Piscalar, Ohnmächtige Freiheit (BHTh 94), Tübingen 1996.

kanntlich in diesem Kapitel „*den* großen, dem Konzil bei der Redaktion unseres Textes widerfahrenen Schwächeanfall des Konzils".[83] gesehen. Denn es verdunkele das, was im ersten Kapitel über die Offenbarung und in den Kapiteln 3–6 hinsichtlich der Schrift gesagt werde und den Trend der Konstitution insgesamt ausmache.[84] Wenngleich nicht wie im Tridentinum Schrift und Tradition als zwei Quellen der Offenbarung bestimmt werden,[85] heißt es hier doch, dass „die Kirche ihre Gewißheit über alles Geoffenbarte nicht aus der Heiligen Schrift allein schöpft" und dass daher „beide mit gleicher Liebe und Achtung angenommen und verehrt werden" (DV 9) sollen. Selbst wenn man diese Aussage der von Edmund Schlink aufgewiesenen Interpretationsmöglichkeit folgend so liest, dass die Offenbarung „ganz durch die Heilige Schrift und ebenfalls ganz durch die mündliche Überlieferung weitergegeben wird"[86], und dabei „die Überlieferung als Geschichte der Schriftauslegung"[87] interpretiert – selbst dann bleibt das Kernproblem, dass die Schrift nicht als kritische Norm der Tradition in Anschlag gebracht wird.[88] Hier liegt für die evangelische Beurteilung der neuralgische Punkt,[89] der denn auch in allen frühen Berichten und Kommentaren von evangelischer Seite geltend gemacht wird. In „welcher Weise das Traditionsprinzip es der katholischen Kirche ermöglicht, in ihren dogmatischen Entscheidungen über das Zeugnis der Heiligen Schrift hinauszugehen"[90], tritt nach Kühn konkret in den Dogmatisierungen der unbefleckten Empfängnis Marias (1854), der Unfehlbarkeit des Papstes (1870) und der leiblichen Himmelfahrt Marias (1950) vor Augen.

---

83 Barth, Ad limina Apostolorum (s. Anm. 43), 52.

84 Vgl. Barth, Ad limina Apostolorum (s. Anm. 43), 58 u. 50.

85 So schon Barth, Ad limina Apostolorum (s. Anm. 43), 50.

86 Diese Möglichkeit nennt Schlink, Nach dem Konzil (s. Anm. 10), 170, als Alternative zu einer Lesart, wonach „die Offenbarung nur zum Teil durch die Heilige Schrift und zum anderen Teil durch die mündliche Überlieferung" (ebd.) vermittelt wird.

87 Schlink, Nach dem Konzil (s. Anm. 10), 170.

88 So Schlink, Nach dem Konzil (s. Anm. 10), 170; vgl. Kühn, Ergebnisse (s. Anm. 12), 62.

89 Dass der Schrift keine normativ-kritische Funktion im Verhältnis zur kirchlichen Tradition zugeordnet wird, entspricht der Zuordnung von göttlicher und kirchlicher Autorität in der Entwicklung römisch-katholischer Offenbarungslehre, wie sie Herms in seinem TRE-Artikel zur Offenbarung in ihren verschiedenen Stadien rekonstruiert, vgl. ders., Offenbarung (s. Anm. 25), 167,54 f.; 168,32 f. 57–60; 169,18–20; 185,54 f.; 189,16–18.

90 Kühn, Ergebnisse (s. Anm. 12), 58. Nach Schlink bereitet das Dogma von der leiblichen Himmelfahrt Marias besondere Schwierigkeiten, „da dies weder von den neutestamentlichen Schriften noch von der Überlieferung der ersten Jahrhunderte bezeugt ist. Durch dieses Dogma war das bisherige Verständnis der Tradition als ununterbrochener geschichtlicher Überlieferung der apostolischen Lehre in Frage gestellt, und man hatte versucht, das Dogma mit dem gegenwärtigen Glaubensbewußtsein der römischen Kirche zu begründen. Der Traditionsbegriff der Offen-

• Trotz der Kritik an der Zuordnung von Schrift, Tradition und Lehramt in DV wird den Formulierungen des Konzils von evangelischer Seite Potential zu weiterer Klärung und Verständigung auf diesem Gebiet zugetraut.[91] Eine erste Bestätigung liefert der Malta-Bericht der evangelisch-lutherischen und römisch-katholischen Studienkommission für die Einheit von 1972. Hier heißt es: „Seit Anbeginn war das Evangelium von Jesus Christus Gegenstand der Überlieferung. Aus der Evangeliumsverkündigung und in deren Dienst entstanden Schriften, die später als Neues Testament bezeichnet wurden. Damit stellt sich die alte kontroverstheologische Frage nach dem Verhältnis von Schrift und Tradition in neuer Weise. Es kann nicht mehr die Schrift exklusiv der Tradition gegenübergestellt werden, weil das Neue Testament selbst Ergebnis urchristlicher Tradition ist. Doch kommt der Schrift als Zeugnis der grundlegenden Überlieferung eine normative Funktion für die gesamte spätere Tradition der Kirche zu"[92].

In der weiteren Entwicklung der ökumenischen Diskussion[93] kommt den Arbeiten des Ökumenischen Arbeitskreises evangelischer und katholischer Theologen[94] besonderes Gewicht zu. In seiner Studie „Lehrverurteilungen – kirchentrennend?" von 1986 bekräftigt der Kreis die Auffassung des Malta-Berichts, notiert aber, dass ein „expliziter Konsens über die kritische Funktion der Schrift gegenüber der kirchlichen Traditionsbildung"[95] noch nicht gegeben sei. Als das eigentliche Kernproblem wird hier die „Frage der rechten Schriftauslegung; näherhin

---

barungskonstitution ist so weit, daß er das Glaubensbewußtsein späterer Zeiten der Kirche selbst dann mit umfaßt, wenn sein Inhalt sich in der Heiligen Schrift und in der Tradition der ersten Jahrhunderte nicht nachweisen läßt", Schlink, Nach dem Konzil (s. Anm. 10), 170.

91 So sah Schlink gerade in der „eigentümliche[n] Unbestimmtheit des Traditionsbegriffs [...] Raum für ein neues oekumenisches Gespräch über diese zwischen den Kirchen so umstrittenen Fragen", Schlink, Nach dem Konzil (s. Anm. 10), 177.

92 Siehe Bericht der Evangelisch-lutherischen/Römisch-katholischen Studienkommission „Das Evangelium und die Kirche" (1972), Nr. 17, in: H. Meyer u. a. (Hg.), Dokumente wachsender Übereinstimmung, Bd. 1, Paderborn/Frankfurt a. M. 1983, 248–271: 253.

93 Vgl. dazu D. Sattler, Die Kirchen unter Gottes Wort. Schriftverständnis und Schriftgebrauch als Thema ökumenischer Dokumente, in: W. Pannenberg/Th. Schneider (Hg.), Verbindliches Zeugnis, Bd. 3, Freiburg i. Br./Göttingen 1998, 13–42; vgl. auch J. Lauster, Prinzip und Methode: die Transformation des protestantischen Schriftprinzips durch die historische Kritik von Schleiermacher bis zur Gegenwart (HUTh 46), Tübingen 2004, 346–400 (Kap. 7).

94 So auch Lauster, Prinzip und Methode (s. Anm. 93), 389.

95 K. Lehman / W. Pannenberg (Hg.), Lehrverurteilungen – kirchentrennend? (DiKi 4), Freiburg i. Br./Göttingen 1986, 33.

die Verbindlichkeit der lehramtlichen Schriftauslegung"[96] definiert. Diesem
Thema widmet sich der Kreis darum in einem umfangreichen Studienprojekt,
dessen Einzelstudien und Ergebnisse in den drei Bänden „Verbindliches Zeugnis"[97] 1992 und 1998 vorgelegt wurden. Ausgangspunkt der im Abschließenden
Bericht festgehaltenen gemeinsamen Klärung der Frage nach der Autorität der
Schrift und der Rolle des Lehramtes ist die Feststellung, dass Gottes Wort „im
Menschenwort"[98] zugänglich wird. „Die Heilige Schrift ist in der Bezogenheit der
einzelnen biblischen Worte und Schriften auf Jesus Christus insgesamt Wort des
dreieinigen Gottes und als solches von jedem bloßen Menschenwort nach Autorität, Inhalt und Wirkung unterschieden"[99]. Für die Anerkennung ihrer Autorität
ist entscheidend, „daß der dreieinige Gott das Subjekt in seinem Wort ist, in wel-
chem er sich selbst zu erkennen gibt und durch das er richtend und rettend wirkt.
Durch das Wort der Heiligen Schrift wird die Gemeinde in ihrem Zentrum, ihrem
Gottesdienst, konstituiert und erbaut. Der gegenwärtigen Annahme der Botschaft
hat alle Auslegung der Heiligen Schrift zu dienen. [...] Die Wirkung der Schrift in
Auslegung, Verkündigung und Verheißung gehört zu ihrer Wirklichkeit als Wort
Gottes wesentlich hinzu"[100]. Konstitutiv für die kriteriologische Bedeutung der
Schrift ist ihre Einheit in ihrer Vielstimmigkeit[101] und materiale Suffizienz[102]. In-
sofern ist sie „alleiniger Maßstab der Verkündigung", während „die Tradition als
Ort der Vergewisserung"[103] bestimmt wird. Indem die für evangelisches Verste-

---

96 Lehmann / Pannenberg (Hg.), Lehrverurteilungen (s. Anm. 95), 31. Nach Lauster, Prinzip und Me-
    thode (s. Anm. 93), 392, liegt das Kernproblem dabei „in der scheinbar unversöhnlichen Alterna-
    tive zwischen Selbstauslegung der Schrift und lehramtlicher Auslegungshoheit".
97 Bd. 1 (1992) ist dem Thema „Kanon – Schrift – Tradition" gewidmet, Bd. 2 (ebenfalls 1992) enthält
    Beiträge zu „Schriftauslegung – Lehramt – Rezeption" und einen Zwischenbericht, Bd. 3 (1998)
    sodann Beiträge zu „Schriftverständnis – Schriftgebrauch" und den Abschließenden Bericht.
98 Pannenberg/Schneider (Hg.), Verbindliches Zeugnis 3 (s. Anm. 93), 299 (Nr. 16).
99 Pannenberg/Schneider (Hg.), Verbindliches Zeugnis 3 (s. Anm. 93), 296 (Nr. 11).
100 Pannenberg/Schneider (Hg.), Verbindliches Zeugnis 3 (s. Anm. 93), 299 (Nr. 16).
101 Vgl. Pannenberg/Schneider (Hg.), Verbindliches Zeugnis 3 (s. Anm. 93), 328 (Abs. 6, bes. Nr. 87).
102 Vgl. Pannenberg/Schneider (Hg.), Verbindliches Zeugnis 3 (s. Anm. 93), 360 f. (Nr. 183, mit Bezug
    auf den Zwischenbericht).
103 Pannenberg / Schneider (Hg.), Verbindliches Zeugnis 3 (s. Anm. 93), 360 u. 269 f. (Abs. 9.3, hier:
    Überschrift, sowie Nr. 206). Die Übereinstimmung basiert auf einer Erklärung der katholischen
    Lehre von Schrift und Tradition, „mit der Tradition die lebendige, geisterfüllte Tradition der apo-
    stolischen Kirche des Anfangs gemeint ist, die in den Büchern des Neuen Testaments schriftliche
    Gestalt erlangt hat, zusammen mit der Schrift des Alten Testaments von der Kirche unter der Lei-
    tung des Heiligen Geistes als ‚Kanon' angenommen worden ist und in Gottesdienst und Lehre
    immer neu in lebendiger Verkündigung ausgelegt und überliefert wird" (ebd., 387 [Nr. 246]).

hen problematischen Aussagen der Offenbarungskonstitution von katholischer Seite im Sinne der materialen Suffizienz der Schrift und der normativen Rolle der Schrift im Verhältnis zur Tradition[104] interpretiert werden, kann die herkömmliche Kontroverse in der Frage Schrift und Tradition als überwunden gelten. Zu einem in der Sache ähnlichen Ergebnis kommt auch die schon erwähnte internationale Forschergruppe. Sie hält in ihrer Diskussion fest, dass die „Heilige Schrift [...] in den Dokumenten des Lehramtes als das Ursprungszeugnis von Gottes Selbstoffenbarung für den christlichen Glauben eine nichtreduzierbare und unvergleichliche Rolle" habe, und zwar als „der Kanon, an dem sich Überlieferung und Lehre, Gottesdienst und Theologie messen lassen müssen"[105]. Die so in Anschlag gebrachte kriteriologische Rolle der Schrift steht dabei für die Forschergruppe dezidiert „nicht im Widerspruch zu der Betonung der Tatsache, daß der Fixierung und Kanonisierung der Heiligen Schrift ein breiter Prozeß mündlicher und schriftlicher Traditionsbildung vorangegangen ist, der auch mit der Kanonisierung der Heiligen Schrift nicht zum Abschluß gekommen ist, sondern weitergeht und innerhalb dessen der Kanon die Gegenwart erreicht."[106] Damit wird die herkömmliche kontroverstheologische Problemkonstellation in die Frage überführt, wie „die in den lehramtlichen Texten vorausgesetzte Verhältnisbestimmung von Tradition und Heiliger Schrift genauer zu bestimmen"[107] ist. Die Sonderstellung der Schrift werde in einer solchen, „mit den Intentionen der lehramtlichen Texte vereinbare[n] Verhältnisbestimmung"[108] nicht aufgehoben, „weil es sich im Verlauf des Traditionsprozesses selbst für die Kirche als unabweisbar erwies, zusätzlich zum kirchlichen Bekenntnis und zum kirchlichen Amt als normative Instanz den biblischen Kanon anzuerkennen und zu formulieren"[109]. Wie es zu verstehen ist, dass die Schrift hier als Instanz neben Bekenntnis und

---

104 Schon Barth, Ad limina Apostolorum (s. Anm. 43), 58, findet in DV zwar nicht eine Lehre „von der Alleinherrschaft", aber doch eine „von der Vorherrschaft der Heiligen Schrift in Kirche und Theologie" vor der Tradition zum Ausdruck gebracht, die die prinzipientheologischen Probleme ernsthaft berücksichtige.

105 Die Frage nach der kriteriologischen Rolle der Schrift wurde in der ersten Arbeitsphase in einem Gesprächsgang zu den Referaten von Herms und Žák erörtert. Siehe das Protokoll der Diskussion von Wilfried Härle zu den Referaten von Herms und Žák zum Themenbereich, vgl. Härle, Protokoll (s. Anm. 75), 160 (Punkt 7a).

106 Härle, Protokoll (s. Anm. 75), 161 (7b).

107 Härle, Protokoll (s. Anm. 75), 161 (7c).

108 Härle, Protokoll (s. Anm. 75), 161 (7c).

109 Härle, Protokoll (s. Anm. 75), 161 (7c).

Amt zu stehen kommt, klärt sich für die Forschergruppe wiederum aus der
Grundunterscheidung im Offenbarungsbegriff, die bei der Interpretation der
lehramtlichen Aussagen zum Verhältnis von Schrift und Tradition vorausgesetzt
wird. Es sei nämlich für „das angemessene Verständnis der Gottesoffenbarung in
Jesus Christus als des für den christlichen Glauben schlechterdings grundlegenden Ereignisses [...] notwendig, zwischen der Konstitution der Offenbarung als
Werk Gottes und der Interpretation der Offenbarung als durch Gottes Werk evo-
ziertes Werk des Menschen zu unterscheiden"[110]. Während dem Werk Gottes in
der Offenbarung in Jesus Christus ipso facto Priorität gegenüber dem Werk des
Menschen zukomme, verdanke sich der Kanon der „Anerkennung derjenigen Ur-
sprungszeugnisse, welche sich der Kirche als authentisches Offenbarungszeugnis
imponiert haben"[111], und ist mithin – wie Bekenntnis und Amt – von Gott evo-
ziertes Werk des Menschen. Entscheidend ist, dass sich die „göttliche Konstitution
und die menschliche Interpretation der Offenbarung [...] nicht zueinander wie
zwei Quellen der Offenbarung [verhalten], sondern wie das eine Ereignis der Offenbarung und seine Bezeugung".[112] Die Bezeugung dieses Geschehens wiederum
weiß sich „als Bekenntnis und Ausdruck des Glaubens ihrerseits ermöglicht durch
das Wirken des Heiligen Geistes, der die Erleuchtung bewirkt, die auf dem Angesicht des Gekreuzigten die Herrlichkeit Gottes erkennt"[113]. In dieser Deutung
wird die Offenbarung mithin als Geschehen verstanden, in welchem Gott sich in
der Wirksamkeit des Geistes so mitteilt, dass der Mensch zugleich zum freien
Empfänger und Subjekt der Bezeugung eingesetzt wird.

Im Unterschied zu dieser offenbarungstheologischen Fundierung der prinzipientheologischen Frage nach Schrift und Tradition beschreibt der ÖAK die Offenbarung Gottes als Selbstmitteilung des Gotteswortes im Menschenwort und
verzichtet auf eine Reflexion des im Offenbarungsgeschehen gesetzten Zueinan-
ders der Akteure Gott und Mensch. Seine prinzipientheologischen Überlegungen
konzentrieren sich darauf, zu einem gemeinsamen Verständnis der Rolle des
Lehramts im Verhältnis zur gemeinsam bekundeten normativen Rolle der Schrift
zu gelangen. Auf diese Frage läuft der abschließende Bericht zu und behandelt sie
im Kapitel „Schriftauslegung und verbindliche kirchliche Lehre", indem er ein
differenziertes Verständnis des Lehramts zu entwickeln sucht. Nach der Sichtung
des biblischen Befundes und der bereits dargelegten Zuordnung von Schrift und

---

110 Härle, Protokoll (s. Anm. 75), 160 (6a).
111 Härle, Protokoll (s. Anm. 75), 161 (7c).
112 Härle, Protokoll (s. Anm. 75), 160 (6d).
113 Härle, Protokoll (s. Anm. 75), 160 (6d).

Tradition wird hier zuerst die „Gesamtverantwortung des Volkes Gottes als Träger der Glaubensüberlieferung"[114] erörtert, um dann „die besondere Verantwortung der ordinierten Amtsträger"[115] zu beschreiben.

Dabei stützt sich der Bericht
in vielen Aussagen auf die Studie „Kirchengemeinschaft in Wort und Sakrament"[116] der Bilateralen Arbeitsgruppe der Deutschen Bischofskonferenz und der
Vereinigten Evangelisch-Lutherischen Kirche Deutschlands und auf den Bericht
der internationalen evangelisch-lutherischen/römisch-katholischen Kommission
„Kirche und Rechtfertigung"[117]. Es wird zum einen „die Verantwortung aller Getauften für die lebendige Überlieferung des Evangeliums"[118] festgehalten, zum
anderen die Eigenart und spezifische Funktion des kirchlichen Amtes, dessen
„Dienstcharakter"[119] betont wird. Kontrovers zwischen den Kirchen sei „weniger
das Lehramt als solches als sein Umfang und wem es übertragen ist"[120]. Einig ist
man sich darin, dass Amtsträger dazu bestimmt sind, „im Auftrag des Erhöhten
und in seiner Vollmacht zu lehren"[121], und dabei „auch die Verpflichtung zum
Widerstand gegen jede Verfälschung des Evangeliums"[122] haben. Die Möglichkeit
„verfälschender oder irriger Auslegung der Heiligen Schrift durch Amtsträger"[123]
wird anhand der Glaubensgeschichte eingestanden. Der „Sorge auf evangelischer
Seite", dass lehramtliche Aussagen nach katholischem Verständnis kritischer Be-
fragung entzogen seien, wird von katholischer Seite begegnet mit der Erklärung,
dass letztverbindliche Aussagen des Lehramtes nicht als „zeitlos oder unveränder-
lich"[124] zu verstehen seien: „Denn einerseits ist die Tiefe des Geheimnisses, [als]
das Gott [sich] kundtut, unauslotbar; andererseits sind alle Sprechversuche der

---

114 Pannenberg/Schneider (Hg.), Verbindliches Zeugnis 3 (s. Anm. 93), 370–374 (Nr. 207–218).

115 Pannenberg/Schneider (Hg.), Verbindliches Zeugnis 3 (s. Anm. 93), 374 (Abs. 9.5, hier: Überschrift).

116 Bilaterale Arbeitsgruppe der Deutschen Bischofskonferenz und der Kirchenleitung der Vereinigten Evangelisch-Lutherischen Kirche Deutschlands (Hg.), Kirchengemeinschaft in Wort und Sakrament, Paderborn/Hannover 1984.

117 H. Meyer u. a. (Hg.), Dokumente wachsender Übereinstimmung, Bd. 3, Paderborn/Frankfurt
a. M. 2003, 317–419.

118 Pannenberg/Schneider (Hg.), Verbindliches Zeugnis 3 (s. Anm. 93), 371 (Nr. 211).

119 Pannenberg/Schneider (Hg.), Verbindliches Zeugnis 3 (s. Anm. 93), 374 (Nr. 219).

120 Pannenberg/Schneider (Hg.), Verbindliches Zeugnis 3 (s. Anm. 93), 377 (Nr. 224, hier: Zitat aus
„Kirchengemeinschaft in Wort und Sakrament").

121 Pannenberg/Schneider (Hg.), Verbindliches Zeugnis 3 (s. Anm. 93), 377 (Nr. 224).

122 Pannenberg/Schneider (Hg.), Verbindliches Zeugnis 3 (s. Anm. 93), 377 (Nr. 224, hier: Zitat aus
„Kirchengemeinschaft in Wort und Sakrament").

123 Pannenberg/Schneider (Hg.), Verbindliches Zeugnis 3 (s. Anm. 93), 386 (Nr. 242).

124 Pannenberg/Schneider (Hg.), Verbindliches Zeugnis 3 (s. Anm. 93), 384 (Nr. 238).

gläubigen Weitergabe geprägt durch ihre historische Bedingtheit, tragen die Spuren des Denkens ihrer Zeit, sind von daher nicht für alle Zeiten verständlich und hilfreich, so daß ,im alltäglichen Gebrauch der Kirche manche von jenen Formeln verschwunden sind zugunsten neuer Ausdrucksweisen, die vom Lehramt vorgelegt oder gebilligt, den gleichen Sinn klarer und vollständiger wiedergeben'"[125].

Die dienende Rolle des Lehramts und seine Ausrichtung an der Schrift als Norm wird sodann unterstrichen mit Verweis auf DV 21: „Wie die christliche Religion selbst, so muß auch jede kirchliche Verkündigung sich von der Heiligen Schrift nähren und sich an ihr orientieren". Vor diesem Hintergrund kann schließlich gemeinsam festgehalten werden, das Zweite Vatikanische Konzil habe „mit der These: ‚Das Lehramt ist nicht über dem Wort Gottes, sondern dient ihm‘ (DV 10) eine wichtige Voraussetzung dafür geschaffen, daß sich im ökumenischen Dialog im Blick auf das Verhältnis zwischen Heiliger Schrift, Tradition und Lehramt eine gemeinsame Grundauffassung anbahnen konnte"[126]. Doch müsse „der nach evangelischem Verständnis unter Rücksicht auf das maßgebende Schriftzeugnis notwendige ,Verbindlichkeitsvorbehalt‘ Gegenstand weiterer Gespräche sein"[127].

Der abschließende Bericht des ÖAK beansprucht nicht, die Frage der Rolle des Lehramts abschließend geklärt zu haben. Vielmehr wendete sich der Kreis in einer nächsten Arbeitsphase der Amtsthematik als solcher zu. Insofern wird auch nicht behauptet, die reformatorischen Anfragen an die römisch-katholische Prinzipienlehre seien gänzlich gegenstandslos geworden. Aber in der gemeinsamen Auslegung von DV im Verhältnis zu den reformatorischen Grundeinsichten wird doch die prinzipientheologische Problemkonstellation neu justiert. Die Studie des ÖAK macht deutlich, dass die Alternative „Selbstauslegung der Schrift versus lehramtliche Autorität" im Lichte der modernen evangelischen und katholischen Lehrentwicklung heute eine falsche ist. Nicht die Normativität der Schrift im Verhältnis zur Tradition, sondern die Frage nach der Bedingung der Möglichkeit ihrer verbindlichen Auslegung steht im Fokus der Debatte. Der differenzierte Konsens, der in der Studie erreicht wird, besteht in Bezug auf die römisch-katholische Lehre in der Feststellung, dass DV die lehramtliche Autorität nicht über die Autorität der Schrift stelle, und in Bezug auf die reformatorische Tradition in der Einsicht, dass die These von der Klarheit und Selbstauslegungsschrift die Notwendigkeit

---

125 Pannenberg/Schneider (Hg.), Verbindliches Zeugnis 3 (s. Anm. 93), 384 (Nr. 238, mit Zitat aus der Erklärung „Mysterium Ecclesiae. Zur katholischen Lehre über die Kirche und ihre Verteidigung gegen einige Irrtümer von heute" [1973], Trier 1975, 151).

126 Pannenberg/Schneider (Hg.), Verbindliches Zeugnis 3 (s. Anm. 93), 388 (Nr. 247).

127 Pannenberg/Schneider (Hg.), Verbindliches Zeugnis 3 (s. Anm. 93), 385 (Nr. 239).

lehramtlicher Auslegung nicht ausschließt. Vielmehr bedeute diese, „daß der Sinn der Schrift aus ihr selber zu erheben ist"[128]. Konstitutiv für die Autorität der Schrift sei dabei die „Sachautorität des biblischen Sinngehaltes"[129], die sich in Auslegungsprozessen manifestiert. Entsprechend ist Schriftauslegung für das Leben der Kirche konstitutiv und wird in einer Vielfalt von Formen praktiziert, wie der ÖAK in seinem Bericht detailliert darlegt.[130] Wissenschaftlicher Schriftauslegung im Verbund der theologischen Disziplinen und insbesondere der historisch-kritischen Exegese kommt dabei die Aufgabe kritischer Erhebung des Schriftsinns zu, die es dann auch erlaubt, Rechenschaft über die Auslegung der Schrift abzulegen. Der Weg zu dieser Sicht ist für die katholische Theologie mit den Aussagen in DV zur Theologie und zur historisch-kritischen Schriftforschung bereitet worden. Die grundlegende Bedeutung wissenschaftlicher Schriftauslegung für die kirchliche Schriftauslegung kann so im Bericht gemeinsam herausgestellt werden. Dabei werde durch „konsequente exegetische Arbeit [...] nicht nur der geschichtliche Schriftsinn, sondern zugleich der implizite oder explizite *Anspruch* biblischer Texte herausgearbeitet, das Wort Gottes weiterhin zur Sprache zu bringen"[131].

Doch wie wird im Medium menschlicher Schriftauslegung eine verbindliche Auslegung der Schrift möglich, deren Verbindlichkeit sich nicht selbst nur wieder menschlicher Auslegungsautorität und Auslegungskompetenz verdankt? Selbst wenn die Rückbindung des Lehramts an die Schrift und ihre Selbstauslegungskraft festgehalten wird, kommt man an dieser Frage nicht vorbei. Sie kann – wie der ÖAK im Epilog des Berichtes geltend macht – nur pneumatologisch beantwortet werden. Ähnlich macht dies auch die internationale Forschergruppe in ihren prinzipientheologischen Überlegungen geltend.[132] Konkret ist nach Auffassung

---

128 Pannenberg/Schneider (Hg.), Verbindliches Zeugnis 3 (s. Anm. 93), 366 (Nr. 196).

129 G. Wenz, Das Schriftprinzip im gegenseitigen ökumenischen Dialog zwischen den Reformationskirchen und der römisch-katholischen Kirche. Eine Problemskizze, in: H. H. Schmid / J. Mehlhausen (Hg.), Sola scriptura: das reformatorische Schriftprinzip in der säkularen Welt, Gütersloh 1991, 313.

130 Vgl. Pannenberg/Schneider (Hg.), Verbindliches Zeugnis 3 (s. Anm. 93), 333–357 (Abs. 8, Nr. 99–172).

131 Pannenberg/Schneider (Hg.), Verbindliches Zeugnis 3 (s. Anm. 93), 355 (Nr. 168); vgl. dazu Lauster, Prinzip und Methode (s. Anm. 93), 392–395.

132 Vgl. Härle, Protokoll (s. Anm. 75), 161: „d) Von daher könnten sich auch die folgenden Aussagen als dem in den lehramtlichen Texten vorausgesetzten Verhältnis von Geistwirken, kirchlichem Handeln und biblischem Kanon angemessen erweisen: Das Geschehen, in dem der Kanon sich in der Kirche als Norm aller außerkanonischen Überlieferung zur Geltung bringt, ist zu verstehen als geistgewirktes Geschehen, in dem sich die göttliche Inspiration der biblischen Texte des bi-

des ÖAK für die gemeinsame Grundauffassung in Bezug auf „das Verhältnis zwischen Heiliger Schrift, Tradition und Lehramt" entscheidend „die Übereinstimmung, daß in der Heiligen Schrift wie in ihrer Auslegung der eine Geist Gottes wirkt, der dem Geist der Menschen grundsätzlich immer überlegen ist"[133]. Der in „Verbindliches Zeugnis" erreichte Konsens gipfelt mithin in der gemeinsamen Einsicht, dass verbindliche Auslegung und damit das Bleiben der Kirche in der Wahrheit nicht menschlich garantiert werden kann. In der konsequent-kritischen Rückfrage nach dem letzten Grund der Verbindlichkeit, die theologisch jeweils in Anspruch genommen wird, erweist sich die Alternative „Selbstauslegungskraft der Schrift versus lehramtlicher Auslegung" endgültig als falsche Alternative.

Ist in der Rezeption und Auslegung von DV diesbezüglich Konsens erreicht, so bleibt die Frage, ob mit einer solchen Inanspruchnahme „des göttlichen Geistes im Auslegungsvorgang" nicht „die Kriterien der historisch-kritischen Methode aufgesprengt"[134] und das Verständnis wissenschaftlicher Exegese unterlaufen wird, das selbst Ergebnis des Prozesses evangelischer Selbstaufklärung über die Autorität der Schrift ist. Diese Frage richtet Jörg Lauster in seiner Studie zur Transformation des reformatorischen Schriftprinzips an den exegetischen Ansatz der Studie der Päpstlichen Bibelkommission „Die Interpretation der Bibel in der Kirche" von 1993. Der Sache nach trifft sie aber auch das Exegeseverständnis des ÖAK, wenn dieser betont, dass wissenschaftliche Exegese „eine für das Wirken des Geistes offene sein"[135] kann, die nach dem geistlichen Sinn „im Buchstaben"[136] sucht und „prinzipiell gegenwärtig" halten will, „daß die biblischen Texte dem Wirken des Geistes Gottes entspringen"[137]. Auf die Frage nach der Wissenschaftlichkeit eines solchen Exegeseverständnisses kann hier nicht weiter eingegangen werden. Wichtig ist jedoch zu notieren, dass die Offenbarungskonstitution in der

---

blischen Kanons zur Geltung bringt. e) Schrift und Tradition bleiben aber gemäß den lehramtlichen Texten dauerhaft darauf angewiesen, daß Gott durch das Wirken des Heiligen Geistes das äußere Wort, durch das die Offenbarung bezeugt wird, für seine Adressaten so beglaubigt und gewiß macht, daß es von ihnen als Wort Gottes erkannt wird, sich ihnen also in seinem Wahrsein erschließt".

133 Pannenberg/Schneider (Hg.), Verbindliches Zeugnis 3 (s. Anm. 93), 388 (Nr. 247); vgl. die Auslegung des Geistwirkens im Einzelnen in ebd., 388 f. (Nr. 248).

134 Lauster, Prinzip und Methode (s. Anm. 93), 388.

135 Pannenberg/Schneider (Hg.), Verbindliches Zeugnis 3 (s. Anm. 93), 357 (Nr. 172).

136 Pannenberg/Schneider (Hg.), Verbindliches Zeugnis 3 (s. Anm. 93), 357 (Nr. 172).

137 Pannenberg/Schneider (Hg.), Verbindliches Zeugnis 3 (s. Anm. 93), 357 (Nr. 172).

Anerkennung der Bedeutung wissenschaftlicher Theologie (DV 24) und der historisch-kritischen Bibelforschung (DV 23) wesentlich dazu beigetragen hat, dass diese Frage selbst zum Gegenstand wissenschaftlichen Austausches zwischen katholischen und evangelischen Exegeten geworden ist.

4. Fazit

Wie die vorangehende Darstellung gezeigt hat, wurde in der evangelischen Theologie das ökumenische Potential der prinzipientheologischen Aussagen in der Offenbarungskonstitution frühzeitig benannt und sodann im ökumenischen Gespräch intensiv aufgegriffen. Dabei konnten erstaunliche Fortschritte in der evangelisch-katholischen Verständigung auf die Rolle und das Verständnis der Offenbarung Gottes und ihre Bedeutung für die Verhältnisbestimmung von Schrift und Tradition erzielt werden. Bemerkenswert ist, dass die Auslegung der prinzipientheologischen Aussagen der Offenbarungskonstitution in zwei unterschiedlichen ökumenisch-theologischen Ansätzen stattfand. In dem Projekt „Verbindliches Zeugnis" des ÖAK werden im Modus des differenzierten Konsenses die prinzipientheologischen Differenzen in ihrer historischen Genese und hinsichtlich der jeweils bestimmenden theologischen Anliegen aufgearbeitet und einem gemeinsamen Verständnis der Verhältnisbestimmung von Schrift und Tradition zugeführt. Die Frage des Lehramtes wird dabei entschärft, aber nicht abschließend geklärt. Die deutsch-italienische Forschergruppe interpretiert die Offenbarungskonstitution synchron als Vertiefung der offenbarungstheologischen Lehrentwicklung und sucht in der wechselseitigen konsequenten Auslegung der konfessionellen Lehrtexte die gemeinsamen fundamentaltheologischen Voraussetzungen aufzudecken. Mit der Verhältnisbestimmung von Schrift und Tradition wird hier auch die Frage nach der Rolle des Lehramtes im Ansatz einer Lösung zugeführt.

Im Vergleich der beiden Zugänge und ihrer jeweiligen Interpretationsmethoden lehramtlicher Texte spiegelt sich eine innerevangelische Debatte über Methoden und Aufgabe des ökumenischen Gesprächs wider. Zugleich ist auffallend, dass in den beiden hier besprochenen Zugängen das Offenbarungsgeschehen mit unterschiedlichen offenbarungstheologischen Grundfiguren beschrieben wird. Während in der Studie des ÖAK für die Auslegung des Offenbarungsgeschehens die Grundfigur „Gotteswort im Menschenwort" bestimmend ist, unterscheidet die Forschergruppe im Offenbarungsgeschehen das Werk Gottes und das von Gott evozierte Werk des Menschen. Für das weitere innerevangelische wie katholisch-evangelische Gespräch dürfte es wichtig sein, sich über die Bedeutung und Kompatibilität dieser beiden Grundfiguren und die mit ihnen verbundenen theologischen Anliegen Rechenschaft abzulegen. Dabei vermag die Unterscheidung zwischen Werk Gottes und Werk des Menschen im Offenbarungsgeschehen der Freiheit des Menschen als Empfänger und Zeugen der Offenbarung deutlicher Rechnung zu tragen. Sie gibt jedoch zugleich die Frage nach der Unterscheidbarkeit von Gotteswerk und Menschenwerk auf. Theologisch ist damit die Herausforderung verbunden, die Möglichkeit und das Verständnis solcher Unterscheidung in der Offenbarung Gottes begründet zu denken. Andernfalls würde gerade diejenige offenbarungstheologische Grundeinsicht unterlaufen, die sich in der neuzeitlichen Theologiegeschichte bis in die Offenbarungskonstitution hinein Bahn gebrochen hat, wonach Gotteserkenntnis nur möglich wird, weil es „Gott in seiner Güte und Weisheit gefallen [hat], sich selbst zu offenbaren und das Geheimnis seines Willens bekannt zu machen" (DV 2).

Zusammenfassung

In diesem Beitrag wird die Rezeption der Dogmatischen Konstitution über die Offenbarung des Zweiten Vatikanischen Konzils in der deutschsprachigen evangelischen Theologie untersucht. Diese konzentriert sich vornehmlich auf die Aussagen zum Offenbarungsverständnis und zum Verhältnis von Schrift und Tradition. In beiden Themenkomplexen werden wichtige ökumenische Übereinstimmungen erzielt, allerdings in zwei unterschiedlichen methodischen Zugängen. Diese zeugen nicht nur von einer innerevangelischen Debatte über Methode und Aufgabe ökumenischer Theologie. Es zeichnen sich in ihnen auch unterschiedliche Anliegen in der Auslegung des Offenbarungsbegriffs selbst ab.

This article explores how the Second Vatican's Council's Dogmatic Constitution on the Divine Revelation was received in German speaking Protestant theology. It shows that the discussion focused primarily on the notion of revelation and on the relationship between scripture and tradition. Significant agreement could be achieved in both questions, yet in two methodologically different approaches. Those different approaches do not only reflect an inner Protestant debate about the method and goal of ecumenical dialogue, but also point to different concerns in interpreting the notion of revelation itself.

EILERT HERMS

Das Ökumenimusdekret

Sein Ort in der Lehre des Zweiten Vatikanums und seine heutige Bedeutung

Mit dem Wechsel im Pontifikat Anfang 2013 verbanden leitende evangelische Amtsträger in Deutschland reflexartig die Erwartung „selten günstiger Bedingungen" für die Ökumene. Solche Einschätzungen verkennen, dass Leitungsentscheidungen in der römisch-katholischen Kirche nicht wie in den evangelischen von schnell wechselnden personellen Konstellationen abhängig sind, sondern in beachtlicher personenunabhängiger Zuverlässigkeit orientiert an wohlerwogenen Grundsatzentscheidungen erfolgen, die deshalb *dauernd* gelten, weil sie in Texten niedergelegt sind, deren klarer Literalsinn es ermöglicht, ihren Gegenstandsbezug kontinuierlich auf disziplinierte Weise näherzubestimmen. Was heute vom „Ökumenismus" der römisch-katholischen Kirche zu erwarten ist (3.), ergibt sich somit aus dem Eigensinn des Textes vom 21. November 1964 in der Gesamtlehre des Konzils (1.) und aus den bisherigen und aktuellen Berufungen römischer Leitungsinstanzen auf diesen Text (2.).

1. Die Stellung von „Unitatis redintegratio" in der Lehre des Zweiten Vatikanums

Der Gesamtauftrag des Zweiten Vatikanums war, durch Beachtung der „Zeichen der Zeit" die Ordnung der Lehre und des Lebens „à jour" zu bringen: „Aggiornamento". Die „Zeichen der Zeit" *kann* und *muss* lesen, wer um *diejenige* Identität des geschichtlichen Geschehens weiß, welche sich aufgrund von dessen überdauernden Bedingungen im kontinuierlich zielstrebigen Wandel der Verhältnisse manifestiert. Die Texte des Konzils zerfallen somit[1] in zwei Gruppen: die eine dient der Artikulation des aus der Offenbarung stammenden Glaubenswissens über die überdauernden Bedingungen allen Geschehens, die andere der Fixierung

---

1   Also dann, wenn man vom geschichtsbezogenen pastoralen Grundauftrag des Konzils ausgeht. Das ist nicht der Fall bei den Systematisierungsvorschlägen in: LThK².E 1 (1966), 7 f.

dessen, was diese dauernden Bedingungen dem Glauben angesichts der zur Abfassungszeit geschichtlich erreichten epochalen Lebensverhältnisse zumuten. Die erste Gruppe fixiert die *Voraussetzungen*, unter denen sich der Auftrag des Lesens der Zeichen der Zeit und des Eingehens auf die zeitgenössischen Verhältnisse allererst stellt, die zweite dient der *Erfüllung* dieses Gesamtauftrags des Konzils. Zur ersten zählen: die beiden „Dogmatischen Konstitutionen" über die Kirche (LG) (21.11.64) und über die Offenbarung (DV) (18.11.65), zur zweiten: *alle* übrigen Texte. Letztere gehen *explizit* auf die geschichtlich erreichten Verhältnisse ein. Eben dies erfolgt aber *de facto* auch schon in den Texten der ersten Gruppe – gemäß ihrem Auftrag, das Glaubenswissen der römisch-katholischen Gemeinschaft so darzustellen, dass dessen *Sache*[2] den Zeitgenossen deutlich vor Augen tritt: den Gliedern der römisch-katholischen Kirche, den nicht in Gemeinschaft mit ihr stehenden Christen und den Nichtchristen. Das konnte nur gelingen und ist nur gelungen, soweit auch die beiden strikt dogmatischen Texte bei der Beschreibung ihrer Gegenstände Gesichtspunkten und Einsichten Rechnung getragen haben, deren Gewicht erst durch die Glaubensreflexion seit dem Tridentinum und dem Ersten Vaticanum deutlich geworden ist.

Welchen Regeln folgt diese Aktualisierung der Darstellung des Dogmas? Sind auch sie in den Texten des Konzils explizit festgehalten? Ja, wenigstens hinsichtlich gewisser Grundsätze. Grundlegendes hierzu wird in den beiden dogmatischen Texten selbst gesagt,[3] wichtige Ergänzungen finden sich in den Texten der zweiten Gruppe.

Das Haupt dieser zweiten Gruppe ist die „Pastorale Konstitution" über die Kirche in der Welt von heute „Gaudium et spes" (GS) (7.12.65). Sie ist der für die Erfüllung des pastoralen Gesamtauftrags des Konzils zentrale Text. Ihm eng be-

---

2   Der Glaube (und somit auch seine Entfaltung in der Theologie) „terminatur non ad enuntiabilia, sed ad res" (Thomas v. Aquin, Summa theologiae, II–II q. 1 a. 2 arg. 2 [„Praeterea, non enim dicitur ibi quod Deus sit omnipotens, sed, credo in Deum omnipotentem. Ergo obiectum fidei non est enuntiabile, sed res.] und ebd. ad 2 ["Actus autem credentis non terminatur ad enuntiabile, sed ad rem, non enim formamus enuntiabilia nisi ut per ea de rebus cognitionem habeamus, sicut in scientia, ita et in fide"]). Diese res ist zwar *von sich aus* so geartet, dass sie intendiert und sprachlich bezeichnet werden kann und dass wir nicht anders mit ihr umgehen können als vermittelst Intention und sprachlicher Bezeichnung, dass sie aber dennoch von jeder Intention und sprachlichen Bezeichnung unterschieden und zu unterscheiden ist. – Auf diese Einsicht des Thomas hat mich mein römischer Kollege L. Žák aufmerksam gemacht.

3   Vor allem in DV 7–26.

nachbart sind alle die Texte, welche ebenfalls die gegenwärtige Lage der Kirche als ganze betreffen, nämlich: der (ebenfalls „Konstitution" genannte) Text über die heilige Liturgie (SC) (4.12.63) sowie die Dekrete über den Ökumenismus (UR) (21.11.64) und über die katholischen Ostkirchen (OE) (21.11.64). Die übrigen Texte befassen sich mit Teilthemen des zeitgenössischen kirchlichen Lebens. Die Aussagen aller Texte dieser zweiten Gruppe bewegen sich im Horizont der Aussagen der ersten Textgruppe, sind also einerseits in diesem Horizont zu interpretieren, interpretieren andererseits aber auch diesen Horizont zugleich ihrerseits. Das gilt auch für das Ökumenismusdekret. Seine in ihrem Literalsinn klaren Aussagen (1.1) sind einerseits im Horizont der Aussagen der beiden Dogmatischen Konstitutionen zu lesen (1.2), interpretieren aber auch ihrerseits die Aussagen der dogmatischen Konstitutionen (1.3).

1.1 Christus hat die „visibilis compago" (LG 8) seiner Kirche als eine und einzige („una [...] atque unica") gegründet (UR 1; dann ausführlicher 2). Gleichwohl war und ist es geschichtliche Realität, dass sich verschiedene „christianae Communiones", die unterschiedlich denken und leben, der Menschheit als wahre Erben Christi vorstellen – was dem Willen Christi widerspricht, für die Verkündigung des Evangeliums schädlich ist und die unabweisbare Aufgabe der „Rückintegration der Einheit" („Unitatis redintegratio") stellt (UR 1). Die zeitgenössischen Verhältnisse (1964) sind für die Lösung dieser Aufgabe günstig, weil „der Herr der Zeiten" in der ganzen gespaltenen Christenheit („in Christianos inter se disiunctos") eine „Gesinnung der Buße und der Sehnsucht nach Union" geweckt hat (UR 1). Von diesem „desiderium unionis" weiß das Konzil auch die römisch-katholische Seite und insbesondere sich selbst ergriffen. Es wendet sich daher an die römischen Katholiken, um diesen vorzulegen (UR 1): erstens die „römisch-katholischen Prinzipien" des Ökumenismus (UR 2–4) (1.1.1), zweitens die Grundsätze der praktischen Ausübung („exercitio") des römisch-katholischen Ökumenismus (UR 5–12) (1.1.2) und drittens das unterschiedliche Verhältnis der römisch-katholischen Kirche zu zwei Gruppen von „getrennten Brüdern": den nicht mit Rom unierten orthodoxen Kirchen einerseits (UR 13.14–18) und andererseits den seit der Reformation „getrennten Kirchen und kirchlichen Gemeinschaften im Westen" (UR 13.19–24) (1.1.3).

1.1.1 Die Prinzipien umfassen: das Wesen der gegenwärtigen Spaltung, das Ziel ihrer Überwindung (beides in UR 3) (a) und das Wesen der auf dieses Ziel gerichteten „ökumenischen Bewegung" der römischen Katholiken und der römischen Kirche (UR 4) (b).

a) Für die gegenwärtige Spaltung sind *wesentlich*: ihre Möglichkeitsbedingung, der Charakter der Spaltung, das Ziel ihrer Überwindung.

Die Voraussetzung, ja die *Möglichkeitsbedingung* der Spaltung ist die von Christus selbst als hierarchisch verfasste Gemeinschaft unter dem dreifachen Amt – dem sakramentalen Heiligungsamt, dem Lehramt und dem Leitungsamt – des Kollegiums der Apostel mit der (ebenfalls von Christus selbst geschaffenen) Sonderrolle des Petrus sowie dann der Apostelnachfolger, die in Gemeinschaft mit dem Bischof von Rom, dem Petrusnachfolger, stehen. In dieser einen und einzigen Kirche sind die Spaltungen – oft aus beiderseitiger Schuld – entstanden und *in* ihr bestehen sie. Sie bestehen also in der von Christus gestifteten Einheit der Kirche, die als diese Einheit *nicht* verloren ist, sondern „unverlierbar in der katholischen Kirche besteht" (UR 4). Das hat Konsequenzen für die aus der Spaltung hervorgegangenen von Rom getrennten Gemeinschaften/Kirchen und ihre Glieder, aber ipso facto auch für die una und unica ecclesia selbst.

Zunächst zur Situation der aus der Spaltung hervorgegangenen von Rom getrennten Gemeinschaften/Kirchen und ihrer Glieder: Ihre Bezogenheit auf die römische Kirche als die von Christus selbst gegründete einzige und eine ist *konstitutiv*, ursprünglich und bleibend.

Für die heute in diesen Kirchen und Gemeinschaften Lebenden heißt das: Sie sind in diesen Gemeinschaften geboren, dürfen also der „Sünde der Separation" („peccatum separationis") nicht angeklagt werden. Als rite Getaufte und an Christus Glaubende stehen sie (noch oder schon) „in quadam communione" mit der einen und einzigen katholischen Kirche unter Bischöfen und Papst; durch „den Glauben in der Taufe gerechtfertigt" sind sie dem Leib Christi eingegliedert und von den Katholiken als Glaubensgeschwister anzuerkennen.

Und das gilt auch für die getrennten Kirchen und Gemeinschaften als solche: In diesen sind viele von Christus stammende und die Kirche erbauende Güter – „das geschriebene Wort Gottes, das Leben der Gnade, Glaube, Hoffnung, Liebe und andere innere Gaben des Heiligen Geistes und sichtbare Elemente" –, die von Rechts wegen („iure") zur einzigen Kirche Christi gehören, wirksam; nicht zuletzt auch „christianae religionis actiones sacrae" („liturgische Handlungen"), die ohne Zweifel „das Leben der Gnade zeugen" und „geeignete Mittel für den Zutritt zur Gemeinschaft des Heiles" sind; ja, der Heilige Geist würdigt die getrennten Kirchen und Gemeinschaften (auch die letzteren!), sie als „Mittel des Heils" zu gebrauchen, und zwar als Mittel, deren „Wirksamkeit (virtus) sich herleitet (derivatur) von der der katholischen Kirche anvertrauten Fülle der Gnade und Wahrheit" (folglich sind die dadurch Christ gewordenen Menschen von römisch-katholischer Seite auch als „fillii" – ihre Kinder – anzusprechen [UR 4]).

Was also durch die Spaltungen verloren gegangen ist, ist nicht etwa die *Einheit* des Volkes Gottes, wohl aber die „Fülle der Einheit" (UR 4). Und was den getrennten Christen und Kirchen/Gemeinschaften mangelt ist: erstens – nicht etwa, dass sie nicht zum Leib Christi gehören würden, wohl aber – dass sie sich der von Christus geschenkten *Einheit* dieses Leibes nicht erfreuen können; und zweitens – nicht etwa, dass sie sich des Heiles nicht erfreuen könnten, wohl aber – dass sie keinen Zutritt „zu der ganzen Fülle er Heils*mittel*" haben, der nur durch die von Christus als hierarchische Gemeinschaft gegründete eine und einzige Kirche möglich ist.

Somit sind die getrennten Kirchen/Gemeinschaften und Christen Glieder des einen Leibes Christi, die dennoch nicht in *voller* Gemeinschaft mit der einen und einzigen von Christus als hierarchischer Gemeinschaft gegründeten Kirche stehen.

Nun zur Situation der Kirche, *in* der die Spaltungen existieren, der einen und einzigen, eben der römisch-katholischen Kirche: Deren Situation ist ebenfalls beeinträchtigt. Sie kann „die ihr eigene Fülle der Katholizität" in ihren von ihr getrennten Kindern nicht wirksam werden lassen und hat es schwer, diese „Fülle der Katholizität in jeder Hinsicht in der Wirklichkeit zur Darstellung zu bringen." (UR 4)

Manifest ist diese Situation der *innerhalb* der einen Kirche realen *Spaltungen* also einerseits in der gemeinsamen Taufe (UR 3; 22) als dem Fundament der realen Einheit der Kirche und zugleich andererseits im Getrenntsein in der Feier und im Genuss der Eucharistie (UR 4)[4] (die doch von Christus als Zeichen und Wirkgrund der Einheit eingesetzt ist [UR 2]).

Der vollen Einheit und damit der gemeinsamen Eucharistiefeier stehen im Wege: „Diskrepanzen" „in der Lehre", „in der Disziplin" und „bezüglich der Struktur der Kirche". Um ihre „Überwindung" ist „die ökumenische Bewegung" der römisch-katholischen Kirche „bemüht". Diese Bemühungen sind getragen von dem „Glauben", dass (zwar nicht das Eingegliedertsein in den Leib Christi, wohl aber) die *Einheit* des Leibes Christi und (zwar nicht das wirkliche Heil, wohl aber) die *ganze Fülle der* Mittel des Heils, also „omnia bona Foederis Novi" („*alle* Güter des Neuen Bundes") ausschließlich „dem einen apostolischen Kollegium, dem Petrus vorsteht (praeest), „anvertraut (commisisse)" sei, „welchem alle eingegliedert werden müssen, die schon auf irgendeine Weise zum Volke Gottes gehö-

---

4 Wobei dieses Getrenntsein im Blick auf die nichtunierten Ostkirchen und die von Rom getrennten Gemeinschaften im Westen aus römischer Sicht unterschiedlichen Charakter besitzt.

ren (cui plene incorporentur oportet omnes, qui ad populum Dei iam aliquo modo pertinent)".

Die elementaren Fragen, die diese Aussagen hinsichtlich der Sache (res), die sie bezeichnen, aufwerfen, können hier nicht weiterverfolgt werden.[5] Festzuhalten ist in unserem Zusammenhang nur das eben zitierte unmissverständlich ausgesprochene Ziel der ökumenischen Bewegung der römisch-katholischen Kirche.

b) Seiner Erreichung dient der römisch-katholische Ökumenismus, dessen Wesen UR 4 beschreibt: „Motus oecumenicus" ist der Titel für den Inbegriff aller Aktivitäten aller Glieder der römisch-katholischen Kirche, die der Erreichung des klar benannten Zieles der redincorporatio der getrennten Christen in das Apostelkollegium unter Petrus dienen. Seine wesentlichen Elemente sind:

– Anerkennung des wahren Christseins der Getrennten (ihres wahren Schonquodam-modo-zum-Volk-Gottes-Gehörens) in „Worten, Urteilen und Taten",
– der „Dialog" über die Lehre und das Leben jeder Seite, sowie
– von da aus eine „stärkere Zusammenarbeit in den Aufgaben des Gemeinwohls";
– und dies alles „mit Klugheit und Geduld" „unter der Aufsicht ihrer Hirten" (UR 4).

Diese Bemühungen sind von der „Vorbereitung" und „Wiederaufnahme" von konversionswilligen Einzelnen zu unterscheiden, „widersprechen ihnen aber nicht" (UR 4). Ausdrücklich wird gesagt: „weil beides aus dem Heilsplan Gottes hervorgeht". Faktisch aber auch deshalb nicht (was nicht ausdrücklich gesagt wird), weil beide dasselbe Ziel haben: die redincorporatio der Getrennten in die hierarchische Gemeinschaft.

Diese ökumenischen Aktivitäten richten sich nicht nur auf die Getrennten, sondern sie kommen auch der una und unica ecclesia selbst zugute: Zwar ist diese „mit dem ganzen Reichtum der von Gott offenbarten Wahrheit und der Gnaden-

---

5 Wie verhalten sich in der Realität zueinander: reale Teilhabe am Heil und unvollständiger Genuss der Mittel zum Heil? Bedeutet letzteres auch nur teilweisen Genuss des Heiles selbst? Was wäre die Realität des Heils, wenn sie teilbar wäre? Wie verhalten sich zueinander reales Eingegliedertsein in den Leib Christi und Entbehrung des Genusses seiner Einheit? Wie muss der Leib Christi beschaffen sein, wenn er in sich selbst diese Unterscheidung zulässt? Worin besteht das schon „quodam modo"-zum-Volk-Gottes-Gehören der Getrennten? Wie verhalten sich zueinander Einheit des Volkes Gottes und „Fülle der Einheit"? Wie kommt die Eucharistie als Wirkgrund der Einheit zum Zuge, wenn die getrennten von ihr ausgeschlossen sind? Wir evangelische Christen sollten nicht vorschnell davon ausgehen, dass es auf diese Fragen keine bedenkenswerten Antworten gibt.

mittel beschenkt (ditata)"[6], aber ihre Glieder werden dem weithin nicht gerecht, sie müssen ihrerseits nach „christlicher Vollkommenheit" streben und sich um Reinigung und Erneuerung der Kirche bemühen.[7] Dazu verhilft gerade der „Ökumenismus", und zwar durch folgende für ihn wesentliche Züge:

– „Wahrung der Einheit im Notwendigen" bei gleichzeitiger Wahrung der „gebührenden Freiheit" in der „Verschiedenheit der liturgischen Riten sowie der theologischen Ausarbeitung der Offenbarungswahrheit" innerhalb der Kirche selbst;

– Anerkennung der wahrhaft christlichen Güter auf Seiten der Getrennten, die als geistgewirkte „auch zu unserer eigenen Auferbauung beitragen" können (UR 4),

1.1.2 Die „praktische Verwirklichung" des Ökumenismus durch die Katholiken „manifestiert" also durch sich selbst, „dass eine brüderliche Verbundenheit zwischen allen Christen schon vorhanden ist", und „führt schließlich zur vollen und vollkommenen Einheit hin" (UR 5). Die wesentlichen Züge dieser „ökumenischen Bewegung" der römisch-katholischen Kirche sind folgende:

a) Als ihr erster – und man darf sagen: grundlegender – Zug wird die „renovatio" oder auch „reformatio" der römisch-katholischen Kirche selbst genannt. Weil der Grundzug dieser Erneuerung und Reform die *aucta fidelitas* der Kirche gegenüber ihrer „vocatio", also gegenüber ihrer Stellung und Funktion in der Heilsgeschichte (der Verwirklichung des göttlichen Heilsplans) ist, die in sich *eine* aus ihrem einheitlichen Ursprung ist, deshalb kann dieser „motus" (sprachlich kann damit beides gemeint sein: die Erneuerungsbewegung und die ökumenische Bewegung, sachlich ist der Zusammenfall von beidem gemeint) gar nicht anders, als zur Einheit hin zu tendieren.

Diese Erneuerung durch ständiges Wachstum in der Treue zur Stellung und Funktion der Kirche in der Verwirklichung von Gottes Heilsplan ist erforderlich für und bezogen auf die Kirche „qua humanum terrenumque institutum". Als solches ist die Kirche (!) stets anfällig für Mängel im Festhalten („servare") an ihrer Berufung in „Sitten", „Disziplin" und im Modus ihres Lehrvortrags („der von der Glaubenserbschaft [depositum fidei] selbst genau unterschieden werden muss"), was deshalb „zu gegebener Zeit" („tempore opportuno") eine durch „vermehrte"

6 In der Übersetzung von Werner Becker, Cath(M).S 1 (1965 [²1967]), heißt es irreführend „Besitz".
7 Angesichts dieser Formulierungen fragt sich, in welcher Hinsicht die Kirche vom Handeln ihrer Glieder abhängig ist, in welcher nicht.

Treue ausgezeichnete Erneuerung erforderlich macht. – Solche Erneuerungen sind schon im Gange (etwa: „die biblische und die liturgische Bewegung, die Predigt des Wortes Gottes und die Katechese, das Laienapostolat, neue Formen des gottgeweihten Lebens, die Spiritualität der Ehe, die Lehre und Wirksamkeit der Kirche im sozialen Bereich") und kommen dem Ökumenismus zugute (UR 6).

b) Nach dem Hinweis auf die „innere Umkehr" (dem Eingeständnis eigner Schuld an der Spaltung) (UR 7) und auf das „Gebet für die Einheit der Christen" („der Seele der ganzen ökumenischen Bewegung") (UR 8) als wesentliche Züge der katholischen exercitio des Ökumenismus folgen Näherbestimmungen der Weise, wie der Dialog (UR 4) von katholischer Seite zu führen ist (UR 9–11):

Am Dialog – „par cum pari" – zwischen „wohlunterrichteten Sachverständigen" beider Seiten (UR 4) sollen hinreichend vorbereitete („debito modo praeparati") Katholiken teilnehmen mit einem doppelten Ziel: Einerseits sollen sie die „Denkweise" („mens") der getrennten Geschwister, ihre Lehre, ihre Geschichte, ihr geistliches und liturgisches Leben, ihre religiöse Psychologie und ihre Kultur besser kennen lernen, andererseits soll zugleich die wahre Position der römischkatholischen Kirche deutlich erkennbar werden (sc. für die getrennten Geschwister) (UR 9).

Das setzt voraus, dass auch intern – schon und vor allem in der Priesterausbildung – unter ökumenischem Aspekt für einen Unterricht in der Theologie gesorgt wird, der unpolemisch ist und hinreichend genau der „Wahrheit der Sachen" entspricht (institutiones theologiae „usque accuratius rerum veritati respondeant"), insbesondere in allem, was die Beziehungen der getrennten Geschwister zur katholischen Kirche betrifft (UR 10).

Für die „Formulierung des katholischen Glaubens" („modus exprimendi fidem catholicam") wird ein Dreifaches eingeschärft:

– erstens muss unter Vermeidung jedes „falschen Irenismus" die ganze Lehre so vorgetragen werden, dass ihre Reinheit keinen Schaden leidet und ihr genuiner Sinn nicht verdunkelt wird;

– zweitens muss aber zugleich die fides catholica tiefer und richtiger („profundius et rectius" [beachte den Komparativ!]) ausgedrückt werden, in einer Weise und Sprache („modo atque sermone"), die auch von den getrennten Geschwistern verstanden werden kann;

– drittens darf man beim Vergleich der Lehren nicht vergessen, „dass es innerhalb der katholischen Lehre eine Rangordnung oder ,Hierarchie' der Wahrheiten gibt, weil ihre Verbundenheit mit dem Fundament des christlichen Glaubens unterschiedlich ist („cum diversus sit earum nexus cum fundamentum fidei christianae") (UR 11).

Als letzter wesentlicher Zug der Ausübung des römisch-katholischen Ökumenismus wird die Zusammenarbeit mit den Getrennten im sozialen Bereich benannt und erläutert (UR 12).

1.1.3 Diese Ausübung des römisch-katholischen Ökumenismus hat nun aber zwei verschiedenen „Kategorien" von getrennten Gemeinschaften und ihrer verbliebenen Verbundenheit mit der römisch-katholischen Kirche Rechnung zu tragen, die das Dekret in seinem dritten Kapitel unterscheidet: den nicht mit Rom unierten orthodoxen Kirchen des Ostens (a) und den seit der Reformation von Rom getrennten „Kirchen und kirchlichen Gemeinschaften" des Westens, unter denen die Anglikanische Gemeinschaft eine Sonderstellung besitzt (b).

a) Der Verlust der vollen Gemeinschaft, in der die Ostkirchen und Rom einst verbunden waren und in der „dem Römischen Stuhl mit allgemeiner Zustimmung eine Führungsrolle zukam, wenn Streitigkeiten über Glaube oder Disziplin [...] entstanden" (UR 14), geht teils zurück auf eine „dogmatische Bestreitung von Glaubensformeln der Konzile von Ephesus und Chalkedon", teils auf die spätere „Aufhebung der kirchlichen Gemeinschaft zwischen den Patriarchaten des Orients und dem Römischen Stuhl" (UR 13). Unbeschadet dessen ist angesichts der liturgischen Tradition und Praxis der Ostkirchen römischerseits anzuerkennen, dass „diese Kirchen trotz ihrer Trennung wahre Sakramente besitzen, vor allem aber in der Kraft der apostolischen Sukzession das Priestertum und die Eucharistie, wodurch sie in ganz naher Verwandtschaft bis heute mit uns verbunden sind"; daher „ist eine gewisse Gottesdienstgemeinschaft unter gegebenen geeigneten Umständen mit Billigung der kirchlichen Autoritäten nicht nur möglich, sondern auch ratsam" (UR 15). Im Blick auf die Ordnung der Ostkirchen erklärt das Konzil, „dass die Kirchen des Orients, die der notwendigen Einheit der ganzen Kirche eingedenk sind (memores necessariae unitatis totius ecclesiae),[8] die Fähigkeit haben, sich nach ihren eigenen Ordnungen zu regieren" (UR 16). Die Unterschiede im theologischen Vortrag der Lehren zwischen ihnen und der römisch-katholischen Kirche bewegen sich im Rahmen der legitimen Verschiedenheit: „Von der einen und von der anderen Seite" wurden „bestimmte Aspekte des offenbarten Mysteriums manchmal besser verstanden und deutlicher ins Licht gestellt", „und zwar so, dass man bei jenen verschiedenartigen theologischen Formeln oft mehr von einer gegenseitigen Ergänzung als von einer Gegensätzlichkeit sprechen muss" (UR 17).

---

8 Damit ist eine Bedingung benannt

b) Die von Rom seit der sogenannten „Reformation" getrennten „Kirchen und kirchlichen Gemeinschaften" des Westens sind mit der römisch-katholischen Kirche einerseits „durch das Band besonderer Verwandtschaft verbunden", das aus der Verwurzelung dieser Gemeinschaften in der westkirchlichen Tradition stammt (UR 19). Andererseits ist ihr Verhältnis zur römisch-katholischen Kirche dadurch belastet, dass sich in ihnen „der Wunsch nach Frieden mit der katholischen Kirche noch nicht überall durchgesetzt hat", und durch gewichtige Unterschiede in „historischer, soziologischer, psychologischer und kultureller Beziehung" und „vor allem in der Interpretation der offenbarten Wahrheit" (19). Dennoch benennt das Dekret als „Fundament" und „Ermutigung" für den Dialog vier Gesichtspunkte:

Erstens Lehrunterschiede. In erster Linie („imprimis") wendet sich das Dekret den Mitgliedskirchen des Ökumenischen Rates (dessen Basis das Dekret aufgreift) zu, für die das Christusbekenntnis grundlegend ist. Dieses motiviert diese Kirchen, die Einheit mit der römisch-katholischen Kirche zu suchen, und verbindet sie mit dieser zu einer Zeugnisgemeinschaft vor der Welt – obwohl in der Entfaltung des Christusbekenntnisses „nicht geringe Unterschiede" zur römisch-katholischen Lehre bestehen, betreffend: a) die Inkarnation („Christus als das Fleisch gewordene Wort Gottes") und die Soteriologie („das Werk der Erlösung"), also nicht weniger als das Ganze von Person und Werk Christi, b) die Ekklesiologie („Geheimnis und Dienst der Kirche") sowie c) die Mariologie (nämlich das „munus Mariae in opere salutis") (UR 20).

Zweitens Unterschiede in der Beschreibung des Verhältnisses zwischen der Autorität der Schrift und der Autorität der Kirche (und damit auch im Verständnis der Bedingungen der Verbindlichkeit kirchlicher Lehre). Die Hochschätzung der Heiligen Schrift bei den getrennten Geschwistern macht diese „beim Dialog" zu einem „ausgezeichneten Werkzeug in der mächtigen Hand Gottes", um die von Christus gewollte Einheit (also die redincorporatio dieser getrennten Gemeinschaften in das hierarchische Gefüge der römischen Kirche) zu erreichen. Und dies, obwohl bei den getrennten Geschwistern unbeschadet ihrer Anerkennung der göttlichen Autorität der Schrift verschiedene Auffassungen „über das Verhältnis zwischen der Schrift und der Kirche" herrschen, die sämtlich von dem katholischen „Glauben" abweichen, dass „das authentische Lehramt bei der Erklärung und Verkündigung des geschriebenen Wortes Gottes einen besonderen Platz einnimmt." (UR 21).

Drittens Defekte des Gottesdienstes. „Die Taufe begründet", wie schon gesagt, ein „sakramentales Band der Einheit (vinculum unitatis sacramentale) zwischen allen, die durch sie wiedergeboren sind." Aber: Sie ist nur ein „Anfang und Aus-

gangspunkt", da sie „insgesamt" (baptismus „totus") hinzielt auf die Erlangung
„der Fülle des Lebens in Christus" („plenitudo vitae in Christo").

Und das heißt:
Sie ist in sich selbst hingeordnet auf das erst noch später abzulegende „vollständige Bekenntnis des Glaubens, auf die vollständige Eingliederung in das Heilsin-
stitut, wie Christus dieses gewollt hat, und schließlich auf die vollständige Einfü-
gung in die eucharistische Gemeinschaft" („ad integram fidei professionem, ad
integram incorporationem in salutis institutum, prout Christus illud voluit, ad
integram denique in communionem eucharisticam insertionem").[9] Obwohl also
diese Gemeinschaften („Communitates"[10]) die Gedächtnisfeier von Tod und Auferstehung des Herrn, also die Feier des „Heiligen Abendmahls",[11] als Zeichen des
Lebens in der Gemeinschaft bekennen („vitam in Christi communione significari
profitentur") und seine glorreiche Wiederkunft erwarten, „fehlt" doch bei ihnen
„die aus der Taufe hervorgehende volle Einheit mit uns", und „wir glauben" („cre-
damus"), dass sie die „genuina atque integra substantia Mysterii eucharistici"
nicht bewahrt haben („non servasse") – „vor allem wegen des Fehlens des Weihe-
sakramentes" („praesertim propter Sacramenti Ordinis defectum"). Folglich
„steht fest", dass diese abweichenden Lehren vom „Abendmahl", von „den übrigen Sakramenten", von „der Liturgie" und von „den Dienstämtern der Kirche"
„Gegenstand des Dialogs" sein müssen (UR 22).

Viertens das christliche Leben. Trotz der genannten Defizite ist das Leben dieser getrennten Geschwister ein christliches (eine „christiana conversatio"), das genährt wird „von der Gnade der Taufe und dem Hören des Wortes Gottes". Das manifestiert sich in ihrem „privaten Gebet", in der „biblischen Betrachtung", im
„christlichen Familienleben" sowie „im Gottesdienst der zum Lobe Gottes versammelten Gemeinde", der „nicht selten [...] Elemente der alten gemeinsamen Liturgie" enthält, dem „Hören des Wortes Gottes". Ihr Christusglaube („fides qua
Christo creditur") schließt ein „lebendiges Gerechtigkeitsgefühl" und eine „auf-
richtige Nächstenliebe" ein, ist „werktätig" („operosa fides") und hat viele Einrichtungen zur Förderung des Gemeinwohls und des Friedens hervorgebracht.
Viele legen zwar „das Evangelium auf dem Gebiet der Moral" anders aus als die
Katholiken und kommen auch „in den schwierigen Fragen der heutigen Gesellschaft nicht zu denselben Lösungen" wie diese, aber sie orientieren sich durchgehend an der Regel von Kol 3,17: „Alles, was immer ihr tut, in Wort oder Werk, tut

---

9   Die vorstehende deutsche Übersetzung wurde dem lateinischen Urtext angeglichen.

10 Groß geschrieben, weil am Anfang des Satzes stehend.

11 Seitdem der römisch-katholische Terminus technicus für die defizitäre evangelische Form der
    Gedächtnisfeier von Tod und Auferstehung des Herrn.

alles im Namen unseres Herrn Jesus Christus und danket durch ihn Gott dem Vater". Von dieser Maxime „kann der Dialog über die Anwendung des Evangeliums auf den Bereich der Sittlichkeit" („dialogus oecumenicus de morali applicatione Evangelii") seinen Ausgang nehmen (UR 23).

Die abschließende Nr. 24 des Dekrets macht durch ihren sprachlichen Anschluss klar, dass auch diese Unterscheidung zwischen dem Verhältnis der nichtunierten Ostkirchen und den getrennten Gemeinschaften des Westens zur Darlegung der „Bedingungen der Ausübung" des katholischen Ökumenismus und den sie ausrichtenden Prinzipien gehört. Sie ermahnt die katholischen Gläubigen zu einer ökumenischen Betätigung „die echt katholisch" ist und in Treue zur apostolischen Wahrheit, unter Vermeidung jeder „Leichtfertigkeit" und „jedes unklugen Eifers" das Ziel derjenigen „Fülle" anstrebt, zu der nach dem Willen Christi sein Leib im Laufe der Zeiten anwachsen soll („ad eam plenitudinem tendens, qua Dominus decursu temporum Corpus Suum vult augeatur"). Alles in Verbindung mit den getrennten Geschwistern Unternommene möge so fortschreiten, dass „den Wegen der Vorsehung" „kein Hindernis" in den Weg gelegt und den „Impulsen des Geistes" nicht vorgegriffen wird. Das Konzil bekräftigt seine Überzeugung, dass das „heilige Vorhaben" („sanctam propositum"), der Versöhnung aller Christen in der Einheit der einen und einzigen Kirche Christi („reconciliandi Christianos omnes in unitate unius unicaeque ecclesiae Christi") menschliche Kräfte übersteigt, und dass es daher seine Hoffnung ganz auf das Handeln Gottes setzt: auf das Gebet Christi für die Einheit, auf die Liebe des Vaters und auf das Wirken des Geistes (UR 24).

1.2 Dieser Literalsinn des Dekrets erfährt seine nähere Erläuterung durch die Aussagen der beiden dogmatischen Konstitutionen. Seine ekklesiologischen Aussagen etwa sind Sachzitate aus LG und sind im Horizont der Lehre dieser Konstitution zu verstehen. Seine Aussagen über das Verhältnis zwischen Autorität der Schrift und Autorität des kirchlichen Lehramtes sind im Horizont dessen zu verstehen, was in DV 7–26 auf den Spuren des Tridentinums und des Ersten Vatikanums detaillierter ausgeführt wird. Die kurz angedeutete Unterscheidung zwischen dem variablen Modus der Darstellung der Lehre und dem unantastbaren depositum fidei ist nach Maßgabe der in LG und DV festgehaltenen und fortgeschriebenen Erklärungen des Ersten Vaticanums über die Irreformabilität dogmatischer Definition zu verstehen.

1.3 Gleichzeitig bietet der Literalsinn des Dekrets aber auch Erläuterungen zum Inhalt der dogmatischen Konstitutionen und zu den „Konstitutionsprinzipien"[12] der Lehre des Konzils in seinen dogmatischen Konstitutionen. So finden offenkundig die kurzen Ausführungen von LG 13–15 über die Universalität und Einheit des Gottesvolkes, die katholische *und* nichtkatholische Christen umfasst, ihre Erläuterung in UR 3. Oder: UR 6 bietet eine wichtige Verstehenshilfe für die komprehensive Aussage von LG 8, wo es heißt: die Kirche auf Erden und die mit himmlischen Gütern beschenkte Kirche seien nicht „duae res", sondern „una realitas complexa", die „aus menschlichem und göttlichem Element zusammenwächst" („quae humano et divino elemento coalescit"). Erst UR 6 spricht explizit aus, was es bedeutet, dass es zur einheitlichen Realität der Kirche selbst gehört, auch „institutum humanum terrenumque" zu sein: nämlich, dass sie als diese zu ständiger Reform berufen wird, zu ständig wachsender Treue zu ihrer Berufung, was einschließt, dass ihr als „institutum humanum terrenumque" auch Schwächen und Mängel anhaften, die zu überwinden sind, und zwar eben Schwächen und Mängel, die nicht bloß einzelnen glaubenden Menschen eignen, sondern eben der Kirche, sofern diese selbst immer auch institutum humanum et terrenum ist, also an der für ihre geschichtliche Realität wesentlichen *Untrennbarkeit* von menschlichem und göttlichem Wirken dennoch die *Unterscheidung* des menschlichen vom göttlichen Wirken verlangt. Nicht schon LG 8, sondern erst UR 6 spricht explizit aus, dass diese konstitutive Einheit von göttlichem und menschlichem Wirken nicht nur einerseits die einzigartige Berufung und Würde der Kirche als Heilsinstrument Gottes begründet, sondern ipso facto zugleich auch ihre ständige Reformbedürftigkeit.

Eben dieses Bewusstsein der ständigen Reformbedürftigkeit der Kirche lag nun aber schon der Einberufung des Konzils zugrunde und der Formulierung seines Gesamtauftrags: „Aggiornamento". Insofern kann und muss man sagen: Es ist just das Ökumenismusdekret, in dem diese *Glaubens*gewissheit von der ständigen Reformbedürftigkeit der Kirche, welche die Gesamtinspiration des Konzils ausmacht, besonders deutlich ausgesprochen wird. Und zwar bemerkenswerter Weise nicht nur grundsätzlich, sondern auch so, dass wichtige einzelne Grundsätze dieser reformerischen Tätigkeit explizit angesprochen werden, nämlich, soweit ich sehe, die folgenden:

a) Unterscheidung des unantastbaren dogmatischen depositum fidei von der Variabilität der Darstellung der Lehre;

b) Unterscheidung der vielen – verstehe: zum depositum fidei gehörenden – Glaubenswahrheiten hinsichtlich ihrer jeweils verschiedenen sachlichen (realen) Be-

---

12 Zu diesem von Joseph Ratzinger geprägten Konzept vgl. unten (2.2.1).

ziehungen zu dem einen fundamentum fidei: nämlich zu dem einen Grund und
Gegenstand des Glaubens, der in der Berufung der Kirche und aller Glaubenden
durch den dreieinigen Gott zu Instrumenten der Verwirklichung seines ewigen
Heilsplanes besteht[13] und dessen „veritas" in wachsender Treue („aucta fideli-
tate") stets „profundius et accuratius" darzustellen ist;

c) die Förderung einer klaren Sicht auf das gewissermaßen „sachhierarchisch" geordnete einheitliche Ganze des Glaubensgegenstandes; die Förderung einer „Synthese" des Glaubenswissens, die im Blick auf den einen heilsgeschichtlichen (und
d. h.: offenbarungsgeschichtlichen) Grund und Gegenstand zwar nicht eine Elimi-
nierung von vereinheitlicht Unwichtigem aus dem Glaubenswissen erlaubt, wohl
aber eine – für das Denken, Reden und Handeln aller Glieder der Kirche unverzichtbare – orientierungskräftige Unterscheidung zwischen seinen fundierenden
fundierten Elementen ermöglicht.

d) die Tolerierung und Förderung der dem entsprechenden legitimen Vielfalt in
der Darstellung des Glaubenswissens – schon in der theologischen Ausbildung
und im Austausch zwischen den verschiedenen in der Kirche bestehenden Gemeinschaften (auch den von Rom getrennten);

e) die Tolerierung und Förderung der sich daraus ergebenden legitimen Vielfalt in
der Liturgie und in der Disziplin.

Kurzum: UR gehört zu denjenigen Texten des Zweiten Vatikanums, in denen der
grundlegende, zentrale und durchgehende Reformimpuls, der dieses Konzil inspiriert, denjenigen expliziten Ausdruck findet, den die zwar de facto auch von diesem
Impuls geprägten dogmatischen Konstitutionen ihrerseits jedoch nicht explizit of-
fenlegen, sondern eher hinter Kontinuitätsbetonungen zurücktreten lassen.
    Zwischen beidem besteht aber aus römisch-katholischer Sicht kein Gegensatz.
Auch das tritt an UR klar hervor: Was immer das Dekret über die Konvergenz von
Reform und Ökumenismus sagt, steht im Dienst der aucta fidelitas zu dem wesentlich römisch-katholischen Glauben (fides!), dass die Realisierung des göttlichen Heilsplan von der Schöpfung bis zum Eschaton durch das Wirken des Logos,
zunächst des noch nicht inkarnierten (LG 7), dann des inkarnierten, sich genau
und nur die als hierarchische Gemeinschaft verfasste, vom Apostelkollegium unter Vorsitz des Petrus geleitete Kirche als ihr Werkzeug geschaffen hat und erhält.

---

13 Diese Auslegung der Rede vom fundamentum fidei ergibt sich, wenn man sie im Lichte von DV
    liest.

Das ist der Glaube, dass der seinen Heisplan realisierende Gott selbst und auch alle menschlichen Bemühungen um Reform und Ökumenismus von sich nur auf die Einheit dieser hierarchisch verfassten Gemeinschaft unter Bischöfen und Papst hinlenken. UR ist Ausdruck des Glaubens, dass es in Gottes Heilsplan kein anderes Ziel des Ökumenismus *gibt*. Und zugleich ebenso Ausdruck der gläubigen, also definitiven Entschlossenheit, jede menschliche Maßnahme zu *unterlassen*, die diesem Ziel widerspricht.

2. Die heutige Bedeutung von „Unitatis redintegratio"

Die heutige Bedeutung von Unitatis redintegratio ergibt sich aus den bisherigen Bezugnahmen ökumenischer Maßnahmen der römisch-katholischen Kirche auf diesen Text (2.1) und aus seiner aktuell zu beobachtenden Orientierungskraft (2.2).

2.1 Alle bisherigen ökumenischen Maßnahmen der römisch-katholischen Kirchen orientieren sich am oben nachgezeichneten Literalsinn von UR und affirmieren ihn:

2.1.1 Mit Nachdruck wird die Taufe als das schon bestehende vinculum sacramentale zu allen getrennten Gemeinschaften und Christen betont – jüngst noch einmal in der „Wechselseitigen Anerkennung der Taufe", die am 29.4.2007 in Magdeburg unterzeichnet wurde und der Sache nach nur bekräftigt, was bereits in UR 3 und 22 gesagt ist.

2.1.2 *Alle* Katholiken sind aufgerufen zu ökumenischer Aktivität vor Ort unter der wachsamen Leitung der Hirten, die sich ihrerseits an dem päpstlichen Rat für die Einheit der Christen erarbeiteten „Ökumenischen Direktorium" orientiert. Am 25.3.1993 in jüngster Fassung veröffentlicht, stellen seine Einzelbestimmungen sicher, dass die Taufe ihre volle Kraft nur in der römisch-katholischen Kirche entfaltet, also in der Regel[14] nur Gefirmte auch zur Eucharistie zuzulassen sind, nur der Vollzug der vor einem Priester erklärten Ehe sakramentalen Charakter besitzt und die gottesdienstliche Gemeinschaft mit den evangelischen Kirchen auf den Wortgottesdienst zu beschränken ist. Das wird bekräftigt auch angesichts der ordent-

---

14 Ausnahmen sind erlaubt bei Todesgefahr oder wenn angenommen werden muss, dass das Eucharistiebegehren eines Nichtgefirmten dessen Konversionsabsicht ausdrückt.

lich ausgesprochene Einladung von Katholiken zur gastweisen Teilnahme am lutherischen Abendmahl,[15] die ohne amtliche Erwiderung bleibt. Ökumenische Laientreffen („Kirchentage") sind nur möglich, wenn auch die evangelische Seite auf gemeinsame Sakramentsgottesdienste verzichtet.

2.1.3 Dass und wie ernst die Unterscheidung des Verhältnisses der westlichen Reformationskirchen zur römischen Kirche von dem Verhältnis der orthodoxen Kirchen zu Rom gemeint ist, ist evangelischerseits erst spät ganz realisiert worden, wie die heftigen Reaktionen auf die Erklärung „Dominus Iesus" vom 6.8.2000 beweisen, die der Sache nach jedoch nur die Position von LG und UR wiederholt.

2.1.4 Durch das in UR affirmierte Selbstverständnis der römisch-katholischen Kirche nach LG ist deren Beitritt zum Ökumenischen Rat der Kirchen ausgeschlossen, nicht aber, dass sie diesen als Zusammenschluss einiger Gemeinschaften, die schon in gewisser Weise zu ihr gehören, obschon noch nicht vollständig, in den Kreis der Partner des in UR vorgesehenen Dialogs einbezieht, indem sie in der Kommission für Glauben und Kirchenordnung mitarbeitet. So, wie sie auch anderen Zusammenschlüssen von solchen Gemeinschaften – etwa den Reformierten Weltbund und den Lutherischen Weltbund – den Dialog gewährt.

2.1.5 Dieser Dialog ist ein Mittel, die Hindernisse zu beseitigen, die aus römisch-katholischer Sicht der vollen redincorporatio der getrennten Gemeinschaften in das hierarchische Gefüge der römisch-katholischen Kirche als der einen und einzigen von Christus selbst gegründeten entgegenstehen. Deshalb genügt es nicht, wechselseitige Lehrverwerfungen – etwa die aus dem 16. Jahrhundert – zurückzunehmen. Die entsprechenden Empfehlungen, die vom „Ökumenischen Arbeitskreis katholischer und evangelischer Theologen" (ÖAK) im Auftrag der nach dem ersten Deutschlandbesuch Johannes-Pauls II. etablierten „Gemeinsamen Ökumenischen Kommission" (GÖK) in der Studie „Lehrverurteilungen – kirchentrennend?"[16] erarbeitet wurden, sind von allen Gliedkirchen der EKD zügig rezipiert

---

15 Beschluss der Generalsynode der VELKD vom 10.10.1975 – Vgl. dazu E. Herms, Das Abendmahl für alle Getauften, in: ders., Von der Glaubenseinheit zur Kirchengemeinschaft, Bd. 2 (MThSt 68), Marburg 2003, 187–221.

16 Vgl. K. Lehmann / W. Pannenberg (Hg.), Lehrverurteilungen – kirchentrennend? (DiKi 4), Freiburg i. Br./Göttingen 1986.

worden.[17] Allerdings sub conditione der Rezeption der Erklärung auch durch die zuständigen Instanzen der römisch-katholischen Kirche – was nicht erfolgt ist.

Damit ist deutlich, dass aus römisch-katholischer Sicht der Dialog erst dann die lehrmäßigen Hindernisse für volle kirchliche Gemeinschaft beseitigt, wenn er dazu geführt hat, dass sich die evangelische Seite auf Lehraussagen verbindlich festlegt, die mit der aktuellen Gestalt der römisch-katholischen Lehre (die diese durch das Zweite Vatikanum erreicht hat) übereinstimmen. Auf dieses Ziel hin ist der Dialog zwischen päpstlichem Einheitsrat und Lutherischem Weltbund von 1965 bis 1998 angelegt gewesen,[18] der in dem Dokument „Einheit vor uns" gipfelte, das (auf der Linie der Zielvision von UR) die regelmäßige Beteiligung geweihter römisch-katholischer Amtsträger an der Ordination in lutherischen Kirchen vorsah, also die Eingliederung des geordneten Amtes in den lutherischen Kirchen in die hierarchische römisch-katholische Ordnung des Amtes. Diese Dialogergebnisse wurden von keiner beteiligten Seite rezipiert.[19] Beidseitig rezipiert wurde lediglich 1999 die „Gemeinsame offizielle Feststellung", dass die zuvor zwischen päpstlichem Einheitsrat und Lutherischem Weltbund erarbeitete „Gemeinsame Erklärung zur Rechtfertigungslehre" in der Lesart der „GoF" mit der Lehre beider Seiten übereinstimmt. Diese Maßnahme war aber nicht nur von nachdrücklichem Widerstand in den evangelischen Kirchen in Deutschland begleitet, sondern konnte – gemessen an den Vorgaben von UR 22 – auch römisch-katholischerseits nicht zu einer Erweiterung der gottesdienstlichen Gemeinschaft führen.

2.1.6 Bekräftigt wurde das Ökumenismusverständnis von UR durch die Enzyklika „Ut unum sint" Johannes-Pauls II. vom 25.5.1995, freilich ergänzt um die Einladung zu einem neuen gemeinsamen Nachdenken über das Petrusamt.

---

17 Die den Synoden vorgelegten Beschlussempfehlungen, die im Auftrag der Arnoldshainer Konferenz, der VELKD und des Bundes der Evangelischen Kirchen in der DDR liegen vor in: Geschäftsstelle der Arnoldshainer Konferenz / Kirchenamt der EKD / Kirchenamt der VELKD (Hg.), Lehrverurteilungen im Gespräch, Göttingen 1993.

18 Vgl. dazu E. Herms, Der Dialog zwischen Päpstlichem Einheitsrat und LWB 1965–1998, ThLZ 123 (1998), 657–714; ebenso in: ders., Glaubenseinheit 2 (s. Anm. 15), 331–398.

19 Vgl. dazu H. Goertz, Dialog und Rezeption. Die Rezeption evangelisch-lutherisch/römisch-katholischer Dialogdokumente in der VELKD und der römisch-katholischen Kirche. Eine Studie im Auftrag der VELKD, Hannover 2002.

2.1.7 Nach den jahrzehntelangen Erfahrungen ist von den evangelischen Kirchen in Deutschland offiziell ausgesprochen worden – in Texten der EKD[20] und der VELKD,[21] – dass das in UR artikulierte Fundament und Ziel des „Ökumenismus" der römisch-katholischen Kirche nicht mit den Voraussetzungen und dem Ziel der ökumenischen Bewegung der evangelischen Kirchen übereinstimmt. Als Reaktion auf diese Erklärungen hat der vorige Präsident des päpstlichen Einheitsrates, Walter Kasper, festgestellt, dass die ökumenischen Beziehungen der römisch-katholischen Kirche in Bezug auf die getrennten Gemeinschaften des Westens schwierig seien.[22] Sein Nachfolger, Kurt Koch, hat bekräftigt, dass Voraussetzung des römisch-katholischen Ökumenismus nach wie vor keine anderen als die in UR artikulierten seien und sein Ziel daher: die redincorporatio der getrennten Gemeinschaften in das hierarchische Gefüge der einen und einzigen Kirche. Wie UR sieht Koch, dass das Gelingen des römisch-katholischen Ökumenismus mit der anhaltenden Lebendigkeit des Leidens an der Spaltung und der Sehnsucht nach Redinkorporation in das hierarchische Gefüge der römisch-katholischen Kirche auch auf Seiten der getrennten Geschwister steht und fällt.[23]

2.2 Die aktuelle Bedeutung von UR lässt sich aus den Bezugnahmen des jetzigen Papstes Franziskus und seines Vorgängers Benedikts XVI. ersehen.

2.2.1 Benedikt XVI. hat seine Einstellung zur ökumenischen Bewegung der römisch-katholischen Kirche in seiner Ansprache im Augustinerkloster zu Erfurt zusammengefasst. In dieser ist stillschweigend der in „Dominus Iesus" unterstrichene Unterschied der Beziehungen der Reformationskirchen zu Rom gegenüber denen der orthodoxen Kirchen vorausgesetzt. Eine explizite Zusammenfassung erfahren drei weitere seiner früheren de facto Bezugnahmen auf UR, nämlich auf die Mahnung zu Klugheit und Geduld im Vorgehen (UR 3), auf die Mahnung zur Anerkennung der auch für die römisch-katholische Seite fruchtbringende Aner-

---

20 Vgl. Kirchenamt der EKD (Hg.), Kirchengemeinschaft nach evangelischem Verständnis. Ein Votum zum geordneten Miteinander bekenntnisverschiedener Kirchen, EKD.T 69 (2001).

21 Vgl. Kirchenamt der VELKD (Hg.), Ökumene nach evangelisch-lutherischem Verständnis. Positionspapier der Kirchenleitung der VELKD, TVELKD 123 (2004).

22 Vgl. W. Kasper, Die Früchte ernten. Grundlagen christlichen Glaubens im ökumenischen Dialog, Paderborn/Leipzig 2011.

23 Vgl. K. Koch, Auf dem Weg zur Einheit – Perspektiven aus katholischer Sicht, Vortrag am 11. Mai 2011 im Tübinger Wilhelmsstift, in: Wilhelmsstift Tübingen (Hg.), Auf dem Weg zur Einheit. 40 Jahre Ökumenischer Gesprächskreis Wilhelmsstift/Evangelisches Stift, Tübingen 2011, 21–38.

kennung der geistlichen Güter der getrennten Brüder (UR 3) und auf die Mahnung zur Erfassung der systematischen Einheit von Dogma und Lehre der römisch-katholischen Kirche aus der Einheit des fundamentum fidei heraus (UR
11). Die beiden ersten Bezugnahmen sind schon verbunden in einem 1986 in der
Tübinger Quartalschrift veröffentlichten Brief Ratzingers an deren Herausgeber.[24] Hier werden zwei Fehlformen des römisch-katholischen Ökumenismus, die
vom damaligen Kardinal so genannte „Basisökumene" und die „Obrigkeitsökumene", abgelehnt – in einer de facto Zurückweisung des 1984 von Karl Rahner vorgelegten Plans zur schnellen Herstellung von Kirchengemeinschaft,[25] der (in den
Augen Ratzingers[26]) beide Fehlformen verband. Die „Basisökumene" gibt dem
Wunsch des Volkes nach voller Gottesdienstgemeinschaft nach unter mehr oder
weniger weitgehender Preisgabe des in LG und UR beschriebenen katholischen
Glaubens an die von Christus selbst als hierarchische Gemeinschaft gegründete
una et unica ecclesia, während die „Obrigkeitsökumene" davon ausgeht, dass auf
beiden Seiten die Mehrheit letztlich in blinder Autoritätshörigkeit den Beschlüssen der Führung folge, was (vor dem Hintergrund eines von Rahner unumwun-
den eingestandenen Wahrheitsrelativismus) ebenso falsch unterstellte, dass in der
römisch-katholischen Kirche (sic!) eine andere Autorität als allein die der Wahrheit herrsche. Die dritte faktische Bezugnahme – nämlich auf UR 11 – findet sich
in der Forderung nach einem systematischen Verständnis der Einheit der katholischen Lehre aus ihren fundamentaltheologischen „Konstruktionsprinzipien" heraus, die schon 1987 ausgesprochen worden war.[27] Diese Gesamtsicht fasste der
Papst in Erfurt in der Aufforderung zusammen, die Einheit durch „Vertiefung in
den Glauben" zu suchen.

2.2.2 Noch Benedikt XVI. hatte die Initiative zur Gründung eines „Rates zur Neuevangelisierung" ergriffen und die Bischofssynode von 2012 unter dieses Thema
gestellt. Zweifellos knüpft dies Neuevangelisierungsprogramm an den grundlegenden Erneuerungs- und Reformimpuls des Zweiten Vatikanums an – unter den

---

24 Vgl. J. Ratzinger, Über den Fortgang der Ökumene, ThQ 166 (1965), 243–248.
25 Vgl. H. Fries / K. Rahner, Einigung der Kirche – reale Möglichkeit, Freiburg i. Br. 1983.
26 Eine ähnliche Kritik hatte damals auch der Verfasser dieses Aufsatzes veröffentlicht: E. Herms,
    Einheit der Christen in der Gemeinschaft der Kirchen: die ökumenische Bewegung der römi-
    schen Kirche im Lichte der reformatorischen Theologie. Antwort auf den Rahner-Plan, Göttin-
    gen 1984.
27 Vgl. J. Ratzinger, Kirche, Ökumene, Politik. Neue Versuche zur Ekklesiologie, Einsiedeln 1987
    (Vorwort).

Bedingungen des seither in 50 Jahren fortgeschrittenen Zustands der Weltgesellschaft. Das auf die Neuevangelisierungssynode bezogene postsynodale „apostolische Schreiben" „Evangelii gaudium" von Benedikts Nachfolger, Franziskus, greift die Anregungen der Bischofssynode auf und weitet das Thema „Neuevangelisierung" aus zu einem Programm der Reformen, die angesichts der Herausforderungen der römischen Weltkirche durch die globalisierte Weltgesellschaft erforderlich sind.

Auch dieser Text nimmt explizit Bezug auf das Ökumenismusdekret. Allerdings in einer Weise, die die obige Feststellung bestätigt, dass UR deshalb zu den wichtigen Texten des Zweiten Vatikanums zählt, weil hier in einer Weise, die letztlich unabhängig ist vom Thema Spaltung und deren Überwindung, die grundlegenden Erneuerungs- und Reformimpulse des Konzils artikuliert werden:

Neuevangelisierung wird von dem Papst aus Argentinien konsequent als der grundlegende Beitrag der Weltkirche zur Erhaltung und Erreichung von humanen, gerechten und deshalb auch friedlichen Lebensverhältnissen in allen Teilen der Welt gesehen. In der Entstehungszeit von UR, den frühen 60er Jahren des 20. Jahrhunderts, standen die Probleme und Schwierigkeiten, aber auch die Chancen und Entwicklungsmöglichkeiten, die sich in einigen westlichen (den nordeuropäischen und nordamerikanischen) Gesellschaften durch die Konvivenz von evangelischen und katholischen Christen und durch die Erfolge der seit dem späten 19. Jahrhundert von evangelischer Seite inaugurierten „ökumenischen Bewegung" für die römische Seite ergeben hatten, im Zentrum der Aufmerksamkeit der römischen Kirche und ihres Konzils. Jetzt, 60 Jahre später, steht offenkundig etwas anderes im Zentrum der Aufmerksamkeit. In expliziter Form wird die Spaltung und ihre Überwindung nicht mehr als ein Problem der Entwicklung der konfessionell gespaltenen europäischen und nordamerikanischen Gesellschaften traktiert, sondern nur noch als ein Hindernis für die Mission, für die weltweite Verkündigung des Evangeliums (EG 99–101). Zugespitzt: Gegenüber dieser Perspektive sind die europäisch/nordamerikanischen, insbesondere deutschen, Erfahrungen und Probleme des katholisch/evangelischen Miteinanders zu einem residualen Hintergrundsthema abgesunken.

Hingegen verbleibt denjenigen Passagen von UR volle aktuelle Bedeutung, welche die Erneuerung und Reform der römisch-katholischen Kirche selbst betreffen: Tolerierung und Förderung der legitimen Vielfalt in Liturgie, Disziplin, christlichem Leben und Darstellung der kirchlichen Lehre (EG 117, 131, 226–230, 244–246), und als Voraussetzung für alles dies: die Beachtung der Hierarchie der Wahrheiten, also die Ordnung und Orientierung der Lehre und Verkündigung an der ihre Einheit in aller Vielheit verbürgenden Einheit des fundamentum fidei

(EG 36, 246). Zugespitzt: Der Papst aus Argentinien verweist auf die Erneuerungs-
grundsätze, deren Befolgung UR als Bedingungen der interkonfessionellen Ökumene vorgestellt hatte, als auf diejenigen, deren Befolgung die Bedingung einer
Ökumene innerhalb der una et unica ecclesia ist, die der Papst ihrerseits als Bedingung der Einheit der Menschheitsfamilie sieht (EG 245).

3. Beurteilung der gegenwärtigen Lage

3.1 Was haben die deutschen evangelischen Kirchen in dieser Lage von der „ökumenischen Bewegung" der römisch-katholischen Kirche zu erwarten? Ich wage
vor dem vorstehenden Hintergrund vier Behauptungen:

3.1.1 Es gibt keinen Grund zu der Annahme, dass unter dem neuen Pontifikat die
Tendenzen der sogenannten „Basisökumene" eine Chance auf offizielle Anerkennung hätten. Auch Franziskus kann kurz und knapp feststellen, worüber gar
nicht erst diskutiert wird (z. B. über die Frauenordination: EG 104). Dasselbe
dürfte für alle Elemente des definierten Dogmas gelten. Einige davon könnten
unter dem neuen Pontifikat in einer für Protestanten durchaus unbequemen
Weise neu eingeschärft werden; etwa die – für die in der Neuevangelisierung
hochgeschätzte „Volksfrömmigkeit" (EG 122–126) wichtigen – Mariendogmen (EG
285; ganz auf der Linie von UR 20).

3.1.2 Ebenso wenig ist zu erwarten, dass Grundsätze einer autoritären „Obrigkeitsökumene" praktiziert werden, die innerhalb der römisch-katholischen Kirche das Achten auf die Autorität der Wahrheit selbst einschränken würde (abgesehen vom „treuen" Festhalten an dem, worüber, weil es Dogma ist, gar nicht erst
diskutiert wird). Etwas anderes widerspräche den Grundanforderungen der ins
Auge gefassten innerkirchlichen Erneuerung. Ob allerdings darauf verzichtet
werden wird, auf den Spuren des Rahnerplans nach *außen* hin, also etwa in Richtung auf die Protestanten, Formen einer Führung von Mitgliedsmehrheiten
durch Amtsinstanzen (leitende Geistliche und Synoden) zu empfehlen und ob diesen Empfehlungen dann gefolgt wird, bleibt abzuwarten.

3.1.3 In Deutschland wird es beim bisherigen „pragmatischen" Umgang mit den
Evangelischen – anerkennend im Rahmen der strikt eingehaltenen Grenzen von
UR – bleiben, bei allen Schwierigkeiten und auch allen Chancen dieses Verhältnisses.

3.1.4 Die römisch-katholische Kirche wird sich nachdrücklich um eine fundamentaltheologische Synthese ihres Dogmenbestandes für dessen lehrmäßige Darstellung bemühen. Denn diese Synthese ist die sachlich unumgängliche Voraussetzung dafür, die Vielfalt der Lehrdarstellung in der Weltkirche in den Grenzen des Legitimen zu halten.

3.2 Was haben die evangelischen Kirchen in dieser Lage zu tun? Ich wage abermals vier Behauptungen.

3.2.1 Die Treue der römisch-katholischen Kirche zu ihrem Dogma ist zu respektieren. Es ist darauf zu verzichten, ihr unter Druck Abweichungen anzusinnen. „Acheronta movere" ist eine unchristliche und aus vielen Gründen zum Scheitern verurteilte Strategie.

3.2.2 Die evangelischen Kirchen haben Klarheit über die Gründe lebendig zu halten, aus denen sie bestimmten Teilen des römischen Dogmas nicht zustimmen können, insbesondere nicht ihrer gegenwärtigen Sicht von Ursprung und Struktur[28] der una et unica ecclesia. Das kann nur gelingen, wenn dabei positiv deutlich wird, dass und wie sich aus der reformatorischen Sicht vom Ursprung der Kirche auch eine klare und zuverlässig gelebte Struktur von Kirche ergibt - die insbesondere gegen willkürliche Übergriffe Einzelner oder Gruppen auf das Ganze in Gottesdienst und Lehre Schutz gewährt.

3.2.3 Beides ist unerlässlich, um den vielen einzelnen evangelischen Christen Orientierung und Hilfe in ihrem persönlichen Umgang mit ihren katholischen Geschwistern - oft in der eigenen Familie - zu gewähren. Der Grundsatz der „aucta fidelitas" zur eigenen Berufung aus UR 6 gilt mutatis mutandis auch für die evangelische Seite.

3.2.4 Auch die evangelischen Kirchen haben sich um eine fundamentaltheologische Synthese ihres Dogmenbestandes[29] und seiner lehrmäßigen Entfaltung zu

---

28 Die Frage nach „Ursprung und Struktur der Kirche" setzt zwar die Klärung historischer Fragen voraus (soweit eine solche möglich ist), ist aber selbst keine systematische Frage, die auch systematisch zu beantworten ist.

29 Dazu zähle ich diejenigen Lehrformulierungen, die - weil Teil der Kirchenordnung - nicht zur Diskussion stehen, sondern dauernde Gegenstände der Interpretation ihres Gegenstandsbezugs zu sein haben.

bemühen, also das Ganze in seiner Vielfalt aus der Einheit des fundamentum fidei zu begreifen. Wo sich Gelegenheit bietet, diese Arbeit wissenschaftlicher Fundamentaltheologie gemeinsam mit römisch-katholischen Theologen zu betreiben, ist diese Gelegenheit zu ergreifen – nicht in der Absicht, dadurch zu gemeinsamen Lehrformulierungen gelangen zu können, aber durchaus in der Erwartung, dass sich bei dieser „Vertiefung in den Glauben" und sein Fundament Züge von dessen eigener Wirklichkeit zeigen können, die jede Seite dazu veranlassen, in der schon realen Einheit der Kirche die ordentlich praktizierte Gemeinschaft auszuweiten.

Zusammenfassung

Der Aufsatz analysiert das Ökumenismusdekret Unitatis redintegratio und zeigt, dass hier ein Lehrkonzept mit präzisen Grundsätzen und inneren Zusammenhängen zu den dogmatischen Hauptdokumenten des Konzils entfaltet wurde. Die orientierende Wirkung dieses Konzepts für die nachkonziliare röm.-kath. Kirche wird nachgezeichnet. Für die evangelischen Kirchen liege die Bedeutung des Dekrets in der Aufgabe, die konfessionell-lehrhaften Grundlagen des Ökumenismus zu respektieren sowie „eine fundamentaltheologische Synthese ihres Dogmenbestandes und seiner lehrmäßigen Entfaltung" vorzunehmen. Es gehe um den theologischen Grund, dessen Wirklichkeit die jeweiligen Konfessionskirchen veranlassen kann, „in der schon realen Einheit der Kirche die ordentlich praktizierte Gemeinschaft auszuweiten".

The paper analyzes the Decree on Ecumenism Unitatis redintegratio and shows that a teaching concept with precise principles and internal contexts was deployed to the dogmatic main documents of the Council. The orienting effect of this concept for the post-conciliar Roman Catholic Church is traced. For the Protestant churches, the importance of the decree lies in the need to respect the religiously-doctrinal foundations of ecumenism and to carry out a "fundamentally theological synthesis of their dogmas portfolio and its doctrinal development." It is about the theological reason, the reality of which can induce the respective denominational churches "to extend the duly practiced community in the already real unity of the church."

REINHARD FRIELING

Das universale Amt als Zeichen und Werkzeug der Einheit

1. Unterwerfung oder Abschaffung

Jahrhundertelang waren die römisch-katholischen und evangelisch-reformatorischen Beziehungen von der Alternative bestimmt: „Unterwerfung unter den Papst" oder „Abschaffung des Papsttums": Rückkehr in den Schoss der alleinseligmachenden Kirche mit dem Papst an der Spitze – oder radikale Trennung von den „Papisten". Luther und die meisten anderen Reformatoren waren sich einig darin, dass die geistlichen und weltlichen Machtansprüche des Papsttums nicht zu tolerieren seien. Die Dogmen des Ersten Vatikanischen Konzils (1870) über den Papstprimat hatten das Nebeneinander der Kirchen noch verstärkt. Erst mit der modernen ökumenischen Bewegung im 20. Jahrhundert und mit gemeinsamen Erfahrungen im Blick auf die säkularen und multireligiösen Herausforderungen kam es zu neuartigen Bemühungen im theologischen Dialog sowie beim Dienst der Kirchen in der Gesellschaft. Die Einberufung zum Zweiten Vatikanischen Konzil der römisch-katholischen Kirche (1963–1965) ermöglichte die Frage, ob und wie es jenseits der Alternative von „Unterwerfung unter den Papst" oder „Abschaffung des Papsttums" neuartige Formen ökumenischer Gemeinschaft in der Christenheit geben kann.

Obwohl das Zweite Vatikanum gemäß der römisch-katholischen Tradition „ökumenisch" genannt wurde, war bald deutlich, dass hier katholisch-„weltweit" gemeint war, nicht etwa „interkonfessionell". Die anderen Kirchen waren durch „Beobachter" vertreten, aber die römisch-katholische Kirche hatte (und hat es bis heute) vermieden, Mitglied im 1948 gegründeten Ökumenischen Rat der Kirchen fast aller anderen Kirchen zu werden: nicht nur wegen des Größenverhältnisses (etwa Zweidrittel der Christen auf der Erde sind römisch-katholisch), sondern weil die Kirche Roms keine Irritationen aufkommen lassen will, wie das universale Papstamt als Zeichen und Werkzeug der Einheit sich zu der Autorität multikonfessioneller Aktivitäten und Lehräußerungen beim Ökumenischen Rat der Kirchen verhält.

Papst Paul VI. sagte in einer Ansprache vor dem vatikanischen Sekretariat für die Einheit der Christen 1967: „Wir sind uns vollkommen bewusst, dass der Papst das größte Hindernis auf dem Weg zum Ökumenismus ist."[1] Inzwischen sind unzählige bi- und multilaterale Dialoge darüber geführt worden, und die theologische Literatur ist nahezu unüberschaubar. Papst Johannes Paul II. griff in seiner Ökumene-Enzyklika 1995 die Frage auf, wie die beim Ersten Vatikanischen Konzil 1870 beschlossenen Dogmen über die „Unfehlbarkeit" des Papstes bei letztinstanzlichen Lehrentscheidungen sowie über seinen „Jurisdiktionsprimat" – also seine rechtliche Oberhoheit „über alle anderen Kirchen" ökumenisch interpretationsfähig sind:[2] „eine Form der Primatsausübung zu finden, die zwar keineswegs auf das Wesentliche ihrer Sendung verzichtet, sich aber einer neuen Situation öffnet".

Im Folgenden werden darum zunächst die wichtigsten theologischen Argumente der Konzilstexte und deren Entfaltung im ökumenischen Kontext dargestellt. Sodann werden damit die Lehren der anderen Kirchen konfrontiert, um abschließend zu fragen, ob und wie jenseits der Alternative von Abschaffung des Papsttums oder Unterwerfung unter den Papst so etwas wie eine versöhnte Verschiedenheit möglich werden kann.

2. Primat als Unfehlbarkeit und oberste Jurisdiktion

Die römisch-katholische Kirche legt großen Wert darauf, dass es ökumenisch nicht einfach um eine organisatorische Strukturfrage geht, wie die Kirche oder die Christenheit ihre Ämter ordnet. Sondern es geht um die gottgewollte und christusgemäße Gestalt der Kirche Jesu Christi, die im ökumenischen Glaubensbekenntnis von Konstantinopel 381 benannt wird als die „eine, heilige, katholische und apostolische Kirche". Diese eine Kirche ist nie gespalten. Sie ist „in Christus gleichsam das Sakrament, das heißt Zeichen und Werkzeug für die innigste Vereinigung mit Gott wie für die ganze Menschheit"[3].

Sie ist das „Corpus Christi mysticum" und setzt das Heilswerk Christi fort. Ihr hat Christus verheißen, dass der Heilige Geist sie in alle Wahrheit leitet, so dass

---

1 Papst Paul VI., Ansprache vor dem Sekretariat zur Förderung der Einheit der Christen (28.4.1967), in: AAS 59 (1967), 493–498: 498.
2 Papst Johannes Paul II., Enzyklika „Ut unum sint", in: VApS 121 (1995), 67 (Nr. 95).
3 II. Vatikanum, Kirchenkonstitution Nr. 1., in: LThK².E 1 (1966), 156 ff.

die Gesamtheit der Gläubigen von den Bischöfen bis zu den letzten Gläubigen den übernatürlichen Glaubenssinn kundtut, wenn unter der Leitung des Lehramts nicht mehr das Wort von Menschen, sondern wirklich das Wort Gottes kundgetan wird (Kirchenkonstitution Nr. 12).

Diese eine Kirche ist nicht unsichtbar hinter den Strukturen christlicher Gemeinschaft, sondern sie ist „hier auf Erden als sichtbares Gefüge verfasst [...] Die mit hierarchischen Organen ausgestellte Gesellschaft und der geheimnisvolle Leib Christi, die sichtbare Versammlung und die geistliche Gemeinschaft sind nicht als zwei verschiedene Größen zu betrachten, sondern bilden eine einzige komplexe Wirklichkeit, die aus menschlichen und göttlichen Elementen zusammenwächst" (Kirchenkonstitution Nr. 8).

Für die Ökumene mit nichtkatholischen Christen und Kirchen und für ein universales Einheitsamt sind dann die unmittelbar folgenden Sätze das lehramtliche Grundprinzip: „Diese Kirche [...] ist verwirklicht („subsistit") in der katholischen Kirche, die vom Nachfolger Petri und von den Bischöfen in Gemeinschaft mit ihm geleitet wird. Das schließt nicht aus, dass außerhalb ihres Gefüges vielfältige Elemente der Heiligung und der Wahrheit zu finden sind, die als der Kirche Christi eigene Gaben auf die katholische Einheit hindrängen."

Römisch-katholische Ökumeniker meinten, dieses „subsistit" sei sicherlich richtig, gelte aber nicht exklusiv für die römisch-katholische Kirche mit und unter dem Papst, sondern diese eine Kirche Christi sei auch in anderen Konfessionskirchen zwar anders, aber eben doch „verwirklicht". Es kam jedoch ein eindeutiger Protest von der vatikanischen Glaubenskongregation unter Kardinal Joseph Ratzinger. Der brasilianische Franziskaner und Befreiungstheologe Leonardo Boff wurde lehramtlich diszipliniert. Und in den Jahren 2000 und 2007 erklärte die Glaubenskongregation feierlich, die evangelisch-reformatorischen Christen hätten „vor allem wegen des Fehlens des sakramentalen Priestertums die ursprüngliche und vollständige Wirklichkeit des eucharistischen Mysteriums nicht bewahrt" und seien darum „nicht ‚Kirchen' im eigentlichen Sinn"[4].

Diese Aussage setzt voraus, dass zum universalen Amt in der Kirche auch das „sakramentale Priestertum" gehört. Dieses wird gültig nach katholischer Lehre nur im Rahmen der bischöflichen apostolischen Sukzession bei der Ordination vermittelt. Dabei übt der „Bischof" hierarchisch das Amt der Aufsicht über mehrere Gemeinden aus, die Glieder einer größeren „Teilkirche" oder „Ortskirche" (= Bistum oder Diözese) sind. Ferner gilt, dass durch den Akt der Ordination der Hei-

---

4   Kongregation für die Glaubenslehre, Erklärung Dominus Iesus, in: VApS 148 (2000).

lige Geist den Ordinierten für immer zum Dienst an Wort und Sakrament befä-
higt. Diese Gnadengabe wird als „character indelebilis", als unzerstörbares Präge-
mal, verstanden, welches beispielsweise bei der Eucharistiefeier die Wandlung
von Brot und Wein in Leib und Blut Jesu Christi bewirkt, wenn der Priester „in der
Person Christi handelt".

Solche Ordination wird (von alters her und 1994 durch Papst Johannes Paul II.
„definitiv" bestätigt[5]) nur Frauen gewährt, weil Jesus bei der Einsetzung der Eucharistie nur Männer berief und weil „gemäß dem ewigen Plan Gottes" nur Männer „zutiefst mit der Sendung des fleischgewordenen Wortes selbst verbunden"
sind und nur sie „den Herrn und Erlöser zu vergegenwärtigen" in der Lage sind.

Die orthodoxen Ostkirchen haben mit den altkirchlichen Konzilien ebenfalls
diese Ordnung bis heute bewahrt. Die reformatorischen Kirchen hielten sich
lange Zeit ebenfalls an die Männern vorbehaltene Ordination, gemäß der Anwei-
sung des Paulus in 1 Kor 14,34: „Die Frauen sollen in der Gemeindeversammlung
schweigen; denn es ist ihnen nicht gestattet zu reden, sondern sie sollen sich un-
terordnen." Dieser Satz wurde und wird heute jedoch als kulturell zeitbedingt
verstanden. Für die evangeliumsgemäße Heilsordnung in der Kirche wird ebenfalls an Paulus erinnert: „Hier ist nicht Jude noch Grieche, hier ist nicht Sklave
noch Freier, hier ist nicht Mann noch Frau; denn ihr seid allesamt einer in Christus Jesus." (Gal 3,28). Seit Mitte des 20. Jahrhunderts werden in fast allen evangelisch-reformatorischen Kirchen Frauen wie Männer ordiniert und konsequenterweise zum Bischofsamt zugelassen.

Von alters her wurde das Weiheamt hierarchisch dreigliedrig mit „Bischof,
Priester und Diakon" verstanden, wobei nur Bischöfe die Fülle des Weihesakra-
ments mit Jurisdiktionsgewalt haben und nur Bischöfe deshalb Mitglieder eines
Konzils oder einer Synode sein können.

Die theologisch brisante Grundfrage ist hier: Was ist gottgewollt und gilt unbedingt? Was ist kulturell und geschichtlich bedingte variable Ordnung? Etwas
traurig prophezeiend sei die Vermutung geäußert: Selbst wenn alle anderen konfessionellen Streitfragen ökumenisch geklärt sein sollten, wird über die beiden
ungelösten Fragen „Gottgewollte Hierarchie" und „Frauenordination" die Kirche
als organisatorische Einheitsinstitution nicht sichtbar werden.

---

5 Schreiben „Ordinatio Sacerdotalis", das zwar nicht „Unfehlbarkeit" beansprucht, aber doch mit
   höchster Autorität die innerkatholische Debatte über die Zulassung von Frauen zum Priester-
   amt beenden will.

Den orthodoxen Ostkirchen, mit denen erst 1054 die Kirchengemeinschaft zerbrochen war und deren Bischofsamt in apostolischer Sukzession und deren Sakramente von Rom als gültig angesehen werden, bescheinigte eine vatikanische „Note" im Jahre 2000, dass sie „Schwesterkirchen" seien.[6] Aber zugleich betonte sie, dass die römisch-katholische Kirche „nicht Schwester, sondern Mutter aller Teilkirchen" sei. Die orthodoxen Kirchen lehnen von alters her solchen römischen Jurisdiktionsprimat ab, weil er eine Zerstörung der ekklesialen Struktur als solcher sei; hier habe sich eine Rechtsstellung über die sakramentale Ordnung gesetzt.

In der innerkatholischen Diskussion wurde darauf hingewiesen, dass das Ökumenismusdekret des II. Vatikanums Nr. 3 von den nicht-römisch-katholischen Kirchen sagt: „Der Geist Christi hat sie gewürdigt, sie als Mittel des Heils zu gebrauchen." Die Erklärung der Glaubenskongregation verweist aber auf das Defizitäre der Nichtkatholiken, das in demselben Kapitel des Ökumenismusdekrets so beschrieben wird: „Nur durch die katholische Kirche Christi, die das allgemeine Hilfsmittel des Heiles ist, kann man Zutritt zu der ganzen Fülle der Heilsmittel haben. Denn einzig dem Apostelkollegium, an dessen Spitze Petrus steht, hat der Herr alle Güter des Neuen Bundes anvertraut, um den einen Leib Christi so zu konstituieren, welchem alle völlig eingegliedert werden müssen, die schon auf irgendeine Weise zum Volke Gottes gehören."

Hier klingt immer noch das Konzept der „Rückkehr-Ökumene" an. Aber immerhin wird auch viel Gemeinsames im Glauben betont und wegen der gemeinsamen Anerkennung der Taufe wird vom gemeinsamen Christsein gesprochen.[7] Was dieses gemeinsame Christsein trotz des getrennten Kircheseins bedeutet, muss noch ausgelotet werden.

Neben den bisher genannten Aspekten des päpstlichen Primats ist auch zu beachten, wie seit dem 8. Jahrhundert die wechselvolle Geschichte des römisch-katholischen Kirchenstaates verlief und wie bis heute der Vatikanstaat mit Apostolischen Nuntiaturen bei säkularen Staaten und mit Botschaften vieler Staaten im Vatikan diplomatische Beziehungen pflegt und wie er völkerrechtliche „Konkordate" abschließt, welche in den einzelnen Ländern das Kirche-Staat-Verhältnis regeln. In der ökumenischen Praxis vieler Länder mag diese Struktur häufig keine große Rolle spielen, aber angesichts der faktischen Größenverhältnisse der christlichen Kirchen und des öffentlichen Auftretens des Papstes bei Audienzen in Rom

---

6   Note über den Ausdruck „Schwesterkirchen", Rom 2000.

7   Vgl. z. B. bei Joseph Ratzinger das Miteinander von durchgehaltenem und zurückgezogenem Absolutheitsanspruch, vgl. ders., Luther und die Einheit der Kirchen, IKaZ 12 (1983), 568–582.

und bei Staatsbesuchen des Papstes im Ausland und bei der UNO, wo der Vatikanstaat Mitglied ist, entsteht bei Außenstehenden in der Welt der Eindruck, der Papst sei der Sprecher der Christenheit.

3. Die Petrus-Nachfolge

Der Primat des Bischofs von Rom beruht auf der Aussage, der Apostel Petrus sei Bischof von Rom gewesen und deren Nachfolger setzten das Einheitsamt fort, das Jesus Petrus verliehen habe: im „Felsenwort" in Mt 16 nach seinem Christusbekenntnis: „Du bist Petrus, und auf diesen Felsen will ich meine Gemeinde bauen." Die Frage, ob Jesus hier das Bekenntnis Petri oder die Person Petrus gemeint hat, wird römisch-katholischerseits zugunsten der Person des Petrus beantwortet. Das dreimalige Hirtenwort am Ende des Johannesevangeliums: „Weide meine Schafe" wird als Primatsauftrag für die Verkündigung und die Leitungsvollmacht verstanden. Sodann wird Petrus als Auferstehungszeuge, als Sprecher der Zwölf Jünger und als Missionar gesehen, der eine besondere Schlüsselfigur bei Entscheidungen hatte, die den Kurs der Kirche betrafen. Auch Andeutungen für eine „typologische Petrusgestalt" finden sich im Neuen Testament. Aus allem wird heute von katholischen Exegeten gern von einer bleibenden „petrinischen Funktion", vom „Petrusdienst" und vom „Petrusamt" gesprochen. Hier werden freilich in das Geschichtsbild Begriffe eingetragen, die erst in späterer Zeit benutzt wurden, um eine Petrusnachfolge biblisch zu begründen. Von einer Einsetzung von Nachfolgern der Zwölf Jünger oder des Zwölferkollegiums ist im Neuen Testament nirgends die Rede, auch nicht von einem Nachfolger des Petrus.

Das Martyrium des Petrus in Rom, das seit Mitte des 2. Jahrhunderts einmütig bezeugt ist, besagt nicht, dass er der erste Bischof von Rom war und dass künftige römische Bischöfe – und dann sie exklusiv und nicht etwa die von Jerusalem oder Antiochien, wo Petrus länger gewirkt hat – Nachfolger des Petrus und seiner Führerrolle gewesen seien. Die römische Gemeinde bekam seit dem Untergang Jerusalems im Jahre 70 einen besonderen Rang, der aus dem natürlichen Schwergewicht der Reichshauptstadt und des Martyriums von Paulus und Petrus herrührte. Das Argument, der Bischof von Rom sei der Nachfolger des Petrus, benutzte in den vorliegenden schriftlichen Dokumenten zum ersten Mal der römische Bischof Stephanus I. im Jahre 256.

Aufgrund dieser kaum ernsthaft von Historikern – auch den katholischen – bezweifelten Fakten erstaunt es die Protestanten, wie die Worte Jesu und des erhöhten Christus an Petrus immer wieder unmittelbar auf den römischen Bischof und den Papst bezogen werden, um daraus eine gottgewollte Primatsvollmacht abzuleiten.

Mit der gesamten ostkirchlichen orthodoxen Tradition sagen auch die reformatorischen Kirchen, dass Petrus und die übrigen Apostel gemeinsam viele Nachfolger hatten. Die Orthodoxen sagen: in allen Bischöfen. Die reformatorische Tradition sagt: Neben Petrus haben noch andere eine sogenannte „petrinische Funktion" wahrgenommen, um die Einheit der Kirche zu leiten, z. B. Paulus, der Herrenbruder Jakobus, die Evangelisten mit ihren den Glauben und die Einheit weckenden Evangelien und andere „Apostel und Älteste", die in Jerusalem beim sogenannten Apostelkonzil (Apg 15) zusammenkamen, um den ersten großen Streit in der Christenheit zwischen Juden- und Heidenchristen zu schlichten. Die evangelische Theologie sieht hier eine Normativität des Ursprungs gegeben, so dass spätere kirchengeschichtliche Entwicklungen etwa zum hierarchischen dreigliedrigen Amt mit Bischof, Presbyter und Diakon oder auch eine primatiale Struktur zwar geschichtlich verständlich und angemessen sein *können*, aber *nicht* die einzig richtige und gottgewollte Amtsform sein *müssen*.

Die katholische Tradition argumentiert anders (ich zitiere den Theologieprofessor Ratzinger im Jahre 1973: Wer sich „auf der Ebene der historischen Rekonstruktion der vermutlich ältesten Stadien kirchlicher Entwicklung bewegt", befindet „sich von vornherein in einem weitgehend hypothetischen Bereich [...] Hier wird der Glaube in unzulässiger Weise der historischen Vernunft untergeordnet. Nicht das Ganze des gewordenen Glaubens der Kirche, sondern seine von den Verfassern vermuteten ersten Stadien gelten als allein maßgebliche Norm."[8]).

Diese Aussage beruht auf der Konzilserklärung, dass das Lehramt eindeutig unter dem Worte Gottes steht, dass aber beim Hören des Wortes Gottes der Dreiklang von Heiliger Schrift, Tradition und lebendigem Lehramt der Kirche zu beachten sei, welches letztinstanzlich unfehlbar nur der Papst in Gemeinschaft mit den Bischöfen innehat.

Es wird also nicht das Neue Testament als Wort Gottes bezweifelt, aber es wird darauf hingewiesen, dass unter Führung des Heiligen Geistes kirchliche Gremien die Auswahl der biblischen Texte festlegten – und dass etwa gleichzeitig sich das hierarchisch gegliederte Amt (Bischof – Priester – Diakon) als apostolische Sukzession durchsetzte. Man könne also nicht „Schrift und Tradition" gegeneinander ausspielen. Mit diesem Geschichtsbild kann man auch katholischerseits zustim-

---

8   Glaubenskommission der deutschen Bischofskonferenz, Stellungnahme zum Memorandum der Arbeitsgemeinschaft ökumenischer Universitätsinstitute zur „Reform und Anerkennung der Ämter", in: MdKI 24 (1973), 34.

men, dass Petrus kein Papst im heutigen Sinne war: „Das Papstamt kann in seiner entfalteten Gestalt nicht in das neue Testament zurückprojiziert werden."[9] Aus orthodoxer Sicht ist es im Blick auf die ersten Jahrhunderte kein Problem, dass die Kirche Roms sich auf Petrus bezieht. Doch mit den altkirchlichen Ökumenischen Konzilien ist hier die römisch-katholische Kirche das Patriarchat des lateinischen Westens. Man kann allenfalls einen „Ehrenprimat" einräumen, auf keinen Fall aber einen „Jurisdiktionsprimat". Die evangelischen Reformatoren des 16. Jahrhunderts votierten unterschiedlich. Luther wollte einerseits „dem Papst die Füße küssen", wenn er den biblischen Rechtfertigungsglauben zulässt. Er sah aber andererseits im römischen Papst die mittelalterliche Figur des „Antichristen", weil er sich gegen das biblische Evangelium stellte. Melanchthon gestand in seiner zu den lutherischen Bekenntnisschriften zählenden Schrift über die „Vollmacht und den Primat des Papstes" dem römischen Bischof „nach menschlichem Recht" einen Vorrang zu. Die Schweizer Reformierten hielten an der neutestamentlich bezeugten Vielfalt von Ämtern und Diensten fest. Im 16. Jahrhundert entschied man sich dann (auch im angelsächsischen Bereich) aus soziopolitischen Gründen dafür, dass jeweils der Landesherr für die äußere Ordnung der Kirche zuständig sei, wogegen die evangelischen Freikirchen heftig protestierten.

In der römisch-katholischen Kirche wurden mit dem Ersten Vatikanischen Konzil lehramtlich als Dogma die „Unfehlbarkeit" und der „Jurisdiktionsprimat" des römischen Bischofs als Papst festgeschrieben. Das Zweite Vatikanische Konzil bestätigte diese Dogmen, ergänzte und interpretierte sie jedoch durch die „Kollegialität der Bischöfe". Auch das Bischofskollegium ist danach Träger des unfehlbaren Lehramtes, aber nur in Gemeinschaft „mit und unter dem Papst" (cum et sub Petro), der allein ein Konzil einberufen kann und der die Beschlüsse ratifizieren muss. Beim Jurisdiktionsprimat hat sich bis heute immer wieder herausgestellt, dass die Internationalisierung der vatikanischen Kurie hilfreich ist, um alle Erfahrungen in der Weltkirche zu sammeln. Der Papst hat auch lehramtlich die Pflicht, die legitime Pluralität in der katholischen Kirche zu schützen. Aber häufig treffen die Gremien in der „Kurie" eigenmächtige Entscheidungen bei Fragen der Lehre und der Sitte, so dass viele katholische Gläubige mehr irritiert als orientiert werden. Regelmäßige „Bischofs-Synoden" (global oder für einzelne Regionen) sollen dann die „Fülle der Katholizität" repräsentieren und dem Papst helfen, lehramtliche Entscheidungen zu fällen.

---

9 R. E. Brown / K. P. Donfried / J. Reumann, Der Petrus der Bibel. Eine ökumenische katholisch-lutherische Untersuchung in den USA, Stuttgart 1976, 18.

4. Glaubensgehorsam gegenüber Gott und kirchlicher Gehorsam gegenüber dem Lehramt

Angesichts des geschilderten Sachverhalts bleibt die Frage, ob und wie es jenseits der Alternative von „Abschaffung oder Unterwerfung" sowie der Unterscheidung von „Ökumene im gemeinsamen Christsein" und „Kirche im eigentlichen und im nichteigentlichen Sinne" neuartige Perspektiven für mehr Ökumene geben kann.

Zunächst ist zu konstatieren, dass der ökumenische Dialog der letzten Jahrzehnte im Unterschied zu früheren Zeiten der Polemik gelehrt hat, die Gemeinschaft im Fundamentalen des Glaubens zu erkennen und von da her die Unterscheidungen in einem neuen Licht zu sehen und zu bewerten. Früher war es umgekehrt: Es genügte der Irrtum in einer einzigen Lehrfrage, um als Ketzer ausgeschlossen zu werden. Heute wird gemeinsam nicht nur die gegenseitige Anerkennung der Taufe und ein gemeinsames Christsein betont, sondern trotz zahlreicher konfessioneller Streitpunkte wird zwischen den Konfessionskirchen betont, der gemeinsame Glaube an den dreieinen Gott sei nicht ein Minimalkonsens, sondern ein Fundamentalkonsens, der auch dem Christen der anderen Konfession grundsätzlich das Heil Gottes verheißt. Salopp formuliert: Mehr als in den Himmel kommen, gibt es nicht.

Ein markantes Beispiel ist die gegenseitige Anerkennung eines „Grundkonsenses in der Rechtfertigungslehre" zwischen der römisch-katholischen Kirche und den Kirchen des Lutherischen Weltbundes (1999). Freilich haben viele evangelische Theologen diese Gemeinsame Erklärung heftig als ungenügend kritisiert, weil nicht gleichzeitig eine volle gegenseitige Kirchen- und Abendmahlsgemeinschaft erklärt wurde. Andere halten die Erklärung für einen bedeutsamen ersten Schritt zu mehr Ökumene.

Die „Gemeinschaft Evangelischer Kirchen in Europa" hat mit der Leuenberger Konkordie (1973) in ihrer evangelischen Wiener „Kirchenkonstitution" (1994) einstimmig folgende methodische Grundaussage für das Konstitutive und das Variable im Kirchenverständnis formuliert: „Nach der Einsicht der Reformatoren ist es von grundlegender Bedeutung, das Handeln Gottes und das Handeln der Menschen im Leben der Kirche in rechter Weise zu unterscheiden und in Beziehung zueinander zu setzen. Das Handeln der Kirche empfängt seine Orientierung aus der Unterscheidung zwischen dem, was wir vertrauensvoll von Gott erwarten und annehmen dürfen, und dem, was dadurch uns als Zeugen von der Gnade Gottes in Jesus Christus zu tun aufgegeben ist."[10]

Mit diesem Prinzip nehmen evangelische Christen zur Kenntnis, wie in der römisch-katholischen Kirche der Glaubensgehorsam gegenüber Gott und der kirchliche Gehorsam gegenüber dem Lehramt des Papstes eng zusammengebunden sind. Aber sie fragen zugleich, ob hier mehr philosophisch-metaphysisch gedacht als theologisch-biblisch geglaubt wird.

Selbstverständlich kann man „Glauben" und „Denken" nicht auseinandernehmen. Aber dennoch ist zwischen unserem Glauben (als dem gnädigen Wirken des Heiligen Geistes in uns) und unserem Denken (als Ergebnis unserer menschlichen Vernunft) zu unterscheiden. Wir glauben denselben dreieinen Gott, aber wir denken metaphysisch und philosophisch oft anders – z. B., wenn die römisch-katholische Kirche lehrt, – die Sakramente der Taufe, der Firmung und der Ordination vermittelten den Empfängern einen „character indelebilis", – bei der Eucharistie geschehe eine Transsubstantiation (Wandlung) der Elemente Brot und Wein zu Leib und Blut Christi über die Feier hinaus – und die Ehe zweier getaufter Christen sei „unauflöslich" und eine Wiederverheiratung Geschiedener führe zum Ausschluss von den Sakramenten der Kirche, – die Dogmen über die Unfehlbarkeit und den Jurisdiktionsprimat des Papstes seien irrtumsfrei, weil sie unter Führung des Heiligen Geistes von Konzilien beschlossen wurden.

Wir glauben denselben dreieinen Gott, aber wir denken metaphysisch und philosophisch oft anders. Das ist innerhalb jeder Kirche und Konfession so und begründet eine legitime theologische Vielfalt. Aber faktisch fielen immer wieder Entscheidungen mit dem Urteil, der andere verkündige ein anderes Evangelium, so dass die Geister sich kirchen- oder konfessionstrennend schieden. „Häresie", „Ketzerei" bestimmten die Kirchengeschichte. Auch in den evangelischen Kirchen stellte man wiederholt einen „status confessionis" (Bekenntnisstand) fest, wobei häufig auch ethische Positionen und Ordnungsstrukturen konfessionstrennend wirkten und neue Konfessionen entstanden.

Quantative Dialogmethode

Meistens war in der Geschichte eine „quantitative" Dialogmethode geläufig: Die römisch-katholische Kirche stellte von ihrer „Fülle der Katholizität" her bei den anderen vor allem „Defizite" fest. Und die reformatorischen Kirchen erkannten vom eigenen „Es ist genug zur wahren Einheit" her (Augsburger Bekenntnis Art.

---

10 W. Hüffmaier (Hg.), Die Kirche Jesu Christi. Der reformatorische Beitrag zum ökumenischen Dialog über die kirchliche Einheit (Leuenberger Texte 1), Frankfurt a. M. 1995, 25.

7) bei den anderen vor allem inakzeptable zusätzliche Bedingungen zum Heil. Für die eigene Konfessionalität mag diese jeweilige Haltung realistisch und legitim sein, aber in der Gemeinschaft mit den anderen Kirchen tötet diese quantitative Dialogmethode die Ökumene, weil sie die eigene Position zum Maßstab des Ökumenischen macht.

Qualitative Dialogmethode

Doch alle Kirchen haben heute auch eine andere, „qualitative" Dialogmethode entwickelt, die in keine Sackgasse führt, sondern zu neuen gemeinsamen ökumenischen Wegen. Sie ist in den grundlegenden Texten der Kirchen verankert und hat in den letzten Jahrzehnten viele Dokumente wachsender Übereinstimmungen hervorgebracht.

Die römisch-katholische Kirche fordert im Ökumenismusdekret des II. Vatikanums Nr. 11 „eine Rangordnung oder ‚Hierarchie' der Wahrheiten zu beachten, je nach der verschiedenen Art ihres Zusammenhangs mit dem Fundament des christlichen Glaubens". Und die evangelischen Kirchen gewinnen von der „Mitte der Heiligen Schrift" her Kriterien für die Erkenntnis der Wahrheit Gottes und der legitimen Vielfalt in der Kirche (z. B. in der Leuenberger Konkordie und der Kirchengemeinschaft zwischen verschiedenen reformatorischen Kirchen).

Die Methoden „Hierarchie der Wahrheiten" und „Mitte der Heiligen Schrift" sind freilich nicht ganz identisch: Beispielsweise bleiben ja auch auf einer niedrigen Stufe der „Hierarchie der Wahrheiten" die Wahrheiten immer noch „Wahrheit", die geklärt werden muss, etwa beim Weihesakrament, aber der früher so genannten „Rückkehr-Ökumene" wird der Abschied gegeben, wonach kirchliche Einheit nur durch Konversion einzelner oder durch Wiedereingliederung getrennter Konfessionen in die alleinseligmachende Kirche zustande kommt. Man schaut jetzt mit der Hoffnung auf die Führung des Heilligen Geistes gemeinsam in die Zukunft.

5. Gemeinschaft mit dem Papst

In den ökumenischen Dialogen der letzten Jahrzehnte wurden verschiedene „Modelle" einer neuartigen ökumenischen Gemeinschaft mit dem Papst ins Gespräch gebracht, aber keines hat bisher allgemeine Zustimmung gefunden.

Aus evangelischer Sicht ist Kirchengemeinschaft mit dem Papst möglich, wenn ein gemeinsames Verständnis des Evangeliums artikuliert ist. Im Rahmen der „Hierarchie der Wahrheiten" und der „Mitte der Heiligen Schrift" ermutigt der Konsens in Grundaussagen der Rechtfertigungslehre dazu, in diesem Licht die verbleibenden Gegensätze im Kirchen-, Sakraments- und Amtsverständnis in evangelisch-katholischer Gemeinsamkeit so zu interpretieren, dass eine gegenseitige Anerkennung als Kirchen erfolgt.

Ähnliches ist beim ökumenischen Dialog über die Autorität der Dogmen des Ersten Vatikanischen Konzils zu erkunden. Kann die sogenannte Unfehlbarkeit des Papstes und sein Jurisdiktionsprimat für die römisch-katholische Kirche und ihre Christen eine andere Bedeutung haben als für die nicht-römisch-katholischen Kirchen und Christen?

Die evangelischen Kirchen haben ihrerseits eine Voraussetzung dafür geschaffen als sie bei dem Dialogprojekt „Lehrverurteilungen – kirchentrennend?" 1993 auf der höchsten Ebene ihrer Synoden zu den antipäpstlichen Aussagen in den reformatorischen Bekenntnisschriften feierlich erklärten: „Ein Papstamt, das sich nicht über, sondern unter die Heilige Schrift stellt (LV 168,28; 169,7–9) und dessen Lehrentscheidungen folglich an der Heiligen Schrift zu prüfen und zu messen sind (LV 75,26–31), wird von den Verwerfungen der Schmalkaldischen Artikel (BELK, 430 f.), der Papst sei der Antichrist, nicht getroffen. Es ist eine offene Frage, wie die Unterordnung des Papstamtes unter das Wort Gottes angesichts des im I. Vatikanum definierten Anspruchs unfehlbarer Lehrgewalt verwirklicht werden kann."[11] Ähnlich wurden gleichzeitig bezüglich der römisch-katholischen Eucharistiefeier die Lehrverurteilungen in den reformatorischen Bekenntnisschriften im Lichte der gegenwärtigen Eucharistielehre zurückgenommen: „In einer so verstandenen Eucharistiefeier erkennen evangelische Christen das Mahl des Herrn wieder."[12]

6. Rahner/Fries-These: Erkenntnistheoretische Toleranz

Dass die römisch-katholischen Dogmen über den Papstprimat für diese Kirche und ihre Glieder eine andere Autorität haben könnten als für die anderen Kirchen und ihre Glieder klingt zunächst wie eine Zumutung aus evangelischen Federn.

---

11 Die lehramtlichen evangelischen Beschlüsse sind abgedruckt in: Geschäftsstelle der Arnoldshainer Konferenz / Kirchenamt der EKD / Kirchenamt der VELKD (Hg.), Lehrverurteilungen im Gespräch, Göttingen 1993, 55.

12 R. Thöle, Lehrkonsens erreicht – Gemeinsame Erklärung der Heiligen Apostolischen Katholischen Kirche des Ostens mit der Römisch-katholischen Kirche in der Christologie vom 11. November 1994, MdKI 46 (1995), 35 f.: 40.

Sie wurde aber in den letzten Jahrzehnten von vielen prominenten katholischen Theologen vorgetragen, am engagiertesten wohl von den berühmten Professoren Karl Rahner und Heinrich Fries.[13]

Mit „erkenntnistheoretischer Toleranz" soll ein „realistisches Glaubensprinzip" gelten:

„In keiner Teilkirche darf dezidiert und bekenntnismäßig ein Satz verworfen werden, der in einer anderen Teilkirche ein verpflichtendes Dogma ist. Im Übrigen ist aber kein ausdrückliches und positives Bekenntnis in einer Teilkirche verpflichtend gefordert, sondern einem weitergehenden Konsens der Zukunft überlassen" (These III).

In These IV wird das so konkretisiert: „a) Alle Teilkirchen erkennen Sinn und Recht des Petrusdienstes des römischen Papstes als konkreten Garanten der Einheit Kirche in Wahrheit und Liebe an. b) Der Papst seinerseits verpflichtet sich ausdrücklich, die damit verbundene Eigenständigkeit der Teilkirchen anzuerkennen und zu respektieren. Er erklärt (iure humano), dass er von seiner obersten, ihm vom Ersten Vatikanum her nach katholischen Prinzipien zustehenden Lehrautorität (ex cathedra) in einer Weise Gebrauch machen werde, die juristisch oder sachlich einem allgemeinen Konzil der ganzen Kirche entspricht, so wie ja seine bisherigen Kathedralentscheidungen in Übereinstimmung und Fühlungnahme mit dem katholischen Gesamtepiskopat ergangen sind."

Diese erkenntnistheoretische Toleranz wurde rasch als absolut unrealistisch zurückgewiesen. Kardinal Ratzinger sah hier „einen Par-force-Ritt zur Einheit", die theologisch inhaltslos sei; die Kircheneinheit lebe von der Einheit der Grundentscheide und Grundüberzeugungen, z. B. in der Eucharistie- und Ämterlehre.[14] Und evangelischer Einspruch kam bei der Voraussetzung, es müsse der Sinn und das Recht des Petrusdienstes des römischen Papstes grundsätzlich von allen anerkannt werden. Eilert Herms, evangelischer Theologieprofessor in Tübingen, urteilte zu Recht, die reformatorische Theologie könne nicht einfach einen Urteilsverzicht leisten, wenn es sich um kontradiktorische Gegensätze handelt wie die „Unfehlbarkeit" und den „Jurisdiktionsprimat".[15]

13 Vgl. H. Fries / K. Rahner, Einigung der Kirche – reale Möglichkeit, Freiburg i. Br. 1983.
14 Vgl. J. Ratzinger, Kirche, Ökumene, Politik. Neue Versuche zur Ekklesiologie, Einsiedeln 1987, 104 ff., 117 ff.
15 Vgl. E. Herms, Einheit der Christen in der Gemeinschaft der Kirchen: die ökumenische Bewegung der römischen Kirche im Lichte der reformatorischen Theologie. Antwort auf den Rahner-Plan, Göttingen 1984, 133 ff.

Beide Einwände signalisieren, dass im Blick auf die Einheit der Kirche und auf ein universales Einheitsamt es in absehbarer Zeit keinen Konsens geben wird – wohl aber im Blick auf die Einheit der Christen in der Gemeinschaft der Kirchen. Dies zur Kenntnis nehmend kann jedoch aus evangelischer Sicht die alte römisch-katholische Formel, Einheit sei „mit und unter dem Papst" (cum et sub Petro) abgewandelt werden: „Gemeinschaft mit, aber nicht unter dem Papst"[16].

7. „Mit, nicht unter dem Papst"

Evangelischerseits werden alle innerkatholischen Diskussionen für ein erneuertes Papstamt ernst zur Kenntnis genommen. Aber ebenso kann nicht übersehen werden, dass die römisch-katholische Kirche bei aller lebendigen Vielfalt lehramtlich noch nie so „römisch" geprägt war wie heute. Beispiele dafür sind: die vatikanische Ernennung von Bischöfen, das Mitentscheiden bei der Berufung von Theologieprofessoren, die Beschneidungen regionaler theologischer Strömungen wie die Befreiungstheologien, die feministischen Theologien und sogenannte einheimische Theologien.

Umgekehrt müssen sich die reformatorischen Kirchen fragen, ob ihre historisch gewachsenen landeskirchlich-provinziell gewachsenen und konfessionell begrenzten Kirchenstrukturen wirklich dem eigenen Anspruch gerecht werden, auf allen Ebenen diejenigen Gemeinschaftsstrukturen zu haben, welche der Verkündigung des Evangeliums in Wort und Tat am besten gerecht werden. Oft wird das Wort Gottes durch ein Stimmengewirr unhörbar; das Beharren auf konfessioneller Selbstgenügsamkeit ist dann Sünde. Nötig ist, um im Bilde zu bleiben, das Wort Gottes wie eine gemeinsame Symphonie erklingen zu lassen.

Glücklicherweise gelang es fast vierhundert Jahre nach der Reformation und nach vielem Gegeneinander, dass die lutherischen, reformierten und unierten Kirchen in Europa mit der Leuenberger Konkordie 1973 gegenseitig volle Kirchengemeinschaft in Wort und Sakrament erklärten und sich zu möglichst gemeinsamen Strukturen für ihr Zeugnis und ihren Dienst in der Welt verpflichteten. Aber viele theologische und nichttheologische Faktoren verhindern immer noch mehr

---

16 Vgl. R. Frieling, Mit, nicht unter dem Papst. Eine Problemskizze über Papstamt und Ökumene, MdKI 28 (1977), 52–60; ferner ders.: Kirche im eigentlichen Sinn. Plädoyer für eine realistische Ökumene, MdKI 58 (2007), 107–114 (Hier jeweils auch Literaturlisten über die verschiedenen ökumenischen Dokumente zur Papstdiskussion.).

volle Kirchengemeinschaft etwa mit den anglikanischen Kirchen und den evangelischen Freikirchen – und auch global mehr Gemeinschaft zwischen den Konfessionellen Weltbünden und mit neuen christlich-charismatischen Bewegungen,
mit konfessionell unabhängigen Kirchen in Asien, Afrika und Lateinamerika!

Der Ökumenische Rat fast aller nicht-römisch-katholischer Kirchen in der
Welt (gegründet 1948) formulierte in Uppsala 1968 programmatisch: Die Kirchen
„sollten auf die Zeit hinarbeiten, wenn ein wirklich universales Konzil wieder für
alle Christen sprechen und den Weg in die Zukunft weisen kann"[17]. Aber bald
zeigten sich die Schwierigkeiten: ob zum „Konzil" nur männliche Bischöfe im kir-
chenrechtlichen katholischen und orthodoxen Sinne gehören oder ob ein Konzil
die Repräsentanz des ganzen Gottesvolkes ist, in welcher Ordinierte und Nichtor-
dinierte sowie Frauen und Männer gemeinsam kirchenleitende Funktionen
wahrnehmen. Kardinal Ratzinger brachte im Lutherjahr 1983 seine Skepsis so zu
Ausdruck: „Für mich ist der Gedanke, man könne durch ein ,wirklich allgemeines
(ökumenisches) Konzil' diese Einheit herstellen, eine hybride Idee: Das wäre
ein babylonischer Turmbau, der nur mit umso größerer Verwirrung enden
müsste."[18]

Im Vergleich zu den klassischen „Ökumenischen Konzilien" der Kirchengeschichte im ersten und zweiten Jahrtausend und dann als Endziel konzipiert hat
Ratzinger mit seiner Skepsis wohl Recht. Aber können nicht mit der Führung des
Heiligen Geistes im dritten Jahrtausend neuartige Gemeinschaftsstrukturen entwickelt werden, bei denen der römische Bischof als Oberhaupt der größten christlichen Kirche eine charismatische Führungsrolle einnimmt, ohne dass die anderen Christen und Kirchen die Dogmen des I. Vatikanums anerkennen? Selbst
Kardinal Ratzinger, der so sehr die römische Mutterkirche betont und von den
evangelischen Kirchen nicht von Kirchen im eigentlichen Sinne spricht, betonte:
„Wir müssen dazu kommen, dass man immer mehr das gemeinsame Christsein
in und trotz der Trennungen ineinander erkennt und liebt; dass Trennung nicht
mehr Grund zum Gegeneinander, sondern erst recht Herausforderung zu einem
inneren Verstehen und Annehmen des anderen ist, das mehr bedeutet als bloße
Toleranz: ein Sich-Zugehören in der Treue zu Jesus Christus."[19]

Die vom Rat der römisch-katholischen Europäischen Bischofskonferenzen
und von der Konferenz Europäischer Kirchen (= fast alle anderen Kirchen in
Europa) 2001 feierlich unterzeichnete „Charta Oecumenica" mit 27 Selbstver-

---

17 Bericht aus Uppsala 1968, Offizieller Bericht, Genf 1968, 14.
18 Ratzinger, Kirche (s. Anm. 14), 155.
19 Ratzinger, Luther (s. Anm. 7), 582.

pflichtungen sagt (Nr. 6): „Unsere in Christus begründete Zusammengehörigkeit ist von fundamentaler Bedeutung gegenüber unseren unterschiedlichen theologischen und ethischen Positionen." Und Nr. 3: „Wir verpflichten uns, Selbstgenügsamkeit zu überwinden und Vorurteile zu beseitigen, die Begegnung miteinander zu suchen und füreinander da zu sein"[20].

Wenn von einem „universalen Amt als Zeichen und Werkzeug der Einheit" die Rede ist, träume ich als evangelischer Christ im Blick auf die Ergebnisse des Zweiten Vatikanischen Konzils und auf die bisherigen ökumenischen Dialoge über das Papstamt von einem „Diener der Diener Gottes" (servus servorum dei – seit alters einer der offiziellen Titel des römischen Bischofs!), der angesichts der Größen- und Einflussverhältnisse wirklich allen dient und die historisch gewachsenen Vollmachten nicht als Primat des Rechts und der Macht der vatikanischen Kurie gebraucht:

– der als „Zeichen und Werkzeug der Einheit" eine versöhnte Verschiedenheit der Kirchen anerkennt,

– der mehr Dialoge führt und versöhnt, als dass er Audienzen gewährt, definitive Entscheidungen fällt und Personalentscheidungen an sich und seine Kurie zieht,

– der offene Kommunion erlaubt und Katholiken sagt, sie hätten durch den Besuch eines evangelischen oder ökumenischen Gottesdienstes ihre Sonntagspflicht erfüllt.

Ich träume von einer Gemeinschaft „mit, aber nicht unter dem Papst",

– in der der Papst gemeinsam mit den Oberhäuptern der anderen christlichen Kirchen in Jerusalem, Konstantinopel und Moskau, in Wittenberg, Genf und Canterbury, in New York, Kapstadt und Seoul Initiativen zu einem gemeinsamen universalen ökumenischen Welt-Kirchentag oder Konzil ergreift,

– in der alle der Einladung Christi zu seinem Mahl folgen und der Welt sagen, was sie nötig hat: „Ehre sei Gott in der Höhe und Friede auf Erden!"

---

20 Konferenz Europäischer Kirchen / Rat der europäischen Bischofskonferenzen, Charta Oecumenica. Leitlinien für die wachsende Zusammenarbeit unter den Kirchen in Europa, Genf/Rom 2001, 1 (II.3).

Zusammenfassung

Alle nicht-römisch-katholischen Kirchen fragen, ob und wie eine universale Einheit der Kirche nach dem II. Vatikanum als „Gemeinschaft mit, aber nicht unter dem Papst" möglich ist.

All non-Roman Catholic ask whether and how it is possible to establish a universal unity of the church after Vaticanum II as "Communion with, but not under the Pope."

REINHOLD BERNHARDT

Dialog und Theologie der Religionen

Zur evangelischen Rezeption der Religionstheologie von Nostra aetate

In „Lumen gentium" (LG) 16, „Nostra aetate" (NA) und – vermittelt über das Thema „Religionsfreiheit" – auch in „Dignitatis humanae" (DH) hat die römischkatholische Kirche ihre Beziehungen zum Judentum und zu den anderen Religionen auf eine neue Grundlage gestellt. Ausgehend vom Grundsatz, dass es kein Heil außerhalb der Kirche gäbe („nulla salus extra ecclesiam est") waren die Religionen bis zum Zweiten Vatikanischen Konzil primär als Missionsfeld im Blick. Nun wurde das Grundmuster der Beziehungsbestimmung zu deren Angehörigen umgestellt bzw. erweitert: zur Mission kam Dialog hinzu. Die Kirche mahnte „ihre Söhne, dass sie mit Klugheit und Liebe, durch Gespräch und Zusammenarbeit mit den Bekennern anderer Religionen sowie durch ihr Zeugnis des christlichen Glaubens und Lebens jene geistlichen und sittlichen Güter und auch die sozial-kulturellen Werte, die sich bei ihnen finden, anerkennen, wahren und fördern" (NA 2). Damit – so konstatierte Ulrich Kühn im Jahre 1966 – „steuert das Konzil einen Beitrag zu einem Gespräch bei, das auch im evangelischen Raum, ja in der ganzen nichtkatholischen Ökumene, mit großer Intensität geführt wird"[1].

Ich werde mich im Folgenden auf die Rezeptionsgeschichte von NA konzentrieren, weil die von dieser Erklärung ausgehenden Impulse in den damals von Karl Barths Wort-Gottes-Theologie geprägten evangelischen Debatten tiefere Furchen gezogen haben als die Positionsbestimmung zur Religionsfreiheit, die für die katholische Theologie und Kirchenlehre eine einschneidende Revision bedeutete, während sie auf evangelischer Seite zumeist als Aufholen eines Entwicklungsrückstandes gewertet wurde. NA wurde demgegenüber von evangelischen Kommentatoren als eine „véritable révolution" empfunden.[2]

Die Wirkung von NA schlug sich weniger in expliziten Bezugnahmen auf die Erklärung und mehr in der unterschwelligen Beeinflussung der israel- und religi-

---

1   U. Kühn, Die Ergebnisse des II. Vatikanischen Konzils, Berlin 1966, 145.

2   Vgl. F. Lovsky, La déclaration sur les relations de l'église avec les religions non chrétiennes, UnSa 64 (1967), 149–169: 168.

onstheologischen Selbstverständigungsdebatten nieder, die auf evangelischer Seite geführt wurden.[3] Bei vielen Teilnehmern an diesen Debatten kam das Bedürfnis auf, dem atemberaubenden Schritt, den die römisch-katholische Kirche getan hatte, nun auch eine evangelische Positionsbestimmung von ähnlichem Gewicht, aber eigenem Gepräge folgen zu lassen. NA „served as an inspiration for the Protestant churches to craft their own statements of a similar nature"[4].

Bei der Rekonstruktion der Bedeutung, die NA für die evangelische Theologie hatte, sind zwei Themenkreise zu unterscheiden: die Diskussion um das Verhältnis der Kirche zum Judentum und die Debatte um die Neujustierung der Beziehungsbestimmung zu den Religionen außerhalb der jüdischen und christlichen Tradition. Beide Diskurse hatten verschiedene Verlaufskurven, die ihre Amplituden zu unterschiedlichen Zeiten erreichten. Ich betrachte sie nacheinander: zuerst die Auseinandersetzung um die Israeltheologie, die in den 1960er bis 1980er Jahren intensiv geführt wurde, dann die Debatte um die Religionstheologie, die in den 1980er Jahren an Gewicht gewann und seit den 1990er Jahren einen so breiten Raum einnahm, dass man von einer Gewichtsverlagerung zwischen beiden Diskursen sprechen kann. Die Revision der Israeltheologie war in den 1980er Jahren nicht nur diskursiv zu einem relativen Abschluss gekommen; mit dem „Synodalbeschluss zur Erneuerung des Verhältnisses von Christen und Juden" hatte die Landessynode der EKiR auch einen Markstein der kirchlichen Rezeption gesetzt und damit auch andere Kirchenleitungen zu Stellungnahmen herausgefordert. Mit dem Ende des Ost-West-Gegensatzes traten zudem die Religionen, besonders der Islam als politische und gesellschaftliche Akteure stärker ins Blickfeld. Die Präsenz islamischer Religionsgemeinschaften in den evangelisch geprägten Ländern Nord- und Mitteleuropas stellte die evangelischen Kirchen vor die Notwendigkeit, dialogische Beziehungsformen zu entwickeln und sie theologisch zu untermauern, aber auch das eigene Selbstverständnis im Angesicht dieses „Anderen" zu entfalten. Auch die Abkühlung der innerchristlich ökumenischen Beziehungen und Debatten, die ab der Jahrtausendwende zu beobachten ist, verstärkte die Hinwendung zur Religionstheologie. Die Schwerpunktverlagerung von der Ökumenischen Theologie und der Israeltheologie hin zur Religionstheologie ging mit

---

3   Siehe dazu die Einleitung des Beitrages von André Birmelé, Die Rezeption des Zweiten Vatikanischen Konzils in der Ökumene. Ein evangelischer Beitrag, in: P. Hünermann (Hg): Das Zweite Vatikanische Konzil und die Zeichen der Zeit heute, Freiburg/Basel/Wien 2006, 405–416.

4   F. Sherman, Nostra Aetate at 40. A Protestant Perspective, in: Midstream. A Bi-Monthly Jewish Review (September/October 2005); www.jcrelations.net/I_Nostra_Aetate_I_at_40_A_Protestant_ Perspective.2951.0.html?L=3 (28.01.2014).

einem Generationswechsel an den Theologischen Fakultäten und in den Kirchenleitungen einher. Die TheologInnen, die ihre Prägung in der Nachkriegszeit be-
kommen und sich – unter dem Eindruck des Entsetzens über die Judenverfolgung
– im jüdisch-christlichen Dialog, in der Revision der Israeltheologie und in der
Ausarbeitung einer damit kompatiblen evangelischen Theologie engagiert hatten, traten nach und nach ab. Mit den Themen, die der zunehmende religiöse Pluralismus auf die Tagesordnung setzte, trat der zweite Strang von NA – die Religionstheologie – in den Vordergrund der Diskussion. Damit gewann auch die Frage
nach dem Verhältnis von Israeltheologie und Religionstheologie an Virulenz.

1. Israel und die Kirche, Judentum und Christentum[5]

NA 4 schlägt die Brücke zur Israeltheologie von der Ekklesiologie aus. Die Besinnung auf das Geheimnis der Kirche führe dazu, der geistlichen Verbundenheit des
„Volk[es] des Neuen Bundes mit dem Stamme Abrahams" zu gedenken. Diese Verbundenheit besteht nach NA in der Juden und Christen gemeinsamen Geschichte
mit Gott, in der Offenbarung des Alten Testaments, im Juden und Christen ein-
schließenden Heilswerk Jesu Christi, im Fortbestand der Gotteskindschaft der Is-
raeliten und der Verheißung an sie (nach Röm 9,4f.), im Judesein Jesu, der Apostel
und der meisten Jünger sowie in der Verwurzelung der Kirche im Volk Israel. Im
Blick auf dieses reiche geistliche Erbe soll gegenseitige Kenntnis und Achtung ge-
fördert werden. Zu diesem Zweck weist NA zwei Aussagen zurück, die jahrhun-
dertlang zum Arsenal des theologischen Antijudaismus gehörten: zum einen den
Vorwurf, „die Juden" trügen eine Kollektivschuld am Tod Jesu, zum anderen die
Behauptung, Gott habe seinen Bund mit ihnen gekündigt und sein Volk verworfen. Mit Nachdruck beklagt die Erklärung alle Formen der Judenverfolgung und
des Antisemitismus. Am Ende erinnert sie an den Verkündigungsauftrag der Kirche, ohne dass dieser Auftrag auf die Juden bezogen wird.

Schon aus dieser knappen Zusammenfassung wird eine weitgehende Übereinstimmung der hier vorgenommenen Positionsbestimmung mit den Debatten
deutlich, die evangelischerseits in den 1960er, 70er und 80er Jahren um die Israel-

---

5 Ich behandele beide Begriffspaare synonym, obwohl um der größeren Klarheit willen, eine Unterscheidung zwischen der mehr binnentheologischen Rede von „(Volk) Israel" und „Kirche"
   einerseits, und den auch soziologisch und historisch beschreibbaren Größen „Judentum" und
   „Christentum" geboten wäre. Ich verzichte auf eine solche Differenzierung, weil sie weder in NA
   noch in der katholischen und evangelischen Rezeption durchgehend vorgenommen wird.

theologie und um die Neubestimmung der Beziehung zum Judentum geführt wurden, ob mit oder ohne direkten Bezug zu NA 4. Explizite Bezugnahmen auf NA 4 finden sich in Stellungnahmen evangelischer Kirchen zum Judentum allerdings relativ selten.[6] Dennoch war die Wirkung dieses Textes in die evangelischen Kirchen hinein enorm, was vor allem in seinem Status begründet lag. Denn mit dieser Erklärung hatte sich die größte christliche Kirche offiziell auf eine Haltung gegenüber dem Judentum festgelegt, die diesem eine bleibende Bedeutung für ihr eigenes theologisches Selbstverständnis einräumte und jeglichem Antijudaismus eine deutliche Absage erteilte. Insofern handelt es sich hier um eine radikale – an die Wurzel gehende – Revision früher vertretener Positionen.

Der inhaltlichen Rezeption durch die evangelische Theologie und Kirche zuträglich war auch die Tatsache, dass sich dieser Text stark – vielleicht stärker als alle anderen Erklärungen des Konzils – auf *biblische* Begründungen stützte, vor allem auf Röm 9–11. Normative Texte des römisch-katholischen Lehramtes, an die man hätte anknüpfen können, lagen nicht vor. Da man auf evangelischer Seite ebenfalls mit paulinischen Aussagen argumentierte, bestand hier eine Rezeptionsbrücke: „Nostra Aetate was often perceived primarily as a *Christian* rather than just a *Catholic* document"[7].

So strahlte NA 4 auf die Diskussionen aus, die auf evangelischer Seite ab der zweiten Hälfte der 1960er Jahren – nicht zuletzt inspiriert durch diesen Impuls – mit zunehmender Intensität geführt wurden: in den sich schnell vermehrenden „Gesellschaften für christlich-jüdische Zusammenarbeit", an Evangelischen Akademien (z. B. Arnoldshain), in der „Arbeitsgemeinschaft Juden und Christen", die 1961 beim „Deutschen Evangelischen Kirchentag" ins Leben gerufen worden war,

---

6   Das zeigt ein Blick in die beiden Bände: R. Rendtorff / H. H. Henrix (Hg), Die Kirchen und das Judentum, Bd. 1: Dokumente von 1945-1985, Paderborn/München 1988, und H. H. Henrix / W. Kraus (Hg), Die Kirchen und das Judentum, Bd. 2: Dokumente von 1986-2000, Paderborn/München 2001. Für die ersten zwanzig Jahre nach dem Konzil ist dort *nur* ein Dokument verzeichnet: Die Erklärung „Dialog: Eine zeitgemäße Alternative zum Proselytismus" der Konferenz der Kirchen von Texas vom Januar 1982 (Bd. 1, 507-511). Für den Dokumentationszeitraum des zweiten Bandes sind nur zwei Papiere zu nennen, die explizit auf NA Bezug nehmen: Zum einen das Abschlussdokument „Unterwegs zu einem neuen Verständnis" der Konsultation „Kirche und Jüdisches Volk" des ÖRK vom 04.11.1988 (Bd. 2, 445 f.), zum anderen die Erklärung der Baptistischen Allianz zum christlich-jüdischen Verhältnis vom 04.03.1995 (ebd., 502 f.).

7   P. Heldt, Protestant Perspectives after 40 Years. A Critical Assessment of *Nostra Aetate*, in: N. Lamdan / A. Melloni (Hg), Nostra Aetate: Origins, Promulgation, Impact on Jewish-Catholic Relations. Proceedings of the International Conference, Jerusalem, 30 October–1 November 2005, Münster 2007, 165.

im 1945 gegründeten „Evangelisch-Lutherischen Zentralverein für Mission unter
Israel" (der sich 1985 nach fünfjährigem Diskussionsprozess in „Zentralverein für
Zeugnis und Dienst unter Juden und Christen e.V." umbenannte, 1991 seine Sta-
tuten änderte und Judenmission nunmehr ablehnte). 1967 setzte die EKD eine
Studienkommission „Kirche und Judentum" ein, aus der die Studien „Christen
und Juden" hervorgingen.[8]

Zu den damals maßgebenden evangelischen Theologen, die sich mit NA auseinandersetzen, gehört Karl Barth. Er war von Kardinal Bea als Beobachter der beiden letzten Plenarsitzungen des Konzils nach Rom eingeladen worden, konnte
dieser Einladung krankheitsbedingt aber nicht Folge leisten. Später – vom 22.-
29.9.1966 – holte er diese Reise nach und besprach vor allem mit Bischof Wille-
brands, dem Stellvertreter von Kardinal Bea im Einheitssekretariat, und Professor
Magnus Löhrer Fragen, die er nach der Lektüre der Konzilsdokumente vorbereitet
hatte und die er dann zusammen mit einem Reisebericht, einer Auseinandersetzung mit „Dei verbum" und einem Brief zur Mariologie in einer kleinen Schrift
veröffentlichte.[9] Es kam bei diesem Besuch auch zu Gesprächen mit Papst Paul VI.,
Karl Rahner, Josef Ratzinger und Otto Semmelroth.

Barths kritische Fragen betreffen weniger die Beziehungsbestimmung zum
Judentum im Besonderen und mehr den theologischen Umgang[10] mit den außerchristlichen Religionen. Daraus ergibt sich seine Kritik, dass von Israel in einem
Atemzug mit Hinduismus, Buddhismus und „Moslemismus" als von einer nicht-
christliche Religion geredet werde. Dem hält er entgegen, dass es sich beim Alten
Testament nicht um eine Religion, sondern um die „Urgestalt der einen Gottesoffenbarung" und bei „der Existenz des späteren und heutigen (gläubigen oder un-
gläubigen) Judentums um den einen einzigen natürlichen (weltgeschichtlichen)
Gottesbeweis handelt"[11]. Auf den Inhalt von NA 4 geht er nicht ein, auch nicht auf
die biblische Begründung dieses Inhalts. Im Gegenteil wirft er dem Dokument
insgesamt eine mangelnde biblische und christologische Grundlegung vor. Es sei
von einer „historisch-analysierenden Darstellung und Beleuchtung der ‚nicht-

---

8   EKD (Hg), Christen und Juden. Die Studien der Evangelischen Kirche in Deutschland 1975–2000,
     Gütersloh 2002.
9   Vgl. K. Barth, Ad Limina Apostolorum, Zürich 1967.
10   Im lateinischen Titel von NA „Declaratio de ecclesiae habitudine ad religiones non-christianas"
     ist nicht vom „Verhältnis" zu den nichtchristlichen Religionen, sondern vom „Umgang" mit ih-
     nen die Rede!
11   Barth, Ad Limina Apostolorum (s. Anm. 9), 39 f. (Hervorh. K.B.).

christlichen Religionen'"[12] beherrscht, die kritische und missionarische Aufgabe der Kirche gegenüber den Religionen stehe nicht im Mittelpunkt, sondern sei an den Rand gedrängt. Dass diese Aufgabe im Missionsdekret „Ad gentes" eigens thematisiert worden ist, stellt er dabei nicht in Rechnung. Dem seines Erachtens religionsgeschichtlichen und -phänomenologischen Zugang von NA hält er die Methode des Paulus entgegen, „der Juden und Hellenen allein den für sie Gekreuzigten – den Einen ein Ärgernis, den Anderen eine Torheit – verkündigte, um sie gerade *von da aus* als Menschen anzureden und zur Mitmenschlichkeit aufzurufen"[13]. Ein letzter Einwand Barths bezieht sich auf die Schuldgeschichte der Kirche sowohl gegenüber den Juden als auch gegenüber den Muslimen. Im Blick auf die judenfeindlichen Haltungen und auf die Kreuzzüge wäre ein Schuldbekenntnis am Platz gewesen.

Die vor dem Konzil entfaltete Israeltheologie Karl Barths wurde nach dem Konzil von Friedrich-Wilhelm Marquardt einer kritischen Diskussion unterzogen. Es ist aufschlussreich, NA 4 in Beziehung zu diesen beiden charakteristisch verschiedenen Positionierungen zu setzen und dabei die zur Debatte stehenden theologischen Grundfragen herauszuarbeiten.

Blickt man aus großer Flughöhe und unter Ausblendung ihrer Entwicklungsgeschichte auf die Grundaussagen der Israeltheologie Barths,[14] so kann man diese in drei Blickrichtungen zusammenfassen: Im Blick auf das Volk Israel kann Barth dessen Bundesbruch und die Verwerfung betonen, die das Volk sich damit selbst zugezogen habe. Es ist der Inbegriff des sündigen Menschen.[15] Im Blick auf Gott aber gilt, dass er an der Treue zu seinem Volk festgehalten und seinen Bund nicht

---

12 Barth, Ad Limina Apostolorum (s. Anm. 9), 39 (Hervorh. K. B.).
13 Barth, Ad Limina Apostolorum (s. Anm. 9), 39 (Hervorh. K. B.).
14 Siehe die ausführlichen Darstellungen: B. Klappert, Israel und die Kirche. Erwägungen zur Israellehre Karl Barths, München 1980; Fr.-W. Marquardt, Die Entdeckung des Judentums (s. Anm. 19).
15 In KD I/2, 360 f. schreibt Barth (im Jahre 1938), mit der Verwerfung Jesu Christi habe Israel den Bund in seiner Substanz preisgegeben. Und so sei das Judentum jetzt nur noch „eine menschliche Religion, einst die von Gott geforderte und geordnete menschliche Antwort auf seine Offenbarung, in ihrem Vollzug als Unglaube verklagt und verurteilt und doch immer wieder in Gnaden angenommen, jetzt aber – auch dieses Exempel musste statuiert werden – eine verworfene, eine entleerte, weil ihres Grundes und Gegenstandes beraubte Religion, jetzt die jüdische Religion, von der Gott sein Angesicht abgewendet hat, eine unter vielen anderen und nicht mehr als sie! Nur gerade Eines hat sie vor ihnen voraus, und das ist etwas Furchtbares: daß sie einst mehr als sie gewesen, aber eben *endgültig* gewesen ist."

gekündigt hat.[16] Im Blick auf Christus schließlich spricht Barth von der erfüllen-
den Bestätigung des Bundes mit Israel. Um Christi willen behält die Verwerfung
nicht das letzte Wort, in ihm ist sie aufgehoben.

Barth hält – wie NA 4 – an der heilsgeschichtlichen Universalität Jesu Christi
als des Versöhners fest – auch in Bezug auf das Judentum. So kann er feststellen, es
sei „das *Volk Israel* in seiner ganzen Geschichte *ante et post Christum natum* und
die am Pfingsttag in die Erscheinung getretene *christliche Kirche* in zwei Gestalten
und unter zwei Aspekten gesehen (KD II/2 § 34,1!) untrennbar die *eine* Gemeinde,
in der Jesus Christus seine irdisch-geschichtliche Existenzform hat"[17]. Bei seinem
Besuch in Rom hatte er seinen Gesprächspartnern im Vatikanischen „Sekretariat
zur Förderung der Einheit der Christen" gesagt: „[W]ir sollen nicht vergessen, dass
es schließlich nur eine tatsächliche große ökumenische Frage gibt: unsere Beziehung zum Judentum"[18]. Bei solchen Aussagen allerdings ist nicht an eine „Heils-
partnerschaft" von Judentum und christlichen Glauben gedacht. In KD II/2, § 34
(1942) wird klar, dass die beiden Gestalten der einen Gottesgemeinde charakteristisch voneinander unterschieden sind: Israel ist die Gestalt und Darstellung des
Gerichts (KD II/2, 215) – und so auch Zeichen und Darstellung der allein in Jesus
Christus ergehenden göttlichen Verwerfung –, die Kirche die Gestalt und Darstellung des göttlichen Erbarmens. Israel hört, die Kirche glaubt an die ergangene
Verheißung. Das Hören muss und wird aber zum Glauben kommen. Israel ist *in
Christus* erwählt.

Die von Barth postulierte Dialektik zwischen der Selbstverwerfung Israels und
seiner Erwählung auf Christus hin findet sich nicht in NA 4 und sie wird auch in
den nachkonziliaren Entwürfen der evangelischen Israeltheologie zugunsten der
Betonung der bleibenden Erwähltheit und Berufung auch des nachbiblischen Judentums weitgehend aufgegeben. Der Verwerfungsgedanke tritt dabei stark oder
ganz zurück. Die Vorstellung, beim Judentum könne es sich um einen eigenstän-

---

16 Der in der vorherigen Fußnote zitierten Aussage ist folgender Satz vorangestellt: „Es bleibt ja das
    Wort und es bleibt der Bund Jahves, oft gebrochen und geschändet, beständig, und so bleibt Is-
    rael das Volk und es bleibt seine Religion die Religion der Offenbarung".

17 KD IV/1 (1953), 747 f. In § 34,1 werden die beiden Aspekte folgendermaßen beschrieben: „Israel ist
    das seiner göttlichen Erwählung sich widersetzende Volk der Juden [...] die Kirche ist die auf
    Grund ihrer Erwählung berufene Versammlung aus Juden und Heiden" (KD II/2, 219).

18 Zit. nach H.H. Henrix, Schweigen im Angesicht Israels? Zum Ort des Jüdischen in der ökumeni-
    schen Theologie, in: G. Langer / G. M. Hoff (Hg.), Der Ort des Jüdischen in der katholischen
    Theologie, Göttingen 2009, 264–297: 273.

digen gottgegebenen Heilsweg handeln, wäre für Barth wie für NA 4 undenkbar gewesen. In diese Richtung entwickelte sich der Hauptstrom der evangelischen Israeltheologie dann aber weiter.

Ich zeige das andeutungsweise an Friedrich-Wilhelm Marquardt,[19] der seine Christologie nicht auf das Erwählungsmotiv zentriert, sondern – wie auch in NA 4 angesprochen – vom Judesein Jesu ausgeht, bzw. dem Judesein Jesu erwählungstheologische Relevanz zuspricht.[20] Christlicher Glaube bleibt damit unaufhebbar an das Judentum gebunden; er besteht im christlichen Bekenntnis zu Jesus, dem Juden. Das „inhaltliche[] Kriterium für die Anlage einer biblisch denkenden Christologie" ist, dass die soteria von den Juden kommt (Joh 4,22).[21] Die Dialektik, die sich bei Paulus in Röm 9–11 findet und die Barth aufnimmt, wenn er einerseits festhält, dass Gott sein Volk nicht verstoßen hat (Röm 11,1 f.), andererseits aber auch von der Verstockung dieses Volk spricht (Röm 11,7) und Christus als Ende und Vollendung des Gesetzes (Röm 10,4) versteht, löst Marquardt auf. In den negativen Aussagen drücke sich der Schmerz des Paulus angesichts der Christusverweigerung seiner jüdischen Geschwister aus (Röm 9,2). Die Aussagen über sein Volk Israel seien keine distanziert sachlichen, sondern eine gebetsbegleitende Lehre.[22]

Während sich in NA 4 nur Andeutungen einer Kontextualisierung finden, lokalisiert Marquardt seine Erkenntnisposition explizit und dezidiert in der Situation „nach Auschwitz".[23] Theologie kann ihm zufolge nur in Verantwortungsübernahme für die Schoa betrieben werden, was sich schon auf die Exegese der neutestamentlichen Texte auswirken muss, indem diese jeglichen Ansatz eines Antijudaismus vermeidet. Die Texte sind „jüdisch", d. h. in ihrem damaligen geistesgeschichtlichen Kontext des Thora-auslegenden Judentums aufzufassen. Das Proprium der Christusbotschaft gegenüber dem zeitgenössischen Judentum wird

19 Vgl. Fr.-W. Marquardt, Die Entdeckung des Judentums für die christliche Theologie. Israel im Denken Karl Barths, München 1967. Zur gleichen Zeit verfasst, aber erst später publiziert: ders., Die Gegenwart des Auferstandenen bei seinem Volk Israel. Ein dogmatisches Experiment, München 1983; ders., Das christliche Bekenntnis zu Jesus, dem Juden. Eine Christologie, 2 Bde., München 1990 f.; ders., Von Elend und Heimsuchung der Theologie. Prolegomena zur Dogmatik. München 1988 (²1992).

20 Vgl. Marquardt, Bekenntnis 2 (s. Anm. 19), bes. Teil 2. Siehe dazu auch: B. U. Meyer, Christologie im Schatten der Shoah – im Lichte Israels, Zürich 2004.

21 Marquardt, Bekenntnis 1 (s. Anm. 19), 101 (im Original teilweise kursiv).

22 Vgl. Marquardt, Bekenntnis 1 (s. Anm. 19), 279.

23 Vgl. Marquardt, Von Elend (s. Anm. 19), 75–80.

dabei eingezogen, denn jede Differenzbestimmung trägt nach Marquardt den Keim des Antijudaismus in sich. Christlicher Glaube, christliche Lehre und christliche Kirche müssen stattdessen „mit den Augen ihrer Opfer gesehen" werden.[24] Daher ist auch der Bezug zum gegenwärtigen Judentum für christliche Theologie unverzichtbar, denn nur dieser Bezug ermöglicht die Perspektive der Opfer.

Die Berufung der Völker in Christus ist eine Hinzuberufung zum ungekündigten, auf Ewigkeit bestehenden Bund Gottes mit Israel (Röm 9,24). Der neue Bund steht nicht dem alten (inklusiv oder exklusiv) gegenüber; er ist *im* alten lokalisiert. Kirche und Theologie müssen sich dieser Abhängigkeit bewusst sein, die Erstberufung und damit den bundestheologischen Primat Israels anerkennen und sich so auf Israel hin relativieren. Die Grundordnung der Kirche besteht in der Zuordnung zu Israel.

Der entscheidende Unterschied zu Barth und zu NA 4 liegt bei Marquardt in der Beschränkung der Heilsbedeutung Jesu Christi auf die Völker. Die Juden bedürfen dieser Heilsvermittlung nicht. Damit erübrigt sich auch das Christusbekenntnis gegenüber dem Judentum.

Aus dieser Zuordnung der Kirche zu Israel ergibt sich eine klare Abgrenzung gegenüber anderen Religionen. Sofern sie den erwählungstheologischen Vorrang Israels nicht anerkennen und sich dem Gott, der Israel erwählt hat, nicht zuwenden, verbleiben sie im Heidentum *(gojim)* und sind damit Gegenstand missionarischer Bemühungen. Ihre Eigenheiten sind theologisch ebenso irrelevant wie die Unterschiede zwischen ihnen. Ihr Selbstverständnis verdient keine Beachtung, ein Dialog mit ihnen kann nur missionarisch motiviert sein, wobei Mission wiederum als Zuwendung zu Israel[25] und als Dienst an der Mission Israels an den Völkern verstanden wird.

Die Israeltheologie Marquardts kann als Weiterführung und Korrektur der Ansatzpunkte für eine Revision der Beziehungsbestimmung zum Judentum gewertet werden, die in NA 4 angelegt sind. Während NA 4 im Grundsatz nicht über ein Erfüllungsmodell hinausgegangen ist, demzufolge die bleibende Erwählung und Verheißung *in Christus* zu vollendeten Realisierung kommt, wird dem Judentum bei Marquardt eine eigenständige soteriologische Würde zuerkannt. Die Universalität der Heilsbedeutung Jesu Christi muss dabei zurückgenommen werden.

---

24 Marquardt, Von Elend (s. Anm. 19), 146.

25 „Die Gojim sollen ihrem spezifisch Anderen [...] sollen Israel zugewendet werden", Fr.-W. Marquardt, Was dürfen wir hoffen, wenn wir hoffen dürfen? Eine Eschatologie, Bd. 2, München 1994, 360.

Das ist die Kernfrage, um die die Israeltheologie in der Folgezeit kreist: Wie ist die Universalität, Exklusivität und Finalität der Heilsbedeutung Jesu Christi zusammenzudenken mit der Überzeugung von der vollgültigen Erwähltheit Israels? Wie kann man „Erfüllung" verstehen, ohne damit einen Superioritätsanspruch gegenüber dem Judentum zu erheben? Kann dieser doch neutestamentlich fest verankerte topos nicht als Überbietung des Alten Bundes, sondern als Bestätigung durch personale Repräsentation in Jesus Christus aufgefasst werden?

Ein zweiter, damit sachlich eng verbundener Strang der von NA mitangestoßenen israeltheologischen Diskussion bezog sich auf die Frage der Judenmission. NA hatte sich zu dieser Frage nicht geäußert, was einen Spielraum für unterschiedliche Rezeptionen in der römisch-katholischen Kirche und Theologie eröffnete. In diesem Spielraum bildete sich ein weitgehender Konsens heraus, dass die Mission unter den Völkern zu unterscheiden sei vom Christuszeugnis gegenüber den Juden. Damit war implizit auf die Forderung nach Judenmission verzichtet, nicht aber auf den Verkündigungs- und Zeugnisauftrag, der ja am Ende von NA 4 ausdrücklich benannt ist.

Eine neue Diskussion um diese Frage brandete auf, als Papst Benedikt 2008 eine Neufassung der Karfreitagsbitte für die Juden in die tridentinische Liturgie einführte und damit heftige Gegenreaktionen auslöste.[26] Der Gesprächskreis „Juden und Christen" beim Zentralkomitee der deutschen Katholiken hat sich eindeutig gegen Judenmission ausgesprochen.[27] Ebenso haben sich die EKD[28] und eine Anzahl evangelischer Landeskirchen[29] vom Projekt der Judenmission distanziert.

Vergleicht man diese Positionsbestimmungen mit der Haltung, die der ÖRK bei seiner Gründung 1948 eingenommen hat, als er die Schuld der Kirchen im Verzicht auf die Mission unter Juden sah und seinen Mitgliedskirchen dringend na-

---

26 Vgl. H. Frankemölle / J. Wohlmuth (Hg.), Das Heil der Anderen. Problemfeld „Judenmission" (QD 238), Freiburg 2010.

27 Gesprächskreis „Juden und Christen" beim Zentralkomitee der deutschen Katholiken: Nein zur Judenmission – Ja zum Dialog zwischen Juden und Christen, 9. März 2009; www.zdk.de/organisation/gremien/gespraechskreise/gespraechskreis-juden-und-christen-beim-zdk/erklaerungen (14.01.2014).

28 Vgl. EKD (Hg.), Christen und Juden (s. Anm. 8), 154–156.

29 Exemplarisch nenne ich nur die „Absage an Begriff und Sache christlicher Judenmission", wie sie die Kirchenleitung der EKiR am 12./13.12.2008 beschlossen hat; www.ekir.de/www/downloads/ekir2008absage_judenmission.pdf (14.01.2014) – Zur Diskussion in den lutherischen Kirchen siehe TVELKD 161 (2012); www.velkd.de/2690.php (14.01.2014); F. Siegert (Hg.), Kirche und Synagoge. Ein lutherisches Votum, Göttingen 2012, bes. 253 ff.

helegte, Anstrengungen zur Evangelisierung der Juden zu unternehmen,[30] lässt sich ermessen, wie tiefgreifend die vollzogene Wendung war. NA 4 hatte mit seiner klaren Absage an allen Antijudaismus und seiner Anerkennung der Bundestreue Gottes gegenüber Israel einen Anstoß dazu gegeben, dessen Kraftwirkung auf die theologische Beziehungsbestimmung und auf die praktische Beziehungsgestaltung zum Judentum man kaum unterschätzen kann.

2. Christlicher Glaube und die anderen Religionen

In NA 1 und 2 werden die Religionen zunächst aus einer anthropologischen Perspektive – als Antwortversuche „auf die ungelösten Rätsel des menschlichen Daseins" (NA 1) – beschrieben. Diese Perspektive wird dann aber auch offenbarungstheologisch durch das angedeutete Konzept einer allgemeinen (Schöpfungs-)Offenbarung untermauert, wobei in diesem Zusammenhang weniger von den „Religionen" als von den „Völkern" die Rede ist. Die schöpfungstheologische und eschatologische Aussage, dass alle Völker auf Erden denselben Ursprung und dasselbe Ziel in Gott haben, dass sich Gottes Vorsehung, die Bezeugung seiner Güte und seine Heilsratschlüsse auf alle Menschen erstrecken und alle Völker in seinem Lichte wandeln, lässt den Schluss zu, dass es sich bei ihrer Suche nach Antworten auf die Grundfragen des Menschseins nicht um ein vergebliches Stochern im Nebel, sondern um echte, wenn auch diffuse Gotteserkenntnis auf der Grundlage der allgemeinen Offenbarung handelt. Es findet sich „bei den verschiedenen Völkern eine gewisse Wahrnehmung jener verborgenen Macht, die dem Lauf der Welt und den Ereignissen des menschlichen Lebens gegenwärtig ist, und nicht selten findet sich auch die Anerkenntnis einer höchsten Gottheit oder sogar eines Vaters. Diese Wahrnehmung und Anerkenntnis durchtränkt ihr Leben mit einem tiefen religiösen Sinn." (NA 2). Die Grundfigur der religionstheologischen Beziehungsbestimmung zu den außerchristlichen Religionen besteht also in einer natürlichen Theologie mit einem fundamentalanthropologischen bzw. existentialontologischen Strang und einer allgemeinen Offenbarungslehre.

---

30 Erklärung über „Das christliche Verhalten gegenüber den Juden", August/September 1948, § 4, zit. nach Rendtorff/Henrix (Hg.), Die Kirchen und das Judentum 1 (s. Anm. 6), 325. Nur wenige Zeilen vorher wird allerdings auch jeglicher Antisemitismus sehr klar als „Sünde gegen Gott und Menschen" gebrandmarkt. Die Vollversammlung des ÖRK in Neu-Delhi 1961 nahm diese Formulierung in ihrer Entschließung zum Antisemitismus vom Dezember 1961 auf und bat die Mitgliedskirchen darum, in der christlichen Unterweisung dem damaligen und heutigen Judentum nicht generell die Schuld an der Kreuzigung Jesu zuzuweisen (ebd., 340).

In kurzen Charakterisierungen wird dann in NA 2 beschrieben, wie Hinduismus und Buddhismus ihre jeweiligen Antworten auf die Grundfragen des Menschseins zum Ausdruck bringen, bevor anschließend „die übrigen in der ganzen Welt verbreiteten Religionen" pauschal in den Blick genommen werden. Ihnen allen ist gemeinsam, dass sie die „Unruhe des menschlichen Herzens" durch spirituelle Lehren, ethische Lebensregeln und religiöse Riten stillen wollen.

Dann fällt der berühmte und immer wieder zitierte Satz, in dem sich die gesamte Revision der Verhältnisbestimmung zu den Religionen bündelt: „Die katholische Kirche lehnt nichts von alledem ab, was in diesen Religionen wahr und heilig ist. Mit aufrichtigem Ernst betrachtet sie jene Handlungs- und Lebensweisen, jene Vorschriften und Lehren, die zwar in manchem von dem abweichen, was sie selber für wahr hält und lehrt, doch nicht selten einen Strahl jener Wahrheit erkennen lassen, die alle Menschen erleuchtet." Dem stellt die Erklärung dann aber sogleich den Auftrag zur Seite, Christus als „die Fülle des religiösen Lebens" zu verkünden.

In diesem religionstheologischen Inklusivismus liegt die entscheidende Begründungsfigur der Beziehungsbestimmung: Die Religionen können Strahlen der Wahrheit vom Licht Gottes empfangen, das in die Schöpfung hineinleuchtet. Die Fülle des Lichts scheint jedoch einzig in Christus auf. Erst von diesem Licht her werden die Strahlen der Wahrheit als solche erkennbar. Wie dann in NA 3 an der Würdigung des Islam deutlich wird (wobei nicht vom Islam, sondern von den Muslimen die Rede ist!) führt diese Betrachtungsweise dazu, *solche* Lehrformen als Strahlen der Wahrheit zu bezeichnen, die mit der römisch-katholischen Theologie kompatibel sind. Im Falle des Islam sind das erstens die Selbigkeit Gottes, zweitens die Bezugnahme des Islam auf Abraham, drittens die Hochschätzung Jesu (als Prophet) und Marias (als seine „jungfräuliche Mutter") und viertens die Erwartung des Gerichtstags, aus der sich eine sittliche Lebenshaltung ergibt. Mit dem Aufweis solcher gemeinsamer Bezüge wird eine relative Anerkennung möglich.

Der Anknüpfungspunkt der genannten Begründungsfigur liegt im Johannesprolog (vor allem Joh 1,9) und in der altkirchlichen Lehre vom „Logos spermatikos". Darin mag es auch begründet sein, dass sich die evangelische Theologie mit der Rezeption dieser Abschnitte von NA deutlich schwerer tat als mit der Aufnahme von NA 4. Sie ist seit ihren reformatorischen Ursprüngen eher auf die paulinischen Schriften bezogen und hat mit der von dort her entwickelten Unterscheidung von Gesetz und Evangelium eine Leitdifferenz in ihrem Traditionsgepäck, die schon Luther religionskritisch zur Geltung brachte, indem er Juden, Muslime („Türken"), ,Papisten' und Schwärmer als Vertreter der Gesetzesreligion bezeichnete. Diese Leitdifferenz von Gesetzes- und Evangeliumsreligion zieht sich durch die gesamte Geschichte vor allem des lutherischen Protestantismus. In Barths theologischer Religionskritik, in deren systematischem Zentrum die Unterscheidung von Offenbarung und Glaube auf der einen Seite und Religion auf der anderem Seite steht, kehrt sie in transformierter und (von der Soteriologie auf die theologische Erkenntnis) ausgedehnter Gestalt wieder: Offenbarung (wie sie ein für allemal in Christus ergangen ist) geht von Gott aus, Religion (einschließlich der „natürlichen" Gotteserkenntnis) vom Menschen. Es war aber genau diese Theologie, die zur Zeit des Zweiten Vatikanischen Konzils das evangelische Feld weitgehend beherrschte. In ihrem Einflussbereich war eine positive Rezeption von NA 1–3 und 5 kaum möglich. Diese erfolgte denn auch in den zwei bis drei Jahrzehnten nach dem Konzil nur marginal. Erst später, ab den 1990er Jahren und angestoßen durch die römisch-katholische Religionstheologie entspann sich auch auf evangelischer Seite eine nennenswerte religionstheologische Debatte, die dann allerdings schnell Fahrt aufnahm.[31]

Einen Markstein in dieser Debatte bildete die Studie „Religionen, Religiosität und christlicher Glaube".[32] 1984 hatte der Vorstand der Arnoldshainer Konferenz (AKf) und die Kirchenleitung der VELKD eine Arbeitsgruppe eingesetzt, die das Verhältnis des christlichen Glaubens zu den außerchristlichen Religionen theologisch bedenken und dabei ausdrücklich an NA orientiert sein sollte.[33] Gegenüber der autoritativen ex-cathedra-Sprache dieser „Erklärung" wollten die Initiatoren und Autoren der „Studie" ihr Ziel aber „argumentierend zu erreichen suchen"[34].

Die Studie trägt die theologische Handschrift von Carl Heinz Ratschow, dessen Wirksamkeit in die Konzilszeit zurückreicht und den man als Pionier der neuern evangelischen Religionstheologie bezeichnen kann,[35] und von Theo Sunder-

---

31 Zur Entwicklung des Dialog-Gedankens in der ökumenischen Bewegung siehe: P.Fr. Helfenstein, Grundlagen des interreligiösen Dialogs. Theologische Rechtfertigungsversuche in der ökumenischen Bewegung und die Verbindung des trinitarischen Denkens mit dem pluralistischen Ansatz, Frankfurt a. M. 1998, 131–300; G. Rosenstein, Die Stunde des Dialogs. Begegnung der Religionen heute, Hamburg 1991, 44–105; J. Zehner, Der notwendige Dialog. Die Weltreligionen in katholischer und evangelischer Sicht, Gütersloh 1992, 65–112; R. Bernhardt, Ende des Dialogs? Die Begegnung der Religionen und ihre theologische Reflexion, Zürich 2005, 31–79.

32 AKf / VELKD (Hg.), Religionen, Religiosität und christlicher Glaube. Eine Studie, Gütersloh 1991.

33 AKf / VELKD (Hg.), Religionen (s. Anm. 32), 13.

34 Vgl. AKf / VELKD (Hg.), Religionen (s. Anm. 32), 13.

35 Exemplarisch: C. H. Ratschow, Die Religionen, Gütersloh 1979; ders., Art. Theologie der Religionen, in: K. Müller / Th. Sundermeier (Hg.), Lexikon missionstheologischer Grundbegriffe, Berlin

meier, der sich über seine missionstheologischen Arbeiten in das Gebiet der interreligiösen Hermeneutik hinein entwickelt hatte.[36] Schon bald nach dem Konzil
hatten evangelische Kritiker darauf hingewiesen, dass die angestrebte Erhellung
der *Beziehungen* der Kirche zu den Religionen in NA gar nicht oder nur unzurei-
chend vorgenommen worden sei.[37] Auf dieses Defizit reagieren Ratschow und die
Studie der AKf/VELKD.

In der Einleitung der Studie wird der Inhalt von NA knapp referiert. Im Blick
auf Artikel 5, der über die Betrachtung der Religionen hinausgeht und sich gegen
„jede Diskriminierung eines Menschen oder jeden Gewaltakt gegen ihn um seiner
Rasse oder Farbe, seines Standes oder seiner Religion willen, weil dies dem Geist
Christi widerspricht" wendet, heißt es dann lapidar: „Damit endet die Erklärung
in eindrucksvoller Allgemeinheit, die für die Sache freilich wenig hilfreich ist"[38].
Dem Ziel von NA – „Wege für gemeinsames Gespräch, Zusammenarbeit und zumal für Achtung füreinander zu weisen"[39] – fühlen sich allerdings auch die Verfasser der Studie verpflichtet. Sie suchen dieses Ziel aber anders zu erreichen: weniger durch die Benennung von Strahlen der Wahrheit, also von Annäherungen
an die Lehre der Kirche, sondern durch eine aus dem christlich-trinitarischen Gottesverständnis gewonnene dreifache Handlungsbegründung.[40] Ausgangspunkt
ist das dreifaltige Handeln Gottes: sein Welt-Handeln als Schöpfer und Regierer
der Welt, sein Heils-Handeln in der Person Jesu Christi und sein Austeilungs-
Handeln im Heiligen Geist, der die Inhalte des Welt- und Heils-Handelns verge-
genwärtigt. Im Blick auf die Religionen ergibt sich daraus: (1) Auch die Religionen
gehören zum Welthandeln Gottes – wie alle Ereignisse der Natur und der Geschichte. Gott steht am Ursprung und Zielpunkt aller Religionen. Zwischen ihnen soll eine Beziehung der „Konvivenz" (Theo Sundermeier) herrschen, d. h. der
gegenseitigen Hilfeleistung, des wechselseitigen Lernens und des gemeinsamen
Feierns. (2) Die Worthaftigkeit des göttlichen Heils-Handelns in der Person Jesu
Christi erfordert unmittelbar den Dialog, denn das Wort will nicht bei sich blei-

---

1987, 495–505. – Zu Ratschows Religionstheologie vgl. auch W. Steube, Das Christentum und die
anderen Religionen bei Carl Heinz Ratschow. Eine systematisch-theologische Standortbestim-
mung im interreligiösen Umfeld der Gegenwart, Löwen 1998; E. Wohlleben, Die Kirche und die
Religionen. Perspektiven einer ökumenischen Religionstheologie, Göttingen 2004, 222–232.

36 Exemplarisch: Th. Sundermeier (Hg.), Den Fremden wahrnehmen. Bausteine für eine Xenologie,
Gütersloh 1992.

37 Vgl. Lovsky, La déclaration (s. Anm. 2), 155.

38 Lovsky, La déclaration (s. Anm. 2), 14.

39 Lovsky, La déclaration (s. Anm. 2), 14.

40 Vgl. Lovsky, La déclaration (s. Anm. 2), 117–132.

ben; es gilt allen Menschen und setzt sich daher anderen Worten aus. (3) An dieser vom Heiligen Geist ausgerichteten universalen Mission Gottes hat die Kirche als Leib Christi in ihrer Zeugenschaft teilzunehmen.

Die Religionen gehören zum Welt-Handeln Gottes. Damit sind sie positiv gewürdigt. Die Frage aber, ob Gott auch heilsstiftend in ihnen wirkt, bleibt offen. Sie soll auch offen bleiben. Gegen Spekulationen über die Heilsvermittlungsqualität der Religionen geht es der Studie vorrangig um die Begründung einer dialogischen Beziehungsgestaltung. Damit nimmt sie die Zielsetzung von NA auf, gibt aber über NA hinaus an, wie die praktische Erreichung dieses Ziels theologisch begründet werden kann. Während es NA also mehr um die theologische Würdigung der außerchristlichen Religionen geht, steht bei der Studie der AKf und VELKD die Beziehung zu ihnen im Vordergrund.

In einer kurzen Bemerkung zu Horst Bürkles religionstheologischem Ansatz skizziert Ratschow die auch von ihm geteilte Abgrenzung zu NA: Es gehe Bürkle nicht mehr – wie NA – um allgemeine Erwägungen zum gemeinsamen Ursprung und Ziel der Menschheit, sondern um das konkrete Gefordertsein christlichen Theologisierens durch die außerchristlichen Religionen. Die christlichen Grundeinsichten von der Manifestation Gottes in Christus stünden nicht zur Debatte. „Aber die Weise unseres frommen und theologischen Umgehens mit diesem Grundereignis wird von dem indischen oder afrikanischen religiösen Denken in Frage gestellt."[41] Die Aufgabe der Religionstheologie besteht demnach nach Ratschow in der Auseinandersetzung mit dieser Infragestellung. Religionstheologie ist damit im Sinne Tillichs (mit dem sich Ratschow intensiv beschäftigt hat) apologetische, d. h. antwortende Theologie.

Im Folgenden nenne ich noch zwei religionstheologische Konzepte, die im Gefolge von NA unter mehr oder weniger direktem Bezug darauf entstanden sind:

(a) Die so genannte „Pluralistische Religionstheologie" stellt eine Rezeptionsgestalt von NA dar, die über die katholische Diskussion hinaus auch stark auf die evangelische Diskussion ausgestrahlt hat. So verstand etwa der Katholik Paul Knitter, der bei Ratschow über Paul Althaus' Zugang zur Religionstheologie promoviert hatte,[42] seinen Entwurf als kritische Fortführung der religionstheologischen Ansätze von NA.[43] Er plädierte dafür, den christozentrischen Inklusivismus

---

41 Ratschow, Theologie der Religionen (s. Anm. 35), 498 f.

42 Vgl. P. F. Knitter, Towards a Protestant Theology of Religions. A Case Study of Paul Althaus and Contemporary Attitudes, Marburg 1974.

43 Vgl. P.F. Knitter, No other name? A Critical Survey of Christian Attitudes Toward the World Religions, Maryknoll, N.Y. 1985, 123f., 169–231.

des Konzils auf einen polyzentrischen Pluralismus hin zu überschreiten, demzufolge von mehreren gleichrangigen Vermittlungen des göttlichen Seinsgrundes – Christus, der Koran, Buddha usw. – auszugehen wäre. Zusammen mit religionstheologischen „Pluralisten" evangelischer Provenienz (vor allem John Hick) löste dieser Ansatz heftige konfessionsübergreifende Diskussionen aus.

(b) Auch die Vertreter des Konzepts einer „abrahamischen Ökumene" aus Juden, Christen und Muslimen konnten sich auf NA berufen, denn in NA 3 wird Abraham als Bezugsgröße des Islam genannt. Auf katholischer Seite ist hier vor allem Karl-Josef Kuschel zu nennen,[44] auf evangelischer Berthold Klappert,[45] der sich zwar vom Begriff „abrahamische Ökumene", wie auch vom theologischen Ansatz von NA distanzierte, weil er diesen zu sehr der natürlichen Theologie verhaftet sah. Die „ökumenische Theologie des Heiligen Geistes", für die er im Anschluss an Karl Barth plädierte, geht aber in eine ähnliche Richtung wie das Konzept Kuschels: Der ungekündigte Bund Gottes mit Israel erstreckt sich ihm zufolge auch auf Ismael und seine Nachkommen.

Ein Punkt sei noch herausgegriffen, der für den praktischen Umgang mit außerchristlichen Religionen im Allgemeinen, besonders aber für die Beziehung zum Islam bedeutsam ist und zu Diskussionen geführt hat, die bis in die Gegenwart andauern: NA 3 zitiert einen Brief von Papst Gregor VII. an einen muslimischen Herrscher. Darin stellt der Papst fest, Muslime und Christen bezögen sich in ihrem Glaubensbekenntnis und in ihrem Gebet „auf verschiedene Weise (diverso modo)" auf den einen Gott (NA 3, Anm. 5). Diese seither immer wieder und bis in jüngste römisch-katholische Publikationen[46] hinein wiederholte Grundposition erlaubt, zwei konträre Konsequenzen für die Frage nach der Möglichkeit eines gemeinsamen Gebetes von Christen und Muslimen zu ziehen. Unter Hinweis auf die Verschiedenheit des Bezuges auf Gott kann *gegen* diese Möglichkeit votiert werden, unter Hinweis auf die Selbigkeit Gottes *dafür*. Beide Positionen werden sowohl auf evangelischer wie auch auf katholischer Seite vertreten.

---

44 Vgl. K.-J. Kuschel, Streit um Abraham. Was Juden, Christen und Muslime trennt – und was sie eint, München/Zürich 1994; ders., Juden, Christen, Muslime. Herkunft und Zukunft, Düsseldorf 2007, 53ff., 548 ff.; ders. / J. Micksch, Abrahamische Ökumene. Dialog und Kooperation, Frankfurt a. M. 2011, 11–26.

45 Vgl. B. Klappert, Abraham eint und unterscheidet. Begründungen und Perspektiven eines nötigen Trialogs zwischen Juden, Christen und Muslimen (Rhein Reden 1 [1996]), Köln 1996, 21–64.

46 Etwa: A. Renz, Beten wir alle zum gleichen Gott? Wie Juden, Christen und Muslime glauben, München 2011, 182: Christen und Muslime „beziehen sich auf ein und denselben Gott, wenn auch nicht in derselben, völlig identischen Art und Weise".

Hinsichtlich der dieser Auseinandersetzung zugrunde liegenden Frage nach der Selbigkeit Gottes hat das römisch-katholische Lehramt die in NA 3 angelegte Linie weiter ausgezogen. So hatte etwa Papst Johannes Paul II. in seiner Rede anlässlich der Begegnung mit muslimischen Jugendlichen in Casablanca am 19. August 1985 erklärt: „Wir glauben an denselben Gott, den einzigen, den lebendigen, den Gott, der die Welten erschafft und seine Schöpfung zur Vollendung führt"[47]. Auf evangelischer Seite herrscht dagegen eher Skepsis, wie sie sich u. a. in der EKD Handreichung „Klarheit und gute Nachbarschaft" in der Aussage artikuliert hat: „Die Feststellung des „Glaubens an den einen Gott" trägt nicht sehr weit"[48].

Wie im Blick auf die Beziehung zum Judentum so ist auch hinsichtlich der Bestimmung des Verhältnisses zu den anderen Religionen von NA ein Impuls nicht nur für die theologischen Debatten, sondern vor allem für die praktische Dialogarbeit ausgegangen. Schon vor der Promulgation von NA am 28.10.1965 wurde am 19.05.1964 das „Sekretariat für die Nichtchristen" gegründet, das 1988 die Bezeichnung „Päpstlicher Rat für den Interreligiösen Dialog" erhielt.[49] 1971 zog der ÖRK nach und gründete an der Zentralausschusstagung in Addis Abeba die Abteilung „Dialog mit Menschen anderer Religionen und Ideologien". Evangelische Landeskirchen setzen Beauftragte für den interreligiösen Dialog im Allgemeinen und/ oder für die Pflege der Beziehungen zum Islam ein. Kirchengemeinden luden zu interreligiösen Begegnungsveranstaltungen ein. NA war einer der Anstöße, die das Programm „Dialog der Religionen" und seine vielfältigen Realisierungsformen auf den Weg gebracht hatten.

3. Die Beziehung von Israeltheologie und Religionstheologie

Einer der Hauptkritikpunkte, die von evangelischer Seite gegen NA 4 vorgebracht wurden, bezog sich auf die Eingliederung der Stellungnahme zum Judentum in die allgemeine Beziehungsbestimmung zu den außerchristlichen Religionen. „Dahin gehört sie nicht" konstatierte Oscar Cullmann, der als Beobachter am

---

47 Abgedruckt in: CIBEDO e.V. (Hg.), Die offiziellen Dokumente der katholischen Kirche zum Dialog mit dem Islam, Regensburg 2009, Text 2200.

48 EKD (Hg.), Klarheit und gute Nachbarschaft. Christen und Muslime in Deutschland (EKD-Texte 86), Hannover 2006, 18.

49 Zur Entwicklung des von NA angestoßenen interreligiösen Dialogs in der katholischen Kirchen siehe A. Renz, Die katholische Kirche und der interreligiöse Dialog: 50 Jahre „Nostra aetate". Entstehung, Rezeption, Wirkung, Stuttgart 2014.

Konzil teilgenommen hatte, lapidar.[50] Dass auch Karl Barth diese Einordnung kritisiert hatte, weil sie der Sonderstellung der christlich-jüdischen Beziehungen nicht gerecht werde, wurde schon erwähnt. Er wehrt sich damit nicht nur gegen NA, sondern auch gegen die auf Schleiermacher zurückgehende und sich von hier aus durch die evangelische Theologie bis ins 20. Jh. ziehende Gleichstellung des Judentums mit den anderen Religionen.[51]

Fadiey Lovsky bedauert, dass man nicht dem von Johannes XXIII. vorgeschlagenen Weg gefolgt ist und das Dekret über die Juden als eine kurze, selbständige Erklärung promulgiert hat. Die ersten drei Abschnitte von NA hätten dem Dekret über die Missionstätigkeit der Kirche (Ad gentes) zugeordnet werden können und der fünfte Abschnitt der Pastoralkonstitution „über die Kirche in der Welt von heute" (Gaudium et spes). Denkbar wäre für Lovsky auch gewesen, NA 4 in das Dekret über den Ökumenismus aufzunehmen, wie es auf dem Konzil ebenfalls erwogen worden war. Die jetzige Anordnung hebe die Beziehung zum Judentum nicht deutlich genug von der Beziehung zu den Religionen ab.[52] – Andere Kritiker hätten die Abschnitte über die Religionen gerne in LG 16 aufgenommen gesehen, wo sich ja sehr ähnliche Aussagen finden.

Die jetzige Zusammenstellung von NA ist bekanntlich das Resultat eines langwierigen und schwierigen Diskussionsprozesses, in dem es mehr um (kirchen-)politische als um theologische Fragen ging. Die Erklärung war ursprünglich als „Decretum de Judaeis" geplant, doch nach heftigen Auseinandersetzungen um den Entwurf dazu – ausgelöst durch Delegierte der mit Rom unierten Kirchen aus arabischen Ländern, die zionistische Einflüsse witterten, aber auch durch asiatische Bischöfe, die in der angestrebten Zurückweisung des Antisemitismus die Bearbeitung eines europäisches Problems sahen und die Berücksichtigung der asiatischen Religionen forderten – wurde eine allgemeine religionstheologische Erklärung daraus.[53]

---

50 O. Cullmann, Was bedeutet das Zweite Vatikanische Konzil für uns Protestanten?, in: W. Schatz (Hg.), Was bedeutet das Zweite Vatikanische Konzil für uns?, Basel 1966, 31. André Birmelé hat die Wahrnehmung des Konzils durch die evangelischen Beobachter untersucht: Le Concile Vatican II vu par les observateurs des autres traditions chrétiennes, in: J. Doré / A. Melloni (Hg.), Volti di fine concilio (TRSR 27), Bologna 2000, 225–264.

51 Vgl. K. Beckmann, Die fremde Wurzel. Altes Testament und Judentum in der evangelischen Theologie des 19. Jahrhunderts, Göttingen 2002, 31–135.

52 Vgl. Lovsky, La déclaration (s. Anm. 2), 153–163.

53 Siehe dazu J. Oesterreicher, Kommentierende Einleitung zur Erklärung über das Verhältnis der Kirche zu den nichtchristlichen Religionen, in: LThK².E 2 (1967), 406–478; Th. Roddey, Das Verhältnis der Kirche zu den nichtchristlichen Religionen. Die Erklärung „Nostra aetate" des Zwei-

In diesem Diskussionsprozess, seinem Resultat und den davon wiederum aus-
gelösten Diskussionen ging es – theologisch betrachtet – um die Klärung der Beziehung zwischen Israel- und Religionstheologie. Diese Klärung ist bis heute auf
evangelischer Seite nur ansatzweise geleistet. Wie notwendig sie ist, zeigt sich u. a.
immer dann, wenn kirchliche Beauftragte für den christlich-jüdischen Dialog mit
Beauftragten für den christlich-islamischen Dialog zusammentreffen. Die von
den Konzilsvätern aus der Not geborene Lösung, die Israeltheologie unter Würdigung ihrer Besonderheit in den weiten Rahmen einer Religionstheologie zu stellen, verdient auch heute noch und wieder neu Beachtung.[54]

Zusammenfassung

Der Beitrag zeichnet die Rezeptionsgeschichte der Konzilserklärung „Nostra
aetate" in der evangelischen Theologie nach. Im ersten Teil geht es um das Verhältnis der Kirche zum Judentum, das in Artikel 4 der Erklärung behandelt wird
und das schon während des Konzils heftige Debatten auslöste. Im zweiten Teil
steht die Neujustierung der Beziehungsbestimmung zu den anderen Religionen
zur Debatte, von der ein starker Impuls auf die Diskussion um eine „Theologie der
Religionen" ausging. Zum Schluss wird auf die Auseinandersetzungen hingewiesen, die es um die Bestimmung des Verhältnisses zwischen diesen beiden The-
menkreisen gab.

The paper examines how the declaration "Nostra aetate" was received in the sub-
sequent debates in Protestant theology. The first part deals with the relation between the church and Judaism as presented in article 4 of the declaration. Already
during the council, that issue gave rise to controversy. The second part shows how
the newly defined relationship to the other religions stimulated discussions on
"theology of religions." In the final chapter, the dispute about interrelating both
topics – "theology of Israel" and "theology of religions" – is sketched.

---

ten Vatikanischen Konzils und ihre Rezeption durch das kirchliche Lehramt, Paderborn 2005, 33-
38.

54 Siehe dazu meine Überlegungen in: Die Israeltheologie als Wegbereiterin einer Theologie der Religionen, in: Weltkirche und Mission, Bd. 4, Regensburg 2014 (in Vorbereitung).

CILLIERS BREYTENBACH

Das II. Vatikanische Konzil und „evangelische" Exegese des Neuen Testaments

Den katholischen Kollegen und Kolleginnen
in Dankbarkeit zugeeignet

In diesem Aufsatz soll von der Frage ausgegangen werden, ob und wie das II. Vatikanische Konzil und somit die seitherige katholische Bibelwissenschaft die Arbeit evangelischer Exegeten und Exegetinnen beeinflusst hat. Exemplarisch wird der Blick auf die Wissenschaft vom Neuen Testament gerichtet. Obwohl man diese Frage in einer ökumenischen Perspektive an die Neutestamentliche Wissenschaft auf internationalen Ebene stellen könnte, bezieht sich „evangelisch" hier – mit Blick auf den Leserkreis der BThZ und den hier zur Verfügung stehenden Raum – auf die Kollegen und Kolleginnen des deutschsprachigen Raumes, die den jeweiligen Lutherischen Landeskirchen angehören. Wenn ein Hinweis auf die breiteren Kreise der Exegeten und Exegetinnen nötig ist, wird der Begriff „protestantisch" verwendet.

Vorab ist festzuhalten, dass es sich bei der Frage nach der Wirkungsgeschichte des II. Vatikanischen Konzils auf evangelische Exegese um die Frage nach einem Rückkopplungseffekt handelt. Die historisch-kritische Bibelexegese entwickelte sich, sieht man einmal von den anfänglichen, aber wichtigen Impulsen bei Erasmus ab, im protestantischen Raum. Auf den Spuren der englischen Deisten und niederländischen Remonstranten (die auch den Schweizer Johann Jacob Wettstein [1693–1754] aufnahmen) waren es vor allem deutsche evangelische Gelehrte wie Johann Salomo Semler (1725–1971), Johann Philipp Gabler (1753–1826) und Ferdinand Christian Baur (1792–1860), die die Grundlage der „höheren" Kritik legten. Bei aller Konzentration auf den Einfluss der katholischen Bibelwissenschaft auf die evangelische Wissenschaft vom Neuen Testament in diesem Beitrag soll bewusst bleiben, dass das Aufkommen der Exegese im Bereich des deutschsprachigen Katholizismus an erster Stelle damit zusammenhängt, dass die von den Protestanten im Kontext der *universitas litterarum* entwickelte historisch-kritische Methode von der katholischen Bibelwissenschaft übernommen worden ist, um den ursprünglichen Sinn der biblischen Schriften in den Kontexten ihres Entstehens zu erforschen.[1] Die Tür zur Anwendung dieser Methodik wurde erst durch die Enzyklika *Divino afflante spiritu* (1943) von Papst Pius XII. und auf den neuen Wegen der Schriftauslegung geöffnet, die das II. Vatikanische Konzil mit den dogmatischen Konstitutionen *Dei Verbum* (1965) und *Lumen gentium* (1964) ermöglichte.[2] Diese Entscheidungen revidierten die Erlasse der päpstlichen Bibelkommission von 1905 und 1934, die die historisch-kritische Methode ablehnten. Die Bedrängnisse, denen z. B. Anton Vögtle noch bis in die siebziger Jahre ausgesetzt war,[3] machen aber deutlich, dass die katholische Bibelwissenschaft auch nach dem II. Vatikanum nie die Freiheit der evangelischen Exegeten teilte.

Wie behutsam Fritz Tillmann (1874–1953) in Bonn, Friedrich Wilhelm Maier (1883–1957) zunächst in Breslau und dann nach Kriegsende in München, Alfred Wikenhauser (1883–1960) in Freiburg und Max Meinertz (1880–1965) in Münster unter den Bedingungen der Enzyklika *Providentissimus Deus* (1893) von Papst Leo XIII. und nach den Verurteilungen des Modernismus 1907 durch Papst Pius X. versuchten, wissenschaftliche Exegese zu betreiben, hat Ingo Broer einfühlsam beschrieben.[4] Maier beispielsweise bekam keine Druckerlaubnis für seinen Synoptikerkommentar, weil er die Zwei-Quellen-Theorie vertrat. Wie die Enzyklika *Divino afflante spiritu* von Papst Pius XII. zum Neuaufbruch der Exegese des Neuen Testaments führte, kann man an den grundlegenden, auf die Zweiquellentheorie aufbauenden Arbeiten zu den Synoptikern von Josef Schmid (1893–1975), zuerst in Dillingen an der Donau (1931–1951) und dann vor allem als Maiers Nachfolger in München (1951–1959), ablesen.[5] Nicht die Einzelbeiträge katholischer Neutestamentler sollen aber hier skizziert werden,[6] sondern deren Einfluss auf die Exegese des Neuen Testaments im deutschsprachigen evangelischen Bereich.

---

1 Vgl. hierzu F. Hahn, Die Bedeutung der historisch-kritischen Methode für die evangelische und die katholische Exegese. Eine Problemskizze, MThZ 48 (1997), 231–237.

2 Vgl. T. Söding, Aufbruch zu neuen Ufern. Bibel und Bibelwissenschaft in der katholischen Kirche bis zum Zweiten Vatikanischen Konzil und darüber hinaus, in: ders. (Hg.), Geist im Buchstaben? Neue Ansätze in der Exegese (QD 225), Freiburg 2007, 11–34: 18–28.

3 Vgl. L. Oberlinner, Anton Vögtle (1910–1996), in: C. Breytenbach / R. Hoppe (Hg.), Neutestamentliche Wissenschaft nach 1945, Neukirchen 2008, 461–476: 472 f.

4 I. Broer, Gebremste Exegese. Katholische Neutestamentler in der ersten Hälfte des 20. Jahrhunderts, in: Breytenbach/Hoppe, Neutestamentliche Wissenschaft (s. Anm. 3), 59–112.

5 Vgl. W. Pesch, Josef Schmid (1893–1975), in: Breytenbach/Hoppe, Neutestamentliche Wissenschaft (s. Anm. 3), 399–406; P. Hoffmann u. a. (Hg.), Orientierung an Jesus. Zur Theologie der Synoptiker (FS J. Schmid), Freiburg 1973.

6 Vgl. hierzu F. Hahn, Der Beitrag der katholischen Exegese zur neutestamentlichen Forschung, in: ders., Gesammelte Aufsätze, Bd. 1: Exegetische Beiträge zum ökumenischen Gespräch, Göttingen 1986, 336–351.

Es ist allerdings nicht so, dass es dabei um eine Einbahnstraße ginge. So war der Elsässer protestantische Neutestamentler Oscar Cullmann (1902–1999)[7] auf Einladung von Kardinal Bea, dem Vorsitzenden des Sekretariats für die Einheit der Christen, als protestantischer Beobachter während aller vier Sitzungsperioden des II. Vatikanischen Konzils anwesend. Cullmanns heilsgeschichtliche Konzeption, die er in „Christus und die Zeit" (1946) und „Heil als Geschichte" (1964, [2]1967, wurde dem Sekretariat für die Einheit der Christen gewidmet) vorlegte, war sicher leichter mit der heilsgeschichtlichen Ausrichtung von *Dei Verbum* zu vermitteln als mit der damals in Deutschland vorherrschenden Kerygma-Theologie. Mit seinen Büchern „Petrus. Jünger, Apostel, Märtyrer" (1952) und „Die Tradition als exegetisches, historisches und theologisches Problem" (1954) war er ein wichtiger Gesprächspartner der Katholiken. Der Einfluss des II. Vatikanischen Konzils auf ihn zeigt sich nicht zuletzt darin, dass er 1986 im hohen Alter in „Einheit durch Vielfalt" vom Neuen Testament aus einen frühen Aufsatz aufgreift und konkrete Vorschläge für die Verwirklichung kirchlicher Einheit machte.[8]

Aber zurück zu den katholischen Exegeten. Die genannten Veränderungen, die sich im katholischen Bereich unter Pius XII. und Johannes XXIII. anbahnten, schufen den theologischen Kontext, in dem die historisch-kritische Forschung des Neuen Testaments behutsam aufgenommen werden konnte. Es geht hier freilich nicht darum, die bahnbrechenden Arbeiten der ersten Generation der deutschen katholischen Exegese nach dem II. Vatikanum insgesamt zu beschreiben, es können nur einige Schlaglichter geworfen werden.[9] Die Maier-Schüler Rudolf Schnackenburg und Franz Mußner, der Meinertz-Schüler Heinz Schürmann und der Wikenhauser-Schüler Anton Vögtle haben nicht nur das Gesicht der deutschsprachigen katholischen Exegese geändert, sondern auch darauf hingewirkt, dass auf der Grundlage historisch-kritischer Exegese ein Grundkonsens zwischen katholischen und evangelischen Exegeten über alte kontroverse Themen gefunden werden konnte.[10]

---

7 Vgl. K. Froehlich, Oscar Cullmann (1902–1999), in: Breytenbach / Hoppe, Neutestamentliche Wissenschaft (s. Anm. 3), 167–176.

8 Vgl. O. Cullmann, Katholiken und Protestanten. Ein Vorschlag zur Verwirklichung christlicher Solidarität, Basel 1958; ders., Einheit durch Vielfalt, Tübingen 1986. Sein Schüler Lukas Vischer wurde Sekretär der ÖRK-Kommission "Faith and Order".

9 Lediglich zu erwähnen sind die zeitweilig einflussreichen aber inzwischen überholten Beiträge von Josef Blinzler, Der Prozess Jesu. Das jüdische und das römische Gerichtsverfahren gegen Jesus Christus auf Grund der ältesten Zeugnisse dargestellt und beurteilt, Regensburg [4]1969; ders., Johannes und die Synoptiker. Ein Forschungsbericht, Stuttgart 1965. Vgl. R. Hoppe, Josef Blinzler (1910–1970), in: Breytenbach / Hoppe, Neutestamentliche Wissenschaft (s. Anm. 3), 123–135.

10 Vgl. auch F. Hahn, Grundkonsens evangelischer und katholischer Exegeten?, in: G. Maron (Hg.),

Rudolf Schnackenburg (1914-2002),[11] der Doyen der „Würzburger Schule",[12] ist sicher der einflussreichste deutschsprachige katholische Neutestamentler der Nachkriegszeit. Mit seinem Buch „Gottes Herrschaft und Reich" (1959) führte er das Erbe des Johannes Weiss in die Welt der katholischen Exegese ein. Seine präzise am Text orientierte Auslegung der Johannesbriefe (1953) und des Johannesevangeliums (1965-1974) in „Herders Theologischem Kommentar zum Neuen Testament" (HThK) setzt sich mit der Arbeit Rudolf Bultmanns auseinander und geht eigene Wege in fast allen Fragen. Die Kommentare wurden in mehrere Sprachen übersetzt und trugen wesentlich zum neuen internationalen Ansehen der Exegese der deutschsprachigen Katholiken bei. In seiner Überzeugung, dass die ökumenische Verständigung von der Exegese des Neuen Testaments ausgehen soll, folgte Schnackenburg Eduard Schweizers Vorschlag, einen „Evangelisch-Katholischen Kommentar zum Neuen Testament" (EKK) zu gründen. Seit dem Frühjahr 1968 trafen sich die Herausgeber jährlich, um die Kommentargestaltung zu diskutieren. Joachim Gnilka, Schüler von Schnackenburg und selbst EKK-Autor schrieb, „dass kaum eine offenere und intensivere Ökumene vorstellbar ist."[13] Schnackenburg selbst legte in dieser Kommentarreihe *die* Schrift über die Einheit der Kirche, den Epheserbrief (1982), im Gespräch mit Schweizer aus. Durch die Einbeziehung der Wirkungsgeschichte der Texte in das Konzept von EKK nahmen evangelische Exegeten, wie z. B. Ulrich Luz (zu Matthäus) eine wichtige katholische Wissenschaftstradition auf, die bis heute in ökumenisch angelegten Projekten wie „Novum Testamentum Patristicum" (NTP) nachwirkt.

Bei *Franz Mußner* (geb. 1916)[14] denkt man an seine frühe Aufnahme linguistischer Ansätze, die über die Arbeit seiner Schüler zur erheblichen Ergänzung histo-

---

Evangelisch und Ökumenisch. Beiträge zum 100jährigen Bestehen des Evangelischen Bundes, Göttingen 1986, 580-594.

11 Schnackenburgs akademischer Weg führte von Dillingen über Bamberg nach Würzburg, wo er von 1957 bis 1982 lehrte. Vgl. J. Gnilka, Rudolf Schnackenburg (1914-2002), in: Breytenbach / Hoppe, Neutestamentliche Wissenschaft (s. Anm. 3), 407-418.

12 Er war Lehrer zahlreicher namhafter Exegeten, u. a. von Josef Blank, Gerhard Dautzenberg, Joachim Gnilka, Gerhard Lohfink, Helmut Merklein, Karlheinz Müller, Hubert Ritt und Alfons Weiser.

13 Gnilka, Schnackenburg (s. Anm. 11), 410.

14 Mußner lehrte ab 1952 in Trier, ab 1965 in Regensburg. Vgl. F. Mußner, Mein theologischer Weg, in: ders., Jesus von Nazareth im Umfeld Israels und der Urkirche. Gesammelte Aufsätze (WUNT 111), Tübingen 1999, 344-350; Bibliographie Franz Mußner 1952-1980, in: P. G. Müller / W. Stenger (Hg.), Kontinuität und Einheit. Für Franz Mußner, Freiburg 1981, 519-526; Schriftenverzeichnis 1982-2005, in: M. Theobald / R. Hoppe (Hg.), „Für alle Zeiten zur Erinnerung" (Jos 4,7). Beiträge zu einer biblischen Gedächtniskultur, Stuttgart 2006, 369-379.

risch-kritischer Methodik führte.[15] Gerade weil die katholischen Exegeten nicht
so fest in der traditionellen historischen Kritik verankert, aber gut mit der französischen Exegese vernetzt waren, konnten sie Anregungen aus der Sprach- und Literaturwissenschaft früher in ihre Methodentheorie aufnehmen. Mußner wurde
vor allem bekannt durch seinen Kommentar zum Galaterbrief (HThK), seinen
„Traktat über die Juden" (1979) und zahlreiche damit in Zusammenhang stehende
Aufsätze,[16] die auch die evangelischen Exegeten herausforderten, bei der Thematik der Verwurzelung des Christentums im Judentum zu Mußners Thesen Stellung zu nehmen.[17]

Heinz Schürmann (1913–1999),[18] seit 1953 an der Erfurter Hochschule, regte ein
konfessionsübergreifendes Treffen der Neutestamentler in der DDR an. Schürmann übernimmt die traditionell protestantische Traditions- und Redaktionskri-
tik. Mit seinen eigenen Studien zu den Vorformen des Lukasevangeliums (vgl. seinen Teilband zum Lukasevangelium in HThK), übte er international Einfluss auf
die Forschung zum Werden der Reden-Quelle Q aus. Er zeigte unter anderem auf,
dass die Ursprünge der Logienüberlieferung in die vorösterliche Zeit Jesu und seiner Jünger zurückgeht und dass die Menschensohnworte erst spät in den Überlie-
ferungsprozess hineingenommen wurden, der der Reden-Quelle voranging.[19]
Seine zahlreichen Studien zum Todesverständnis Jesu gaben sich nicht mit der
Bultmann'schen Position zufrieden, dass Jesus von seinem Tod überrascht wurde.
Schürmann versucht vielmehr vorsichtig abwägend, Aspekte des Lebens Jesu sowie dessen Abschiedsmahl und ureigenes Todesverständnis vor dem Hintergrund
seiner Basileiaverkündigung verständlich zu machen.[20] Gerade in der Frage um

---

15 U. a. Werner Stenger, Franz Schnider und Michael Theobald. Vgl. aber auch die Arbeiten der
   Gnilka-Schüler Hubert Frankemölle, Detlev Dormeyer und Hans-Josef Klauck sowie die der
   Zimmermann-Schüler Josef Zmijewski und Klaus Kliesch.
16 Vgl. F. Mußner, Traktat über die Juden, München 1979 (Göttingen ²2009); ders., Die Kraft der
   Wurzel. Judentum – Jesus – Kirche, Freiburg ²1989; ders., Dieses Geschlecht wird nicht vergehen.
   Judentum und Kirche, Freiburg 1991.
17 Vgl. F. Hahn, Die Verwurzelung des Christentums im Judentum. Exegetische Beiträge zum
   christlich-jüdischen Gespräch, Neukirchen-Vluyn 1996; J. Roloff, Ein weiterer Schritt auf einem
   schwierigen Weg. Die Studie „Christen und Juden II" der EKD, in: W. Kraus (Hg.), Christen und
   Juden. Perspektiven einer Annäherung, Gütersloh 1997, 7–20.
18 Schürmann lehrte von 1953 bis zur Emeritierung 1978 in Erfurt in der DDR. Vgl. C. P. März,
   Heinz Schürmann (1913–1999), in: Breytenbach / Hoppe, Neutestamentliche Wissenschaft (s.
   Anm. 3), 417–426.
19 Vgl. die gesammelten Beiträge Schürmanns in Jesus – Gestalt und Geheimnis, hg. von K. Scholtissek, Paderborn 1994.
20 Vgl. Schürmann, Jesus (s. Anm. 19).

den positiven Zusammenhang zwischen dem Tod Jesu und seiner Botschaft wirken die Ansätze Schürmanns bis heute in der innerdeutschen exegetischen Diskussion nach.

Anton Vögtles (1910–1996)[21] preisgekrönte religions- und formgeschichtliche Dissertation über die „Tugend- und Lasterkataloge im Neuen Testament" (1936) ist bis heute ein Standardwerk.[22] Beachtlich bleiben seine Versuche, der katholischen Theologie die Grunderkenntnis evangelischer Exegese zu vermitteln, dass der Christusglaube nicht auf Jesus selbst zurückzuführen sei, sondern mit der Erfahrung der Osterzeugen entsteht. In seinen Ausführungen zur Deutung der Einsetzungsworte beim letzten Mahl vor dem Hintergrund von Jesu Verkündigung macht er kritisch – auch gegen Schürmann – auf den Widerspruch zwischen Jesu Verkündigung, der Rettung durch Gott und einer Selbstthematisierung seines Todes als heilseffizient aufmerksam.[23] Dieser Widerspruch beschäftigt evangelische und katholische Exegeten bis in die Gegenwart. Mehr als irgendein anderer seiner Generation hat Vögtle durch seine kritische Aufnahme ungelöster Probleme der evangelischen Exegese den Raum für die historisch-kritische Untersuchung im katholischen Bereich erweitert und mitgewirkt, ein größeres Problembewusstsein z. B. bei der Erörterung von „Todesankündigung und Todesverständnis Jesu" herbeizuführen.[24]

Seit dem II. Vatikanischen Konzil pflegten nicht nur deutschsprachige evangelische und katholische Exegeten auf regionalen Tagungen und in ökumenischen Arbeitsgruppen regen Austausch. Die evangelische Exegese, um die es hier gehen soll, war auf internationalen Fachtagungen wie denen der *Studiorum Novi Testamenti Societas* (SNTS) auch dem Einfluss vieler prominenter katholischer Fachkollegen aus der Schweiz, Belgien, Frankreich, Italien, Spanien und aus den Vereinig-

---

21 Vögtle kam 1951 als Professor von Trier nach Freiburg, wo er 1979 emeritiert wurde. Vgl. Oberlinner, Vögtle (s. Anm. 3).

22 Die Thesen seiner Habilitationsschrift über den Menschensohn (1949) wurden zwar von ihm selbst in seiner letzten Darstellung „Die ‚Gretchenfrage' des Menschensohnproblems. Bilanz und Perspektiven" (1994) gründlich revidiert, sind aber stets durch die Vernachlässigung der aramäischen Herkunft der Bezeichnung und von der Annahme eines außerchristlichen Menschensohntitels belastet.

23 Vgl. A. Vögtle, Neutestamentliche Wissenschaft – Gegenwärtige Tendenzen und Probleme aus römisch-katholischer Sicht, in: O. Merk (Hg.), Schriftauslegung als theologische Aufklärung. Aspekte gegenwärtiger Fragestellungen in der neutestamentlichen Wissenschaft, Gütersloh 1984, 52–74: 62–69.

24 Zu den Schülern Vögtles zählen u. a. Ingo Broer, Peter Fiedler, Hildegard Gollinger, Rudolf Hoppe, Ingrid Maisch, Johannes Nützel, Rudolf Pesch, Lorenz Oberlinner und Dieter Zeller.

ten Staaten ausgesetzt. Nicht nur durch internationalen Publikation von Fachzeitschriften (z. B. CBQ, BZ NF), Monographie- (z. B. FzB, NTA, HBS) und Kommentarreihen (z. B. HThK, RNT), sondern auch durch persönliche Begegnungen wurde die traditionelle konfessionelle Isolation völlig aufgehoben. Die gemeinsame Orientierung am Text bildet den Maßstab in der Diskussion der Differenzen, und die konfessionelle Zugehörigkeit spielt dabei keine bedeutende Rolle. International gibt es keine spezifische evangelische oder katholische Exegese und lediglich, wenn Tagungen zu ökumenischen Themen unter Einschluss der Bibelwissenschaften durchgeführt werden, achtet man auf Beteiligung beider Konfessionen,[25] sonst wird nach Fachkompetenz eingeladen.

Wie sehr die Konfessionen in der Exegese aufeinander zugehen, zeigt sich an den Präsidentschaften der wichtigsten europäischen Exegeten-Treffen. 1962 wurde der französische Dominikaner Pierre Benoit O.P. von der „École Biblique et Archéologique Française de Jérusalem" der erste katholische Präsident der 1938 in Birmingham von Protestanten gegründeten SNTS. Es folgten ihm zahlreiche Katholiken.[26] Diese Präsidentschaften zeigen, dass die Frage der konfessionellen Zugehörigkeit keine Rolle bei der Vergabe des höchsten Amts im Fach spielt. Dass diese Kollegen gefragt wurden, hing mit dem Einfluss zusammen, der von ihnen auf die gesamte internationale Bibelwissenschaft ausgegangen war. Wie von Rudolf Schnackenburg (s. o.) gingen auch von Raymond Brown (1928–1998) große Impulse in der internationalen Johannesforschung und zusätzlich in der Diskussion um die historische Verwertbarkeit der Kindheits- und Passionserzählungen der Großevangelien aus.[27] Joseph Fitzmyer (geb. 1920) setzte Maßstäbe in der Ausle-

---

25 Vgl. M. Ebner (Hg.), Herrenmahl und Gruppenidentität (QD 221), Freiburg 2007; S. Peng-Keller / I. U. Dalferth (Hg.), Gottvertrauen. Die ökumenische Diskussion um die fiducia (QD 250), Freiburg 2012.

26 Rudolf Schnackenburg (1966), der Belgier Béda Rigaux O.F.M. (1974), der Franzose Xavier Léon-Dufour S.J. (1980), der Belgier Jacques Dupont O.S.B. (1984), der Amerikaner Raymond E. Brown S.S. (1986), der Belgier Frans Neirynck (1989), der Amerikaner Joseph A. Fitzmyer S.J. (1992), der Franzose Albert Vanhoye S.J. (1995), der Deutsche Hans-Josef Klauck O.F.M. (2005), der Ire Sean Freyne (2006), die Amerikanerin Adela Yarbro Collins (2010) und der Katalane Armand Puig i Tàrrech (2011). An dieser Liste von 13 Namen sind die Zahlen der Ordensbrüder (7), die der Jesuiten (3), und die der Belgier (3) bemerkenswert.

27 R. E. Brown, The Gospel according to John (AncB), 2 Bde., New York 1966–1970; ders., The Community of the Beloved Disciple, New York 1979; ders., Death of the Messiah. From Gethsemane to the Grave. A Commentary on the Passion Narratives in the Four Gospels, New York 1994; ders., The Birth of the Messiah. A Commentary on the Infancy Narratives in Matthew and Luke, New York 1998.

gung des lukanischen Doppelwerks und in der Auswertung der Qumran- und anderer aramäischer Schriften für die Interpretation des Neuen Testaments, insbesondere für die Diskussion um die Ursprünge der Christologie. Als Mitglied der Päpstlichen Bibelkommission wirkte er nicht nur maßgeblich an die für die Entwicklung der Exegese wichtigen Dokumente *De historica evangeliorum veritate* (1964) und *De sacra scriptura et christologia* (1984) mit, sondern vermittelte ihre Bedeutung für die katholische Exegese auch durch seine Kommentare.[28] Frans Neiryncks (1927–2012) Beiträge zur Erforschung der Logienquelle, seine peniblen stilistischen Untersuchungen zum Markusevangelium, sein unermüdliches Eintreten für die Zwei-Quellen-Theorie und für die Abhängigkeit des Johannesevangeliums von der synoptischen Tradition wurden stark rezipiert,[29] so dass viel Einfluss vom katholischen Löwen in Belgien ausgegangen ist, auch auf die evangelische Exegese. Was den europäischen Kontext betrifft, war die Wirkungsgeschichte der katholischen Exegese aus Löwen bis in die evangelische Theologie hinein sicher wirksamer als die aus den römischen Institutionen.

Seit 1949 trifft sich das *Colloquium Biblicum Lovaniense* (CBL) jährlich an der Katholieke Universiteit Leuven, seit 1955 jedes zweite Jahr, zu einem neutestamentlichen Thema. Im Zuge des II. Vatikanischen Konzils öffnete sich Löwen für den Protestantismus. Der erste protestantische Präsident wurde 1969 Willem C. van Unnik aus dem benachbarten Utrecht in den Niederlanden, gefolgt vom Leidener Marinus de Jonge (1975). Schon sehr früh wurden auch niederländische Calvinisten, deutsche Evangelische und amerikanische Protestanten als Hauptreferenten zum Colloquium nach Leuven eingeladen. Seit den neunziger Jahren, noch unter der Ägide von Frans Neirynck und dann vor allem von Joseph Verheyden, bittet man ganz bewusst auch protestantische Exegeten als Präsidenten, um die Colloquien mitzugestalten, zu leiten und so den internationalen Diskurs mitzubestimmen.[30] Mit dem CBL bietet die katholische Exegese in Löwen eine Gelegen-

---

28 J. A. Fitzmyer, The Gospel according to Luke (AncB), 2 Bde., New York 1981–1986; ders., A Wandering Aramean. Collected Aramaic Essays, Missoula 1979; ders., Die Wahrheit der Evangelien. Die „Instructio de historica Evangeliorum veritate" der Päpstlichen Bibelkommission vom 21. April 1964: Einführung, Kommentar, Text, Übersetzung und Bibliographie (SBS 1), Stuttgart ³1966; P.-G. Müller (Hg.), Bibel und Christologie. Ein Dokument der Päpstlichen Bibelkommission in Französisch und Latein mit deutscher Übers. und Hinführung von Paul-Gerhard Müller, einem Kommentar von Joseph A. Fitzmyer und einem Geleitwort von Kardinal Joseph Ratzinger, Stuttgart 1987.

29 Vgl. G. van Belle, In memoriam Frans Neirynck (1927–2012), EThL 89 (1913), 116–157.

30 Der Brite Christopher Tuckett (1996), der Leidener Protestant Henk-Jan de Jonge (2001), die deut-

heit, führende internationale Forscher zu einem bestimmten Thema oder einer Schriftgruppe zusammenzubringen. Die Tagungsbände enthalten normalerweise gut dokumentiere Forschungsberichte, die den Forschungsstand zeigen, den *status quaestionis* formulieren und unter Beteiligung der Kollegen aus der KU Leuven und der UCL (Louvain-La-Neuve) oftmals Forschungstrends der nächsten Jahre vorausgreifen.[31]

Der Benediktiner Jacques Dupont war eine der tragenden Säulen nicht nur der internationalen Actaforschung, sondern auch des Colloquiums in Löwen. Die Initiative zur Gründung eines internationalen und ökumenischen Colloquiums zum Apostel Paulus, zu dessen Leben, Schriften und Evangelium ging von ihm, damals Professor am Pontificio Ateneo Sant'Anselmo in Rom, aus.[32] Aus katholischer Initiative entstand damit unter Einbeziehung evangelischer und orthodoxer Fachkollegen das *Colloquium Oecumenicum Paulinum* als ökumenische Gemeinschaft zum Studium und zur Weitergabe des apostolischen Vermächtnisses des Paulus. Als 1968 zum ersten Colloquium 26 Neutestamentler aus mehreren europäischen Ländern und aus allen großen Kirchen in der Abtei „Sankt Paul vor den Mauern" in Rom zusammenkamen, amtierte mit Eduard Schweizer aus Zürich bezeichnenderweise ein protestantischer Neutestamentler als Präsident.

Seit 1968 fanden 21 Tagungen des Colloquiums in Rom statt. Es liegen gemeinsam diskutierte exegetische Untersuchungen zu allen paulinischen Briefen von führenden Paulusexegeten vor.[33] Jeder, der einen der 26 Plätze am Tisch auf Einladung des Abtes einnehmen durfte, ist sich bewusst, wie viel hier voneinander und miteinander zu lernen ist. So versteht man, dass der Bonner evangelische Neutestamentler Michael Wolter seinen „Grundriss der Theologie des Paulus" (2011) dankend der Abtei widmete. Aber das Colloquium hat noch mehr geleistet. Die Einladung der orthodoxen Exegeten, zuerst aus Griechenland und nach 1989

---

schen evangelischen Exegeten Andreas Lindemann (2000), Udo Schnelle (2007), Jens Schröter (2011) und Cilliers Breytenbach (2013).

31 Vgl. die Auflistung bei J. Verheyden (Hg.), Colloquium Biblicum Lovaniense. Journées Bibliques de Louvain. Bijbelse Studiedagen te Leuven. 1.–60. 1949–2011, Leuven 2012.

32 Zur Zeit des 2. Vatikanischen Konzils initiierten er und sein Ordensbruder Giovanni Battista Franzoni, Abt der Benediktinerabtei „Sankt Paul vor den Mauern" (Rom), den *Studiorum Paulinorum Congressus Internationalis Catholicus*, der 1961 am Päpstlichen Bibelinstitut in Rom stattfand und als Vorläufer des *Colloquium Oecumenicum Paulinum* zu gelten hat.

33 Die Vorträge der Colloquia wurden publiziert in AnBib 42 (1.) und in der Serie Monografica di „Benedictina". Sezione biblico-ecumenica (2.–17.). Seit dem 18. Colloquium erscheinen die Tagungsbände bei Peeters in Leuven.

auch aus Russland und Rumänien nach Rom,[34] wurde für die Exegeten dieser Tradition ein wichtiger Weg zur Integration in die ökumenische, historisch-kritisch arbeitende exegetische Gemeinschaft.

Exemplifizieren wir die Wirkungsgeschichte der deutschsprachigen katholischen Exegese bis in den evangelischen Bereich hinein, empfiehlt es sich, die evangelischen Kollegen zu wählen, die das Fach um größere, zusammenfassende Darstellungen des Neuen Testamentes bereichert haben.[35] Die frühen Arbeiten *Eduard Schweizers* (1913–2006)[36] machen deutlich, warum man ihn, einen Reformierten, über die erste Sitzung des *Colloquium Oecumenicum Paulinum* präsidieren ließ. Als praktizierender Ökumeniker bereiste er nicht nur immer wieder fast die gesamte christliche Welt, er ging zudem in vielen kontroverstheologischen Debatten zwischen evangelischen und katholischen Exegeten voran. Bereits vor dem II. Vatikanischen Konzil, von seinen frühesten Arbeiten an, hatte er die gesamte Kirche im Blick, schrieb er doch Kurzmonographien zur „Gemeinde nach dem Neuen Testament" (1949) und zu „Geist und Gemeinde im Neuen Testament und heute" (1952), bevor er seine bedeutenden Bücher „Gemeinde und Gemeindeordnung im Neuen Testament" (1959) und „The Church as the Body of Christ" (1964) und die Aufsätze über „Das Urchristentum als ökumenische Gemeinschaft"[37] und „Einheit und Verschiedenheit in der neutestamentlichen Lehre von der Kirche"[38] veröffentlichte. In seiner späteren Veröffentlichungen zur Kirche, zum Gottesdienst im Urchristentum, zum Abendmahlsverständnis, zur ökumenischen Bedeutung des Bekenntnisses zum Gottessohn gibt er dem ökumenischen Diskurs wichtige Anregungen.[39] Mit Rudolf Schnackenburg setzte er ein

---

34 Sabbas Agouridis, Georgios Galitis, Johannes Karavidopoulos und Christos Karakolis (Griechisch-Orthodox), Jannuary Ivliev (Russisch-Orthodox) und Vasile Mihoc (Rumänisch-Orthodox).

35 Es kann nur eine Auswahl gegeben werden. Wenigstens kurz sei angemerkt, dass Georg Strecker (1929–1994) Theologie als Wissenschaft für die Kirche verstand und die Ökumene immer im Blick hatte.

36 Vgl. U. Luz, Eduard Schweizer (1913–2006), in: Breytenbach / Hoppe, Neutestamentliche Wissenschaft (s. Anm. 3), 427–446.

37 E. Schweizer, Das Urchristentum als ökumenische Gemeinschaft, EvTh 10 (1950/51), 273–288.

38 E. Schweizer, Einheit und Verschiedenheit in der neutestamentlichen Lehre von der Kirche, ÖR 6 (1957), 60–72.

39 Vgl. E. Schweizer, Beiträge zur Theologie des Neuen Testaments, Zürich 1970; darin die Aufsätze: Ökumene im Neuen Testament. Der Glaube an den Sohn Gottes (97–111); Die Kirche (237–247); Gottesdienst im Neuen Testament und Kirchenbau heute (249–261). Siehe die Bibliographie Schweizers in: U. Luz / H. Weder (Hg.), Die Mitte des Neuen Testaments. Einheit und Vielfalt neutestamentlicher Theologie. Festschrift für Eduard Schweizer zum 70. Geburtstag, Göttingen 1983, 427–437.

ökumenisches Vorhaben in die Praxis um, indem sie gemeinsam die ersten Bände des bereits erwähnten „Evangelisch-Katholischen Kommentars zum Neuen Testament" herausgaben und sich, wie bei der Reihe üblich, gegenseitig austauschten über ihre Auslegungen der für das Kirchenverständnis so wichtigen Briefe an die Kolosser (Schweizer, 1976) und an die Epheser (Schnackenburg, 1982). Die von ihnen gemeinsam auf den Weg gebrachte Reihe ist ein gediegenes Ergebnis evangelisch-katholischer Zusammenarbeit, die es ohne das II. Vatikanum so nicht gegeben hätte. Mit der Aufnahme der Wirkungsgeschichte in die Auslegung, machen sich die evangelischen Exegeten eine katholische Tradition zu eigen und schärften sich so den Blick für die Auslegungsprobleme.

Der evangelische Theologe *Ferdinand Hahn* (geb. 1926) hat nicht nur 1979 mit Rudolf Schnackenburg und Karl Kertelge zusammen eine neutestamentliche Grundlegung zur „Einheit der Kirche" abgefasst, sondern in zahlreichen Arbeiten alte konfessionelle Streitfragen aufgegriffen und im Gespräch mit Schnackenburg, Schürmann und Vögtle neu formuliert. Hahn stellte schon Mitte der achtziger Jahre als Grundkonsens fest:[40] Die Schrift selbst ist Niederschlag urchristlicher Tradition; Jesu ureigenes Todesverständnis und die Abendmahlsüberlieferung lassen sich nicht im Rahmen einer Opfervorstellung beschreiben; über die Herkunft und Bedeutung der paulinischen Rechtfertigungslehre sowie das Verhältnis von Glaube und Werken gibt es zwischen den evangelischen und katholischen Exegeten große Übereinstimmung. Selbst im Verständnis der Kirche und bei der Rolle des Petrus und der Entwicklung der Ämter bestehen nach Hahn keine wirklichen Kontroversen über den Ursprungssinn,[41] sondern lediglich über die Richtung, in der die einschlägigen Texte, wie die Petrusverheißung Mt 16,18 f., als normativ angesehen werden dürfen. Er verzichtet in der Beschreibung der Geschichte des Urchristentums auf die alte polemische Kategorie des „Frühkatholizismus". Man kann in der Tat sagen, dass die Themen des ökumenischen Gespräches der siebziger und achtziger Jahre das damalige Lehr-, Forschungs- und Publikationsprogramm von Hahn mitbestimmten. Er war einer der Initiatoren des ökumenischen Rhein-Main-Exegeten-Treffens und von evangelischer Seite wirkte er an der Einheitsübersetzung mit. Der erste Band seiner gesammelten Aufsätze erschien dann auch 1986 unter dem Titel „Exegetische Beiträge zum ökumenischen Gespräch." Hahn war mehrmals Referent auf der Jahrestagung der deutschsprachi-

---

40 Vgl. Hahn, Grundkonsens (s. Anm. 10).
41 Vgl. hier zuletzt T. Schmeller / M. Ebner / R. Hoppe (Hg.), Neutestamentliche Ämtermodelle im Kontext (QD 239), Freiburg 2010.

gen katholischen Neutestamentler und arbeitete intensiv mit im Arbeitskreis evangelischer und katholischer Theologen. Viele seiner Beiträge gehen auf Vorträge zurück, die er auf Einladung vor katholischen Zuhörern und in ökumenischen Arbeitskreisen gehalten hat[42], und der zweite Band seiner Theologie des Neuen Testaments knüpft bewusst an die katholische Tradition an.

Jürgen Roloff (1930–2004) zeigt schon in seiner Dissertation „Apostolat – Verkündigung – Kirche" (1965) sein Interesse an der urchristlichen Kirche und den Ursprüngen des Apostelamts. Bis zu seinem Lebensende haben die neutestamentliche Ekklesiologie und die Ämterfrage ihn begleitet. Er verstand Schriftauslegung als theologische Aufgabe, als „Exegetische Verantwortung in der Kirche" (1990). Er korrigierte z. B. in seiner Auslegung des 1. Timotheusbriefs (1988) die anti-ökumenische These der deutschen evangelischen Theologie, dass die Pastoralbriefe einen „frühkatholischen" Abfall von den urchristlichen Anfängen dokumentieren würden. Er stellt die Ämterausbildung als notwendigen Prozess der sich entwickelnden Kirche dar. Seine große Monographie „Die Kirche im Neuen Testament" (1993) fasste verschiedene kleinere Arbeiten zum Thema zusammen. Bis heute ist dieses umfassende Buch das Standardwerk und die Grundlage eines an den Ursprüngen des Christentums orientierten Kirchenverständnisses. Wegen seines Interesses am frühen Verständnis der Kirche und ihrer Ämter wurde Roloff zum Experten der VELKD und des Lutherischen Weltbundes, dokumentiert in seinen Veröffentlichungen zu den Konvergenzerklärungen „Taufe, Eucharistie und Amt" der Kommission für Glauben und Kirchenverfassung der ÖRK (1990), über „Die ökumenische Diskussion um das Amt im Licht des Neuen Testaments" (1980), „Das Amt und die Ämter", „Ordiniertes Amt und Communio" (1999) und „Kirchenleitung nach dem Neuen Testament" (1996).[43]

Auch wenn der mit dem II. Vatikanischen Konzil einsetzende Aufbruch nicht das Lebenswerk aller evangelischen Exegeten des Neuen Testaments so beeinflusst hat wie im Falle von Hahn, Roloff und Schweizer, sind doch wichtige Impulse von katholischen Exegeten ausgegangen, die bis heute die tägliche Arbeit bestimmen. Wohlwissend, dass viel mehr zu sagen ist, sollen ein paar Tendenzen zur Illustration genügen.

---

42 Vgl. sonst zu Ekklesiologie, Amtsverständnis und Ethik, F. Hahn, Studien zum Neuen Testament, Bd. 2 (WUNT 192), Tübingen 2006, 425–531; und seine Gesamtbibliographie, ebd., 683–713.

43 Vgl. J. Roloff, Exegetische Verantwortung in der Kirche. Aufsätze, hg. von M. Karrer, Göttingen 1990, mit Bibliographie, ebd., 380–387; und die Festschrift für Roloff: M. Karrer / W. Kraus / O. Merk (Hg.), Kirche und Volk Gottes, Neukirchen-Vluyn 2000, mit Fortsetzung der Bibliographie, 328–334. Roloff verfasste auch die einschlägigen Artikel in der TRE zu „Amt" (Bd. 2, 509–533) und „Apostolat" (Bd. 3, 431–445).

Die minutiös ausgearbeiteten lexikologischen Beiträge von Ceslas Spicq (1901–1993) haben das große Werk von Walter Bauer erheblich ergänzt und stehen jedem griffbereit, dem die Bedeutung der Wörter im Text wichtig ist.[44] In der neutestamentlichen Methodenlehre gehen die katholischen Kollegen voran. Man kann sogar argumentieren, dass die Teildisziplin „Neutestamentliche Methodenlehre" von den deutschen Katholiken geschaffen worden ist, um das anfängliche Defizit an Methodentheorie aufzuwiegen.[45] Es gelingt ihnen schneller als den evangelischen Kollegen, Anregungen der Sprach- und Literaturwissenschaft aufzunehmen.[46] Von katholischen Kollegen gibt es mittlerweile Einleitungen zum Neuen Testament[47] und Theologien der neutestamentlichen Schriften,[48] die auch unter Studierenden der evangelischen Theologie als Lehrbücher beliebt sind. Paul Hoffmann (geb. 1933) hat im Rahmen seiner Vorbereitung eines Kommentars zur Reden-Quelle Q kritisch die deutschsprachige Forschung mit dem internationalen Q-Project verknüpft.[49] Kundig hat Max Küchler (geb. 1944) die jüdische Weisheitsliteratur, die Quellen aus der judäischen Wüste und die Archäologie Jerusalems der deutschsprachigen neutestamentlichen Wissenschaft zugänglich gemacht und damit in der Tradition der École Biblique einer alten Forschungsrichtung in der deutschen Exegese neuen Auftrieb verliehen.[50] Albert-Marie Denis O.P. aus

---

44 C. Spicq, Notes de lexicographie néo-testamentaire, Fribourg 1966; ders., Lexique théologique du Nouveau Testament, Fribourg 1991 (= Theological Lexicon of the New Testament, 3 Bde., Peabody 1994).

45 Im evangelischen Raum war die Methodenlehre von der Reformation (Matthias Flacius) über Friedrich Schleiermacher, Georg F. Heinrici, Fredrik Torm bis Rudolf Bultmann Teil der Hermeneutik.

46 Vgl. hierzu W. Egger, Methodenlehre zum Neuen Testament. Biblische Texte selbständig auslegen, Freiburg 1987 (Neubearbeitung durch P. Wick, Freiburg 2011); M. Ebner / B. Heininger, Exegese des Neuen Testaments. Ein Arbeitsbuch für Lehre und Praxis, Paderborn 2005.

47 Vgl. I. Broer, Einleitung in das Neue Testament, Würzburg ²2006; M. Ebner / S. Schreiber (Hg.), Einleitung in das Neue Testament, Stuttgart 2008.

48 Vgl. A. Weiser, Theologie des Neuen Testaments, Bd. 2: Theologie der Evangelien, Stuttgart 1993.

49 Vgl. die positive Aufnahme bei J. Schröter, Erinnerung an Jesu Worte. Studien zur Rezeption der Logienüberlieferung in Markus, Q und Thomas (WMANT 76), Neukirchen-Vluyn 1997.

50 Vgl. M. Küchler, Frühjüdische Weisheitstraditionen. Zum Fortgang weisheitlichen Denkens im Bereich des frühjüdischen Jahweglaubens (OBO 26), Fribourg/Göttingen 1979; ders., Schweigen, Schmuck und Schleier. Drei neutestamentliche Vorschriften zur Verdrängung der Frauen auf dem Hintergrund einer frauenfeindlichen Exegese des Alten Testaments im antiken Judentum (NTOA 1), Fribourg/Göttingen 1986, in der von ihm initiierten Reihe Novum Testamentum et Orbis Antiquus, die an die Forschungstradition von A. Deissmann sowie V. Schulze und G. Dalman anknüpft. Siehe auch ders., Jerusalem. Texte, Bilder, Steine. Ein Handbuch und Studienführer zur Heiligen Stadt, Göttingen 2007.

Louvain hat mit der Edition eines Teiles der Pseudepigraphen des Alten Testaments in der Reihe SVTP, die er mit Marinus de Jonge aus Leiden initiierte, einer Einführung und zwei großartigen Konkordanzen vielen evangelischen Exegeten den Zugang zu diesen Texte erleichtert.[51] Das deutsche Projekt LXX.D unter der Leitung der evangelischen Neutestamentler Martin Karrer und Wolfgang Kraus wurde u. a. angeregt durch die Arbeit des Löwener „Centre for Septuagint Studies and Textual Criticism"[52] und „La Bible d'Alexandrie", einem Projekt, das auf die Anregung von Dominique Barthélemy zurückgeht.[53] Schon als Assistenten von Joachim Gnilka in München haben Hans-Josef Klauck und Thomas Schmeller Verbindung mit dem Yale-Kreis um Abraham J. Malherbe gepflegt und so etliche Forschungsthemen von dort zurück in die deutsche Exegese hinein vermittelt.[54] Mit seiner Habilitationsschrift in der Judaistik, „Das Judentum in der religionsgeschichtlichen Arbeit am Neuen Testament" (1983), deckte der Schnackenburg-Schüler Karlheinz Müller (geb. 1936) den generellen Anti-Judaismus der deutschen evangelischen Forschung des ausgehenden 19. Jahrhunderts auf. In verschiedenen Veröffentlichungen wirkte er darauf hin, dass es zu einer methodisch klarer datierbaren und präziseren Auswertung rabbinischer Quellen kommt.[55] Insgesamt bereichern katholische Kollegen die Diskussion um die Bedeutung des Gesetzes im Urchristentum, weil sie nicht in der Diastase Gesetz vs. Evangelium verharren.[56]

---

51 A.-M. Denis, Introduction à la littérature religieuse judéo-hellénistique (Pseudépigraphes de l'Ancien Testament), Turnhout 2000; ders., Concordance grecque des pseudépigraphes d'Ancien Testament, Turnhout 1987; ders., Concordance latine des pseudépigraphes d'Ancien Testament, Turnhout 1993.

52 Vgl. http://theo.kuleuven.be/en/research/centres/centr_sept/

53 Vgl. http://septante.editionsducerf.fr/

54 Klauck griff schon in seinem Habilitationsvortrag die Arbeit von D. Balch zu den Hausgemeinden auf. Zu dieser Zeit promovierte Schmeller über die Diatribe, wie schon S. Stowers vor ihm. Klauck vermittelte die von Malherbe initiierte neuere Brieforschung in den deutschen Sprachraum. Dass es sich bei den Forschungsschwerpunkten der Yale School um Themen handelt, die ihren Ursprung in der deutschen evangelischen Exegese bei Heinrici, Deissmann und Dibelius haben, habe ich anderswo nachgezeichnet; vgl. C. Breytenbach, Crossing Boundaries in New Testament Studies. Abraham J. Malherbe and European Scholarship, ResQ 56,3 (2014), 193–200.

55 Vgl. K. Müller, Studien zur frühjüdischen Apokalyptik (SBAB 11), Stuttgart 1991; Bibliographie in M. Ebner / B. Heininger (Hg.), Paradigmen auf dem Prüfstand. Exegese wider den Strich. Festschrift für Karlheinz Müller zu seiner Emeritierung, Münster 2004.

56 Vgl. neben zahlreichen Beiträgen von K. Müller (s. Anm. 55) auch – schon lange vor E. P. Sanders! – das Buch von M. Limbeck, Die Ordnung des Heils. Untersuchungen zum Gesetzesverständnis des Frühjudentums, Regensburg 1971, und dann I. Broer (Hg.), Jesus und das jüdische Gesetz, Stuttgart 1992.

Der Aufbruch nach dem II. Vatikanum erlaubte es, die historisch-kritische Methodik der evangelischen Exegese in die katholische neutestamentliche Wissenschaft zu integrieren.[57] Im deutschen Sprachraum ließ die Ausbildung von Exegetinnen beider Konfessionen auf sich warten.[58] Aus der Harvard Divinity School in den USA konnte die Schnackenburg-Schülerin Elisabeth Schüssler-Fiorenza (geb. 1938) immerhin die feministische Exegese in Bewegung setzen. Ihr grundlegendes Buch zur feministischen Bibelhermeneutik, „Zu ihrem Gedächtnis ..." (1988), bestimmt seit dem Erscheinen die deutschsprachige evangelische Bibelwissenschaft mit.[59]

Die Arbeiten von Dieter Zeller, einem Schüler Anton Vögtles, zeigen, wie die Grenzen zwischen evangelischer und katholischer Exegese sich in der Methodik und Thematik auflösen. Seine Arbeit zu den weisheitlichen Mahnsprüchen bei den Synoptikern nahm ein traditionelles Thema der evangelischen Exegese auf und führte die Erforschung der synoptischen Tradition, u. a. der Redenquelle, weiter.[60] Seine zahlreichen religionsgeschichtlichen Beiträge, z. B. zur Bedeutung Philos für die Auslegung des Neuen Testaments, setzen eine alte Tradition der evangelischen Theologie vorbildlich fort.[61] In seinem Kommentar zum Römerbrief integriert er Röm 9–11 wirklich in die Gesamtauslegung und korrigiert damit die evangelische Auslegungstradition; sein exzellenter Kommentar zum 1. Korintherbrief übertraf

---

57 Beispielhaft hierfür ist die konsequente Anwendung der Redaktionsgeschichte in den Erstlingsarbeiten von Ulrich Busse, Die Wunder des Propheten Jesus. Die Rezeption, Komposition und Interpretation der Wundertradition im Evangelium des Lukas (FzB 24), Stuttgart 1977 (²1979); ders., Das Nazareth-Manifest Jesu. Eine Einführung in das lukanische Jesusbild nach Lk 4,16–30 (SBS 91), Stuttgart 1978.

58 Immerhin wächst auch die Zahl der katholischen Professorinnen für Neues Testament im deutschsprachigen Raum: Marlis Gielen (Salzburg), Margareta Gruber (Vallendar), Beate Kowalski (Dortmund), Maria Neubrand (Paderborn), Angelika Strotmann (Paderborn), Silvia Pellegrini (Osnabrück/ Vechta), Uta Poplutz (Wuppertal).

59 Vgl. C. Gerber, In Bewegung. Zur Frage der Geschlechterdifferenz und zu feministischen Diskursen in den Bibelwissenschaften, ThLZ 130 (2005), 1365–1386; dies. / U. Eisen / A. Standhartinger (Hg.), Doing Gender – Doing Religion. Fallstudien zur Intersektionalität im frühen Judentum, Christentum und Islam (WUNT 302), Tübingen 2013.

60 Vgl. D. Zeller, Die weisheitlichen Mahnsprüche bei den Synoptikern, Würzburg 1977 (²1983); ders., Kommentar zur Logienquelle. Katholisches Bibelwerk, Stuttgart 1984 (³1993); ders., Jesus – Logienquelle – Evangelien, Stuttgart 2012.

61 Vgl. D. Zeller, Charis bei Philon und Paulus, Stuttgart 1990; ders., Christus unter den Göttern, Stuttgart 1993; ders., Neues Testament und hellenistische Umwelt, Hamburg 2006; ders. Studien zu Philo und Paulus, Göttingen 2011.

62 Vgl. D. Zeller, Der Brief an die Römer (RNT), Regensburg 1985; ders., Der erste Brief an die Korinther (KEK 5), Göttingen 2010.

den von Johannes Weiss gesetzten Maßstab der Auslegung paulinischer Briefe.[62] Dank der Freiräume, die das II. Vatikanum den Schülern der Gründerväter katholischer Wissenschaft vom Neuen Testament gewährte, sind katholische und evangelische Exegeten nun seit zwei Generationen gemeinsam auf dem Weg. Inzwischen ist die historisch-kritische Methode in der katholischen Exegese der anerkannte Zugang zur Bibelauslegung.[63] Dass diese gemeinsame methodische Grundlage auch bei kontroverstheologischen Fragen zu konsensfähigen Ergebnissen führt, zeigte die Dissertation von Karl Kertelge zur „Rechtfertigung bei Paulus" schon sehr früh.[64] Die gemeinsame methodische Grundlage führt dazu, dass katholische Kollegen gebeten wurden, zu ehemals evangelischen Vorzeigeprojekten wie z. B. der Neubearbeitung von Hennecke-Schneemelcher und dem „Kritisch-Exegetischen Kommentar" zum Neuen Testament beizutragen. Editorial Boards wichtiger traditionell protestantischer Fachzeitschriften (z. B. *Novum Testamentum*) werden inzwischen ohne Rücksicht auf Konfession nach Fachkompetenz besetzt. So entstehen zahlreiche Felder der intensiven wissenschaftliche Zusammenarbeit (z. b. bei den „Kommentaren zu den Apostolischen Vätern" oder den „Kommentaren zu der Apokryphen Literatur"), wobei es keine Rolle spielt, wer nun evangelisch und wer katholisch ist. Auch wenn das Ziel einer einigen Kirche noch vor uns liegt, gibt es doch schon jetzt nur eine Wissenschaft vom Neuen Testament. Hier ist weder evangelische noch katholische, sondern gemeinsame Exegese.[65]

---

63 Vgl. das Dokument „Die Interpretation der Bibel in der Kirche" der Päpstlichen Bibelkommission vom 15. April 1993: „Die historisch-kritische Methode ist die unerläßliche Methode für die wissenschaftliche Erforschung des Sinnes alter Texte. Da die Heilige Schrift, als ‚Wort Gottes in menschlicher Sprache', in all ihren Teilen und Quellen von menschlichen Autoren verfaßt wurde, läßt ihr echtes Verständnis diese Methode nicht nur als legitim zu, sondern es erfordert auch ihre Anwendung."

64 K. Kertelge, Rechtfertigung bei Paulus (NTA NF 3), Münster 1967. Kertelges Habilitationsschrift nimmt die redaktionsgeschichtliche Methode auf und bietet eine bis heute zustimmungsfähige Auslegung der Wunder im Markusevangelium; vgl. K. Kertelge, Die Wunder Jesu im Markusevangelium. Eine redaktionskritische Studie (StANT 23), München 1970. Die Schüler Kertelges (Thomas Söding, Rainer Kampling, Knut Backhaus und Klaus Scholtissek) fassten Qualifikationsarbeiten zum Markusevangelium ab. Später lieferten sie, unter zunehmender Aufnahme neuerer Tendenzen in der Methodenlehre, Beitrage zur Markusforschung. Vgl. z. B. T. Söding (Hg.), Der Evangelist als Theologe. Studien zum Markusevangelium (SBS 163), Stuttgart 1995.

65 Ich danke meiner studentischen Mitarbeiterin Elina Bernitt für die Besorgung der Literatur und die Versorgung der bewusst knapp gehaltenen Literaturhinweise.

Zusammenfassung

Der Aufsatz untersucht den Einfluss, den die katholische neutestamentliche Forschung seit dem 2. Vatikanum auf die deutschsprachige protestantische Exegese ausgeübt hat. Dabei wird die Bedeutung der führenden katholischen Forscher wie R. E. Brown, J. A. Fitzmyer, F. Mußner, F. Neirynck, R. Schnackenburg, H. Schürmann, A. Vögtle und P. Hoffmann und deren Schülern dargestellt, wie auch die Wirkung der exegetischen Kolloquia wie des Colloquium Biblicum Lovaniense und des ökumenischen Colloquium Paulinum in Rom aufgezeigt.

This essay reviews the influence Catholic New Testament scholarship had on German Protestant exegesis since Vaticanum II. The influence of leading Catholic scholars like R. E. Brown, J. A. Fitzmyer, F. Mußner, F. Neirynck, R. Schnackenburg, H. Schürmann A. Vögtle and P. Hoffmann and of their students, as well as the importance of exegetical colloquia like the Colloquium Biblicum in Louvain and the ecumenical Colloquium Paulinum in Rome are highlighted.

BERND OBERDORFER

Ein anderes Gegenüber?

Protestantische Dogmatik nach dem II. Vatikanum

Das Konzil als Herausforderung

Dass das II. Vatikanische Konzil der Römisch-Katholischen Kirche für die ökumenischen Beziehungen ganz neue Perspektiven eröffnet hat, bedarf kaum der Erwähnung. Denn zum *aggiornamento*, der unverstellten Wahrnehmung der zeitgenössischen Wirklichkeit, die das Konzil sich programmatisch vorgenommen hatte, gehörte eben auch, dass die konfessionelle Ausdifferenzierung der Christenheit zunächst einmal schlicht als die vorfindliche Gestalt des Christentums ernstgenommen und nicht mehr ausschließlich als schuldhafte Abspaltung von der einen wahren Kirche aufgefasst und für die dogmatische Selbstbestimmung als irrelevant behandelt wurde. Gewiss blieb „Unitatis Redintegratio", die Wiederherstellung der sichtbaren organisatorischen Einheit der Kirche, der Zielhorizont römisch-katholischer Ekklesiologie. Aber schon die Diskussion um das berühmte „subsistit" aus *Lumen gentium* (LG 8) – bedeutet es eine Bekräftigung oder doch eher eine Abschwächung, zumindest Differenzierung der exklusiven Selbstidentifikation der römischen Kirche mit der „einen, heiligen, katholischen und apostolischen Kirche" des Glaubensbekenntnisses? – zeigt, dass die Wirklichkeit der Existenz von Rom getrennter „Kirchen und kirchlicher Gemeinschaften" durchaus als Problem für das eigene Kirchesein erkannt wurde. Und in diesen nicht-römischen Gemeinschaften wurden ausdrücklich Elemente wahrer Christlichkeit, ja Kirchlichkeit gewürdigt, die im Fall wiedererlangter Einheit nicht zum Verschwinden gebracht, sondern als Moment der inneren Vielfalt der Christenheit positiv gepflegt werden sollten. Nicht zufällig entfaltete sich nach dem Konzil eine historisch unerhörte Dynamik interkonfessioneller Verständigungsdiskurse auch unter römisch-katholischer Beteiligung, die eine Fülle von „Dokumenten wachsender Übereinstimmung"[1] erzeugte, von denen aus protestantischer Sicht

---

1 Vgl. die von unterschiedlichen Herausgebern betreuten, mittlerweile vier Bände: Dokumente wachsender Übereinstimmung, Paderborn u. a. 1983 (Bd. 1), 1992 (Bd. 2), 2003 (Bd.3), 2012 (Bd. 4).

das bedeutendste wohl die „Gemeinsame Erklärung zur Rechtfertigungslehre" des Lutherischen Weltbunds und des vatikanischen Einheitssekretariats ist. Doch hat das II. Vatikanum auch die protestantische Dogmatik beeinflusst? Das ist eine andere Frage, wenngleich sie natürlich sehr eng mit den Entwicklungen in den ökumenischen Beziehungen zusammenhängt. Sie ist schon als Frage nicht einfach näher zu bestimmen. Denn sie berührt Grundlegungsfragen der Dogmatik. Es geht nämlich nicht nur darum, ob das II. Vatikanum die protestantische Wahrnehmung der römisch-katholischen Lehre verändert hat und ob es als Veränderung der römisch-katholischen Lehre wahrgenommen wurde (was nicht ganz dasselbe ist). Sondern es geht auch darum, ob und ggf. wie diese veränderte Wahrnehmung oder wahrgenommene Veränderung auch die protestantische dogmatische Glaubensreflexion selbst tangiert. Anders gefragt: Inwieweit gehört die Bestimmung des Verhältnisses zum Katholizismus zur Selbstdefinition des Protestantismus? Ist es integraler Bestandteil protestantischer Identität, sich vom Katholizismus zu unterscheiden? Oder ist diese Unterscheidung ein historisch kontingenter Faktor, der keine im strikten Sinne definitorische Bedeutung für protestantische Lehrbildung hat? Damit hängt auch die Deutung der Reformation zusammen: Ist sie hinreichend bestimmt als innerkirchliche Reformbewegung, die Missstände beseitigen und die eine Kirche gleichsam wieder auf Kurs bringen wollte, so dass die organisatorische Ausdifferenzierung unterschiedlicher Konfessionen eine Art Betriebsunfall darstellt, der den ursprünglichen Intentionen der Reformatoren keineswegs entsprach und sich nur aus einer Fülle von Missverständnissen, unglücklichen Verstrickungen und mangelndem Verständigungswillen ergab?[2] Dann bliebe die Wiederherstellung organisatorischer Einheit auch für die reformatorischen Kirchen ein verpflichtendes Leitbild, das die Suche nach einer die Gegensätze überbrückenden Gemeinschaft mit der römischen Kirche zu einer genuinen, permanenten theologischen Aufgabe machte. Oder hat die innere Dynamik der Reformation von bloßen Reformforderungen zu prinzipiellen theologischen Einsichten geführt, die in das römische „System" nicht mehr integrierbar waren und mit intrinsischer Folgerichtigkeit die Etablierung eigenständiger Organisationsformen nach sich zogen, wobei sich auch das Konzept

---

2 Diese Deutung wird etwa vertreten in der Studie: Vom Konflikt zur Gemeinschaft. Gemeinsames lutherisch-katholisches Reformationsgedenken im Jahr 2017. Bericht der Lutherisch/Römisch-Katholischen Kommission für die Einheit. Deutsche Übersetzung von Th. Dieter und W. Thönissen, Leipzig/Paderborn 2013. Vgl. dazu meinen Beitrag: B. Oberdorfer, Feiern? Gedenken? Büßen? Ökumenische Perspektiven auf das Reformationsjubiläum: Zur lutherisch-katholischen Studie „Vom Konflikt zur Gemeinschaft", MdKI 65,1 (2014), 3–8.

kirchlicher Einheit (die dem Anspruch nach nie aufgegeben wurde!) wandelte? Dann wäre die Identität zwar nicht durch Abgrenzung definiert – denn es stünde ja jedermann frei, sich die reformatorische Einsicht zu eigen zu machen –; wohl aber gehörte zur Identitätsvergewisserung dann nicht notwendig die Verhältnisbestimmung zur römischen Kirche in ihrem gegenwärtigen Lehrbestand. Doch auch dann wäre zu erwarten, dass protestantische Theologie die Entwicklungen in anderen Kirchen daran misst, inwiefern sie sich mit den grundlegenden Einsichten reformatorischer Theologie in Einklang befinden. Dies ist schon deshalb nötig, weil auch ein die konfessionelle Vielfalt bejahendes Verständnis der Erscheinungsgestalt des christlichen Glaubens die Einheit der Christenheit im Sinne möglichst umfassender Kirchengemeinschaft betont, diese Kirchengemeinschaft aber bindet an das Gegebensein grundlegender Übereinstimmung, im Luthertum etwa im Blick auf die *doctrina evangelii* und die *administratio sacramentorum* – um die beiden Kriterien aus CA 7 zu zitieren. Man könnte allenfalls fragen, ob eine solche Übereinstimmungsprüfung in den Ansatz der Dogmatik selbst gehört oder nicht vielmehr eine abgeleitete Anwendungsaufgabe darstellt, die die bereits geleistete dogmatische Selbstverständigung voraussetzt.

Ein Weiteres kommt hinzu. Wenn es denn stimmt, dass Dogmatik sich heutzutage „kontextreflexiv" entwirft,[3] so duldet es keinen Zweifel, dass zu den Kontexten, deren Reflexion der Dogmatik zur Selbstverortung aufgegeben ist, nicht nur die eigene konfessionelle Herkunft, sondern auch die interkonfessionelle ‚Umwelt' gehört. Dies gilt zumal angesichts der umfassenden konfessionellen Enthomogenisierung der Lebenswelt nach dem II. Weltkrieg, die konfessionsübergreifende Gemeinschaftserfahrungen jedenfalls in Deutschland zum Alltag gemacht haben. Auch in diesem Horizont gehört die Multikonfessionalität zu den konkreten Existenzbedingungen protestantischen Christseins in der Gegenwart und bedürfen die Entwicklungen in anderen Kirchen der genauen Beobachtung und theologischen Deutung.

Für den Protestantismus bedeutete das II. Vatikanum in vieler Hinsicht eine große Herausforderung. In Erinnerung zu rufen ist, dass das von Papst Pius XII. im Jahr 1950 proklamierte Dogma von der leiblichen Aufnahme Mariens in den Himmel protestantischerseits als klarer Akt konfessioneller Selbstabgrenzung wahrgenommen wurde und Ängste auslöste, eine römische Dogmatisierung der Miterlöserschaft Mariens sei nur noch eine Frage der Zeit. Angesichts dessen war

---

3 Vgl. dazu meinen Beitrag: B. Oberdorfer, Perspektivische Wahrheit. Überlegungen zur konfessionellen Bestimmtheit der Dogmatik, ThLZ 137 (2012), 263–276.

die – zunächst atmosphärische, dann auch sachliche – Öffnung der römischen Kirche im Konzil eine deutungsbedürftige Überraschung. Gewiss hatten Publikationen wie die Dissertation von Hans Küng, der in der Rechtfertigungslehre zwischen Karl Barth und dem Rechtfertigungsdekret des Tridentinums keine tiefgreifende Differenz mehr erkennen konnte, die Möglichkeit eines neuen ökumenischen Klimas erahnen lassen.[4] Doch einzelne akademische Veröffentlichungen sind natürlich etwas anderes als Verlauf und Entscheidungen des ersten konfessionsuniversalen (nach römischer Sprachregelung also: „ökumenischen") Konzils der römischen Kirche seit fast hundert Jahren.

Auf mehreren Ebenen bedurfte das protestantische Bild des römischen Katholizismus einer Readjustierung: Zunächst demonstrierte schon die Zusammenkunft mehrerer Tausend Bischöfe eine Dimension innerkirchlicher Kollegialität, die unter dem Vorzeichen des Infallibilitätsdogmas von 1870 kaum mehr für möglich gehalten worden war. Das Bild vom Katholizismus als deliberationsresistentem, autokratischem Monolithen, von dem sich der partizipationsorientierte Protestantismus gut abheben ließ, erwies sich als revisionsbedürftig. Der Beratung und Verabschiedung des bereits erwähnten Ökumenismus-Dekrets korrespondierte zudem die offizielle Einladung protestantischer Konzilsbeobachter. Besondere Beachtung fand die Einführung der Landessprache als Regelfall für die Liturgie und in Zusammenhang damit die Umgestaltung des Kirchenraums durch die Etablierung des Volksaltars, die die Eucharistie als Feier der Gemeinde deutlich akzentuierte. Waren damit nicht zentrale Forderungen der Reformation erfüllt?

Gewiss stellte sich von Anfang an die Frage, wie die Aufbruchsstimmung und die fast euphorisch beschworene Öffnung der römischen Kirche für die gegenwärtige Welt im Allgemeinen und die nicht-römischen Kirchen im Besonderen sich verhalten zu der unzweideutig festgehaltenen Kontinuität zu den Entscheidungen früherer Konzilien, namentlich des Tridentinums und des I. Vatikanums – eine Frage, die ja im Katholizismus selbst bis heute mit großer Heftigkeit diskutiert wird und im katholischen Binnendiskurs wie in der protestantischen Außenbeobachtung unter Betonung des Neuanfangs wie unter Hervorhebung der Traditionswahrung beantwortet werden kann.[5] Keinen Zweifel duldet es aber, dass

---

4   Vgl. H. Küng, Rechtfertigung. Die Lehre Karl Barths und eine katholische Besinnung, Einsiedeln 1957.

5   Dazu – und zur protestantischen Außenbeobachtung der katholischen Wahrnehmung des Protestantismus – vgl. meinen Beitrag: B. Oberdorfer, Katholische Theologie heute: eine protestantische Sicht, in: F. Ferrario (Hg.), Umstrittene Ökumene. Katholizismus und Protestantismus 50 Jahre nach dem Vatikanum II, Tübingen 2013, 69–81.

durch die Reformen des II. Vatikanums ganz neue, fruchtbare Konstellationen für ökumenische Gespräche entstanden, und es ist kein Zufall, dass der offizielle Dialog zwischen Lutherischem Weltbund und dem vatikanischen Einheitssekretariat im Jahr 1967, also unmittelbar nach dem Ende des Konzils, aufgenommen wurde. Wie hat nun aber – um zur Ausgangsfrage zurückzukommen – das II. Vatikanum und seine Rezeption eingewirkt auf die protestantische Dogmatik? Im Folgenden kann ich weder die Wirkungsgeschichte des II. Vatikanums in der protestantischen Dogmatik historisch-genetisch detailliert rekonstruieren noch einen umfassenden Überblick geben über die Spuren des Konzils in neueren dogmatischen Entwürfen protestantischer Provenienz.[6] Ich werde stattdessen einsetzen mit Karl Barths berühmtem Bericht „Ad Limina Apostolorum" als Beispiel für eine frühe protestantische Würdigung des Konzils. In einem zweiten Schritt will ich exemplarisch zwei dogmatische Entwürfe darauf hin analysieren, ob und ggf. wie sie Impulse des II. Vatikanums aufgreifen: die „Systematische Theologie" von Wolfhart Pannenberg, der aus protestantischer Perspektive die Wiedererlangung „sichtbarer Einheit" für sachnotwendig hält, und die „Glaubenslehre" von Dietz Lange, der dem Protestantismus ein dezidiert nicht-katholisches Profil gibt. Drittens schließlich will ich mich einem Genre zuwenden, das es vermutlich vor dem II. Vatikanum nicht hätte geben können, jedenfalls nicht gab: der „Ökumenischen Dogmatik". Hier will ich den „Klassiker" von Edmund Schlink vergleichen mit dem neu erschienenen entsprechenden Werk von Wolfgang Beinert und Ulrich Kühn.

1. Karl Barth: Über Trient und I. Vatikanum hinaus?

Karl Barth, der krankheitshalber nicht am Konzil als Beobachter hatte teilnehmen können, reiste 1966 nach Konzilsende auf Einladung des römischen Einheitssekretariats nach Rom, wo er Gespräche mit vielen wichtigen Offiziellen führte und schließlich auch von Papst Paul VI. empfangen wurde. Diskussionsgrundlage waren knappe thesenförmige Fragen, die Barth zur Vorbereitung der Reise nach Lektüre der Konzilstexte entworfen hatte und die nach allgemeinen Fragen über die

---

6 Ich beschränke mich auch auf den deutschsprachigen Raum. Für eine amerikanische lutherische Konzilsrezeption vgl. exemplarisch G. A. Lindbeck, Reminiscences of Vatican II, in: ders., The Church in a Postliberal Age, Grand Rapids/Cambridge UK 2003, 10–18. Lindbeck nahm als Beobachter am Konzil teil.

Grundintention des Konzils jeweils zu wichtigen Konzilsdokumenten „Verständnisfragen" und „kritische Fragen" auflisteten. Diese „Frageschemata" wurden im
Nachgang der Reise unverändert in dem Bändchen „Ad Limina Apostolorum" veröffentlicht,[7] zusammen mit einem „Historischen Bericht"[8], einem Beitrag über
die dogmatische Konstitution „De Divina Revelatione"[9] und einem Brief an einen
anonymisierten katholischen Kollegen „in Sachen Mariologie"[10].

Welches Interesse leitete Barth? Gewiss nutzte er auch hier wieder die Gelegenheit, den „römischen Katholizismus" demonstrativ als das „uns viel dringli-
cher angehende[] und objektiv viel wichtigere[] Problem" (9) gegenüber den ver-
achteten „Gartenzwerge[n] in unseren Gehegen" (18) hervorzuheben, von denen
er die „törichte ‚Gott-ist-tot'-Bewegung [...] als letzte und schönste Frucht der
glorreichen Existentialtheologie" (9) und die „ebenso törichte[] sogen. ‚Bekennt-
nis-Bewegung'"[11] (ebd.) ausdrücklich nannte. Aber Barths Beschäftigung mit dem
II. Vatikanum ging über dieses sozusagen ‚theologieinnenpolitische' Spiel über die
Bande weit hinaus. Zu Recht kann Barth behaupten, er sei am „Problem des römischen Katholizismus von jeher interessiert" gewesen (ebd.). Im Band I/1 seiner
„Kirchlichen Dogmatik" hatte er den Katholizismus ausdrücklich gewürdigt und
dabei die Lehre von der *analogia entis* als den einzigen wirklich ernst zu nehmen-
den Grund, nicht katholisch zu werden, herausgearbeitet,[12] da diese seinem Verständnis des paradox-dialektischen Charakters der Offenbarung widersprach, die
der Welt noch im In-sie-Eingehen bleibend gegenübersteht. Man kann Barths
Überlegungen zum II. Vatikanum lesen als den Versuch, zu überprüfen, inwieweit dieses Verdikt weiterhin aufrechterhalten werden muss.

Dies zeigt sich besonders schön in dem Beitrag zur dogmatischen Konstitution „De Divina Revelatione". Barth greift hier eine Formulierung aus dem Proö-
mium auf, in der die Konstitution ihr Verhältnis zu den vorangehenden Konzilien

---

7   K. Barth, Ad Limina Apostolorum, Zürich ²1967. Die folgenden Belege im Text beziehen sich auf
    diese Ausgabe. Die „Frageschemata" ebd., 21–43 („Fragen in Rom").

8   Historischer Bericht in: Barth, Ad Limina Apostolorum (s. Anm. 7), 7–19.

9   „Conciliorum Tridentini et Vaticani I inhaerens vestigiis"?! in: Barth, Ad Limina Apostolorum (s.
    Anm. 7), 45–59.

10 Ein Brief in Sachen Mariologie in: Barth, Ad Limina Apostolorum (s. Anm. 7), 61–66; der nicht ge-
    nannte Adressat war Peter Lengsfeld. Die Aufnahme dieses Briefs belegt, wie virulent das Thema
    in der protestantischen Wahrnehmung weiterhin war.

11 Gemeint ist die „Bekenntnisbewegung ‚Kein anderes Evangelium'", die sich dezidiert gegen die
    namentlich durch Bultmann repräsentierte Existentialtheologie richtete, besonders gegen des-
    sen „Entmythologisierungs"-Programm.

12 Vgl. K. Barth, Die Kirchliche Dogmatik I/1, Zürich 1932, VIII f.

thematisiert: „Conciliorum Tridentini et Vaticani I inhaerens vestigiis". Statt der sprachlich möglichen, die Kontinuität betonenden Übersetzung „In der Nachfolge der Konzilien [...]" schlägt er vor, „etwas frei mit: ‚von den Spuren jener Konzilien her vorwärtsgehend' zu übersetzen" (49). Er beruft sich dafür auf die Ansprache von Papst Johannes XXIII. zur Konzilseröffnung 1962, der dem Konzil die Aufgabe gegeben habe, die „überlieferten Aussagen" der beiden Vorgängerkonzilien müssten „geprüft und interpretiert werden".[13] Dann könne, so Barth, das II. Vatikanum die Lehren des Tridentinums und des I. Vatikanums nicht einfach nur wiederholt und bekräftigt haben (was es ohnehin „für uns arme *fratres sejuncti* [...] als eine wenig interessante Sache" erscheinen ließe [49]), sondern müsse sie in irgendeiner Weise haben fortschreiben wollen. Barths Übersetzung hat den Charme, diese Intention in die Konstitution selbst hineinzulesen.

Barth analysiert diese nun daraufhin, ob in ihr ein solches ‚Vorwärtsgehen' erkennbar ist, das zudem auch für reformatorische Theologie neue kontroverstheologische Perspektiven eröffnet. Das Ergebnis ist zwiespältig. Einerseits hebt er positiv hervor, dass die Änderung des Titels der Konstitution, der ursprünglich „De Fontibus Revelationis" lauten sollte, ein Bewusstsein dafür markiere, dass die eine Offenbarung nicht mehrere Quellen haben könne (vgl. 49 f.). Dies schlage sich darin nieder, dass die Heilige Schrift als faktisch einzige Offenbarungsquelle in der Konstitution quantitativ und qualitativ einen herausragenden Rang einnehme (vgl. 50f.). Dieser erfreuliche „Trend zur Bibel" (51; Zitat von H. U. von Balthasar) – für den auch die Konzilskonstitution „Dei Verbum" stehe – sei dem Tridentinum wie dem I. Vatikanum „ganz fremd" (52) gewesen und stelle also einen Fortschritt dar.

Andererseits habe die Konstitution in anderen Passagen diese Einsicht wieder „verdunkelt" (52), indem in Kapitel 2 nun doch die „Sacra Traditio" und das „Magisterium Ecclesiae" *neben* die Heilige Schrift gestellt würden. Interessanterweise bestreitet Barth keineswegs die Bedeutung von Tradition und Lehramt: Auch das reformatorische Christentum habe etwa die Tradition der altkirchlichen Konzilien ernst genommen und eigene Bekenntnistraditionen (bis hin zu Barmen!) entwickelt und kenne die Orientierung an Lehrautoritäten;[14] diesbezüglich bestehe

---

13 Zit. nach Barth, Ad Limina Apostolorum (s. Anm. 7), 47; bei Barth z. T. gesperrt.

14 Die lutherischen Kirchen beriefen sich schon im Namen auf Luther. Calvin habe in der reformierten Welt „eine Funktion ausgeübt, die der des römischen Petrus-Amtes wirklich nicht ganz unähnlich war" (53). Barth betont, es habe an derartigen „charismatischen Gestalten [...] bei uns auch ohne das Petrus-Amt von jeher und bis heute nie ganz gefehlt, durfte und darf es denn auch nicht fehlen" (ebd.).

auch protestantischerseits durchaus Reflexionsbedarf. Aber das II. Vatikanum sei am entscheidenden Punkt letztlich unklar geblieben: der für Barth unbedingt erforderlichen klaren *Nachordnung* von Tradition und Lehramt gegenüber der Heiligen Schrift.

Dieser Argumentationslinie folgen auch die „Frageschemata": In den „Verständnisfragen" gibt Barth gleichsam Interpretationsangebote, die diejenigen Tendenzen des II. Vatikanums hervorheben, die eine Annäherung an Barths Verständnis evangelischen Christseins bedeuten könnten. Und in den „kritischen Fragen" bringt er Aspekte zur Geltung, die sich gegen eine solche Annäherung zu sperren scheinen. Durchgängig macht er auf die sachliche Spannung aufmerksam, dass das Konzil einerseits die Kirche als „Volk Gottes" bezeichnet und die Anteilhabe aller Christen „an allen drei Ämtern Christi und am Apostolat der Kirche" (26) betont, andererseits aber offenbar doch nur die Kleriker „*in persona Christi*" handeln. Er sieht die „*Distanz zwischen Christus* [...] und seiner *Kirche*" gefährdet, wenn nur den „Laien" die (für Barth einzige der Kirche zustehende) Funktion als „*Zeugen*" Christi „in der Welt" zugeschrieben wird, die „,*Hierarchie*'" also vielleicht „mehr als das" ist (27). Hintersinnig schließt er umgekehrt aus der Bezeichnung Marias als „*perfectum exemplar* des Laienapostolats" und „als solches" auch als „*regina apostolorum*", dass dann doch „geradezu von einer *Überordnung* des Laienapostolats über alle anderen Gestalten des Apostolats der Kirche gesprochen werden" müsste (35) – eine Deutung, der sich seine römischen Gesprächspartner vermutlich nicht angeschlossen haben. Er fragt – bei grundsätzlich positiver Würdigung der Liturgiereform (vgl. 24) – nach einer biblischen Begründung der behaupteten Zentralstellung der Eucharistie (vgl. 25). Er kritisiert, dass die communio sub utraque weiterhin „als *Ausnahmsfall* behandelt" wird (ebd.).

Es überrascht wenig, dass Barth den Ausdruck *aggiornamento* durchaus ambivalent beurteilt. Mit erkennbarem Missbehagen übersetzt er ihn in den einleitenden „Allgemeinen Fragen" mit „Anpassung" und beantwortet das spitz hinzugefügte „an was?" (23) mit einer Alternative: an die „Offenbarung" – im Sinne einer „Erneuerung des (theoretischen und praktischen) *Selbstverständnisses* der Kirche im Licht der sie begründenden *Offenbarung*" – oder an die „moderne Welt" – im Sinne einer „Erneuerung ihres *Denkens, Redens* und *Tuns heute*: im Licht der *modernen Welt*" (ebd.)? Klar ist, dass er das zweite nur in Orientierung am ersten für legitim hält. Entsprechend warnt er die Anhänger einer „progressiven" Öffnung hin zur „modernen Welt" vor der „Gefahr", „dass es dann leicht zu unerwünschten Wiederholungen der im neueren Protestantismus begangenen Fehler kommen könnte" (ebd.). Seine Beurteilung des Konzils folgt denn auch nicht dem Schema progressiv-konservativ: Wenngleich er z. B. eher wohlwollend nachfragt, ob in der Konstitution über die Kirche in der modernen Welt „die klassischen Parolen der Französischen Revolution (Freiheit – Gleichheit – Brüderlichkeit) der katholischen Soziallehre in aller Form integriert" (30) seien, kritisiert er zugleich den „durchgehende[n] *Optimismus* der Konstitution hinsichtlich der weltlichen Entwicklungsmöglichkeiten" (31) – freilich nicht wegen des (aus heutiger Sicht) mangelnden Realismus, sondern weil dies „dem Tonfall der synoptischen Evangelien und der paulinischen Briefe nicht entsprechend" sei (ebd.). Ausdrücklich gelobt wird hingegen das Dekret über die Missionstätigkeit der Kirche, das zu Recht festhalte, dass „die *Mission* wesenhaft Sache der *Kirche* als solcher sei" (36). Deutlich negativer beurteilt er die Deklaration über das Verhältnis der Kirche zu den nichtchristlichen Religionen: Hier „erschein[e] die *kritische* und *missionarische* Aufgabe der Kirche den Religionen als solchen gegenüber – statt als sachliche Mitte – nur am Rande" (39). Stattdessen dominiere eine theologisch unsachgemäße „historisch-analysierende[] Darstellung und Beleuchtung der ‚nicht-christlichen Religionen'" (ebd.).[15] Und betont nüchtern wird die (häufig als Quantensprung gerühmte) Deklaration über die Religionsfreiheit auf den Kern reduziert, dass die römische Kirche für sich selbst vom Staat rechtlich geschützte Entfaltungsgarantien verlange; nur „beiläufig" werde dieses Recht „auch den Nicht-Katholiken und ihren Organisationen" eingeräumt (41). Einen solchen „*juristisch gesicherten* Spielraum" hätten die „alt- und neutestamentlichen Zeugen" indes nirgends beansprucht (42).

Im Grunde behandelt Barth das II. Vatikanum nicht anders, als er innerprotestantische Positionen behandelt. Er sucht darin Übereinstimmungen mit und Differenzen zu seinem Verständnis des christlichen Glaubens. Ein kontroverstheologischer Furor mit protestantischem Überlegenheitsgestus ist ihm fremd; unzweideutig ist das Statement: „Der Papst ist nicht der Antichrist!" (18). Er sieht sich mit den Katholiken in der grundlegend gleichen Situation des Hörens auf das Wort Gottes. Er resümiert, die katholische Kirche sei mit dem Konzil „in eine in ihren Auswirkungen unübersehbare, langsame, aber sicher echte und nicht mehr rückgängig zu machende Bewegung geraten [...], im Blick auf die man nur wünschen möchte, es ließe sich ihr bei uns etwas Entsprechendes zur Seite stellen" (17). Angesichts dessen sei den Evangelischen zu empfehlen, erst einmal „im Kleinen und im Großen gründlich vor unseren eigenen Türen zu wischen" (18).

---

15 Das hindert ihn nicht, die konziliare Hochschätzung der „Hochreligionen" als „in der Religionswissenschaft längst überholt[]" zu kritisieren (ebd.). Das leitende Argument ist freilich ein theologisches: In den „Hochreligionen" sei „der Gegensatz [...] zum Wort vom Kreuz viel manifester und gefährlicher" als in den „primitiven" Religionen (ebd.).

Gleichwohl kann man wohl kaum behaupten, das Konzil habe Barths Theologie selbst beeinflusst. Nicht nur ist Barths Beurteilung des Konzils unverkennbar orientiert an Barths eigenem theologischem Koordinatensystem. Dies zeigt etwa der Brief „in Sachen Mariologie", der „[ä]ngstliche Gemüter" – wie Barth ironisch schreibt – darüber beruhigen kann, „dass ich so trotzig evangelisch – ich möchte eigentlich lieber sagen: evangelisch-katholisch – aus Rom zurückgekehrt wie nach dort hingefahren bin" (19). Fast noch bemerkenswerter ist vielmehr, dass Barth im Folgejahr seine Tauflehre veröffentlicht hat, die schon in ihrer grundsätzlichen Zuordnung der Taufe zur Ethik, besonders aber in ihrer schroffen Ablehnung der Säuglingstaufe für Katholiken nicht weniger provozierend wirken musste als für Lutheraner.[16]

2. Protestantische Dogmatik nach dem II. Vatikanum: Zwei Fallstudien

Hat das II. Vatikanum die protestantische Dogmatik verändert? Diese Frage ist gewiss insofern zu bejahen, als die Darstellung des Verhältnisses zur römisch-katholischen Kirche den aktuellen Stand von deren geltender Lehre berücksichtigen muss und das Konzil daher nicht übergehen kann. Aber ob dies die inhaltliche Durchführung protestantischer Dogmatik selbst beeinflussen muss, hängt zum einen, wie bereits gezeigt, davon ab, ob das Verhältnis zur römisch-katholischen Kirche so gefasst ist, dass Entwicklungen in dieser auch die protestantische Identität berühren; selbst dann aber kommt es zum anderen darauf an, wie diese Entwicklungen – hier: das Konzil – gedeutet werden: als substanzieller Wandel, der zu einer grundlegenden Neubestimmung des Verhältnisses nötigt, oder als Fortschreibung des Altbekannten, die allenfalls eine Nachjustierung des Bildes erforderlich macht. Im Folgenden will ich exemplarisch zwei dogmatische Entwürfe vergleichen, die sich auf beiden Ebenen diametral unterscheiden: die „Systematische Theologie" Wolfhart Pannenbergs, für den nicht nur die sichtbare Einheit der christlichen Kirche fundamentale konzeptionelle Bedeutung hat, sondern der auch im II. Vatikanum aus protestantischer Sicht einen wichtigen Schritt hin auf diese Einheit erkennt, und die „Glaubenslehre" von Dietz Lange, der nicht nur grundsätzlich das Modell einer auf kodifizierten Lehren („Dogmen") gegründeten, organisationsförmig gestalteten kirchlichen Einheit als unprotestantisch ab-

---

16 Vgl. K. Barth, Die Kirchliche Dogmatik, Bd. IV/4, Zürich 1967.

lehnt, sondern auch im konziliar-nachkonziliaren Katholizismus keinen grundlegenden Wandel erkennen kann, der ihn zu einer Revision seines Urteils nötigen müsste.

2.1 Wolfhart Pannenberg

Für kaum einen evangelischen Theologen der neueren Zeit hat die organisatorische Einheit der Christenheit eine größere konzeptionelle Bedeutung als für Wolfhart Pannenberg. Dies hat neben im engeren Sinn dogmatischen auch fundamentaltheologische, näherhin religionstheoretische und gesellschaftstheoretische Gründe. Insofern Gott die alles bestimmende Wirklichkeit ist, repräsentiert die diesen Gott bezeugende Religion die Einheit der Wirklichkeit und symbolisiert daher als Teil der Gesellschaft deren integrierende Mitte. Dies gilt in besonderem Maße für das Christentum, das die Vermittlung von Einheit und Vielfalt durch den trinitarischen Gottesgedanken in seinen eigenen Begriff aufgenommen hat.[17] Die konfessionelle Ausdifferenzierung erscheint in dieser Perspektive als „Spaltung", die das Einheitszeugnis der Christenheit unglaubwürdig macht und damit auch den Zusammenhalt der Gesellschaft gefährdet. Die neuzeitliche Säkularisierung mit ihren religionskritischen Implikaten liest Pannenberg als destruktive Folge der „Kirchenspaltung".

Dem entspricht Pannenbergs Deutung der Reformation. Er versteht sie dezidiert und in prinzipiellem Sinn als Kirchenreformbewegung ‚von innen'. Die reformatorische Kritik an der römischen Kirche habe deren Legitimität keineswegs grundsätzlich bezweifelt. Die organisatorische Verselbständigung lag nicht in der ursprünglichen Intention der Reformatoren, sondern war eine Notlösung, die nur erforderlich wurde, weil die römische Kirchenleitung sich den reformatorischen Einsichten und Reformforderungen verweigerte. Nur unter dieser Bedingung ist diese Sonderentwicklung nach Pannenberg gerechtfertigt. Fällt die Bedingung weg, so entfallen auch die Gründe für die konfessionelle Eigenständigkeit.[18]

---

17 Vgl. dazu Chr. Axt-Piscalar, Das wahrhaft Unendliche. Zum Verhältnis von vernünftigem und theologischem Gottesgedanken bei Wolfhart Pannenberg, in: J. Lauster / B. Oberdorfer, Der Gott der Vernunft, Tübingen 2009, 319–337.

18 Zu Pannenbergs Reformationsdeutung vgl. auch meinen Beitrag: B. Oberdorfer, Zwischen Prinzipialisierung und Historisierung. Zur Bedeutung des Rekurses auf Luther in der protestantischen Theologie des 20. Jahrhunderts, in: J. Eibach / M. Sandl (Hg.), Protestantische Identitat und Erinnerung. Von der Reformation bis zur Bürgerrechtsbewegung in der DDR, Göttingen 2003, 215–231, bes. 223–225.

Daraus folgt eine doppelte Herausforderung für eine an die Reformation an-
knüpfende Theologie: Sie muss einerseits die reformatorischen Einsichten so auslegen, dass sie als Ausdruck der ungebrochenen Loyalität zunächst zur lateinischen Kirche des Westens, zugleich aber auch zur ungespaltenen einen
Christenheit im Ganzen erkennbar ist; ebendies sei das Programm der Confessio
Augustana gewesen. Und sie muss andererseits die römisch-katholische Lehre
konsequent und kontinuierlich daraufhin überprüfen, ob in ihr nicht doch die
zentralen Anliegen der Reformation als gewahrt anerkannt werden können.

Es ist klar, dass angesichts dessen für Pannenberg die Wahrnehmung der Entwicklungen in der römisch-katholischen Kirche dogmatisch von höchster Bedeutung ist. Dies gilt in besonderem Maße für das II. Vatikanum. Denn Pannenberg
sieht in diesem einen großen Schritt auf die protestantischen Kirchen zu. Und zwar
nicht allein wegen des Ökumenismus-Dekrets, das die vorsichtige Revision einer
schlichten Heimholungsökumene signalisierte, sondern generell wegen wichtiger
theologischer Weichenstellungen in den Konzilsbeschlüssen überhaupt. Wenn das
Konzil mit bisher ungekanntem Nachdruck die Heilige Schrift im Glaubensleben
verankerte, wenn es durch die volkssprachliche Liturgie und die Einführung der
Predigt als reguläres Element der Messe Verkündigung und Verstehen ins Zentrum
des Gottesdienstes rückte, wenn es zugleich die Verkündigung als Hauptaufgabe
des priesterlichen Dienstes artikulierte, wenn es das Messopfer deutlicher als bisher
als Repräsentation (und nur in diesem Sinne als „Wiederholung") des Kreuzesopfers
Christi interpretierte, wenn es das Bischofsamt vorwiegend von seinen pastoralen
Funktionen her konturierte, wenn es schließlich den Papst einband in die Kollegialität der Bischöfe – waren damit nicht zentrale Forderungen der Reformation erfüllt? Jedenfalls kann reformatorische Theologie diese Dynamik nicht ignorieren.
Vielmehr gehört es für Pannenberg zu ihren genuinen Aufgaben, die Fäden aufzu-
greifen und die neu entstandenen Chancen einer theologischen Verständigung zu
nutzen. Nicht zufällig wurde Pannenberg daher zu einem wichtigen Initiator und
Protagonisten evangelisch-katholischer Lehrdialoge, die für ihn die Funktion hatten, die in und seit der Reformation entstandenen Lehrdifferenzen zu überwinden,
um damit die Möglichkeit zu einer erneuerten organisatorischen Einheit der Kirche
zu eröffnen. Die Studie „Lehrverurteilungen – kirchentrennend?"[19], die in den
grundlegenden Themen Rechtfertigung, Herrenmahl und kirchliches Amt die
wechselseitigen Verdikte des 16. Jahrhunderts aufarbeitete und im Ergebnis eine

---

19 Vgl. K. Lehmann / W. Pannenberg (Hg.), Lehrverurteilungen – kirchentrennend? Rechtfertigung,
    Sakramente und Amt im Zeitalter der Reformation und heute, Freiburg i. Br./Göttingen 1986.

kirchentrennende Bedeutung der (weiterhin bestehenden) konzeptionellen Unterschiede bestritt, ist maßgeblich durch ihn geprägt. Die „Gemeinsame Erklärung zur Rechtfertigungslehre" (an deren Entstehung er nicht mehr mitwirkte) konnte daran anknüpfen.

In Pannenbergs dreibändiger „Systematischer Theologie" schlägt sich die Beschäftigung mit dem II. Vatikanum naturgemäß besonders nieder in den Ausführungen zur Ekklesiologie.[20] Mehrmals weist er ausdrücklich darauf hin, das Konzil habe einen „Gedanke[n]" (138) – nämlich die permanente Reformbedürftigkeit der Kirche – oder eine „Hauptforderung" (419) – die Bestimmung des Weiheamtes primär als Predigtamt – der Reformation „aufgenommen" (138, 419). Dem reformatorischen „Gedanken eines allgemeinen Priestertums der Glaubenden" sei durch das Konzil „eine späte Anerkennung als Bestandteil auch der katholischen Lehre zuteil geworden" (147). Durchgängig vermerkt Pannenberg Entwicklungen, in denen die römisch-katholische Lehre faktisch reformatorischen Anliegen entgegenkommt: in der Messopferlehre (vgl. 349), beim Laienkelch (vgl. 326), in der Zurückführung des Priesteramtes auf die Jüngerberufungen Jesu (und nicht mehr – wie im Tridentinum – auf den Wiederholungsbefehl beim letzten Abendmahl; vgl. 400). Dabei verfährt er durchaus nicht unkritisch: Die Betonung kirchlicher Reformbedürftigkeit etwa stehe in Spannung zur vom Konzil bekräftigten Behauptung des I. Vatikanums, die Entscheidungen des Papstes seien „irreformabiles" (138). Den Laienkelch habe das Konzil nur als „Ausnahmeregelung" erlaubt (326). Erst nachkonziliar habe die vatikanische Ritenkongregation durch die Klarstellung, dass die *communio sub utraque* ein „deutlicheres Zeichen" sei, dazu beigetragen, dass die reformatorische Kritik an der *communio sub una* „ihre Schärfe verloren" habe (ebd.). Was das Priestertum betrifft, habe das Konzil dieses von der Verkündigungsaufgabe her gedeutet, weshalb die diesbezüglichen amtstheologischen Differenzen „heute nicht mehr kirchentrennend" seien (420). Pannenberg erklärt sogar die berüchtigte Bestimmung (LG 10), dass das Weihepriestertum sich vom allgemeinen Priestertum „*essentia et non gradu tantum*" unterscheide, für vereinbar mit der lutherischen Lehre, die das ordinationsgebundene Amt ja auch kategorial vom allgemeinen Priestertum unterscheide, nämlich durch den Aspekt der Öffentlichkeit. Er kritisiert allerdings, dass die Formulierung eine graduelle

---

20 Vgl. W. Pannenberg, Systematische Theologie, Bd. 3, Göttingen 1993, 115–472 (13. Kapitel). Die folgenden Belege im Text beziehen sich auf dieses Werk. Es fällt auf, dass nur in Band 3 das II. Vatikanum im Register erscheint. Die weitaus meisten Nennungen fallen in das genannte Kap. 13, einige wenige in das vorangehende Kap. 12 und das folgende Kap. 14, die aber beide im weiteren Sinn zur Ekklesiologie gehören.

Höherstellung des Weihestandes nicht ausschließe (vgl. 423 f.). Den katholischen
Vorwurf eines *defectus ordinis* weist er durch den Nachweis zurück, dass die Reformatoren gerade in ihrer Ordinationspraxis sich der Verantwortung für die Einheit
der Kirche in der apostolischen Sukzession sehr wohl bewusst gewesen seien (vgl.
436–441). Der von Joseph Ratzinger als „Herzstück" der konziliaren Ekklesiologie
gerühmte *communio*-Gedanke impliziert nach Pannenberg, dass die in der Eucharistie versammelte „Ortskirche" als die „grundlegende[] Verwirklichungsgestalt
von Kirche überhaupt" zu gelten hat, wobei die Ortskirchen freilich nicht für sich
allein, sondern in ihrer Verbundenheit die Einheit der Kirche repräsentieren. Der
katholische Gedanke einer *communio hierarchica* verankert diese Verbundenheit
in der „Kollegialität" der Bischöfe untereinander und mit dem Papst, droht aber –
so Pannenberg – „die Absicht, die Wirklichkeit der Kirche vom Gottesdienst der
örtlichen Gemeinden her zu verstehen, in die [...] Betrachtungsweise von der Uni-
versalkirche und ihrer papalen Spitze her" umzukehren (124). Allerdings habe das
Konzil „der Vorstellung der Kirche als Amtskirche komplementär den [...] Begriff
der Kirche als Volk Gottes zu[geordnet]" und damit das kirchliche Amt „als Insti-
tution im Lebenszusammenhang der Kirche und nicht mehr als eine dem Kirchenvolk gegenüber selbständige, dieses allererst hervorbringende Hierarchie"
gedeutet (506). Dass dies in Pannenbergs Augen einen Fortschritt darstellt, ist offenkundig.

Wohlgemerkt: Für Pannenberg ist die ökumenische Verantwortung im Sinne
der Suche nach „sichtbarer Einheit" keine der dogmatischen Selbstverständigung
im Protestantismus nachgeordnete Aufgabe, sondern ein genuines Moment von
dieser. Die verständigungsoffene Analyse des II. Vatikanums ist also für den
Grundvollzug der dogmatischen Reflexion selbst unentbehrlich. Dies gilt zumal
deshalb, weil Pannenberg im Konzil eine substanzielle Weiterentwicklung des Katholizismus diagnostiziert, die den Protestantismus zu einer konstruktiven Fortschreibung der eigenen Lehrgrundlagen herausfordert. Beides sieht der im Folgenden zu behandelnde Entwurf signifikant anders.

2.2 Dietz Lange

Die 2001 erschienene zweibändige „Glaubenslehre" von Dietz Lange[21] repräsentiert in vieler Hinsicht ein Gegenmodell zu Pannenberg. Schon mit dem Titel
stellt Lange sich bewusst in die Tradition des neuzeitlichen Protestantismus. De-

---

21 D. Lange, Glaubenslehre, 2 Bde., Tübingen 2001. Die folgenden Belege im Text beziehen sich auf
dieses Werk.

zidiert nennt er das Werk „Glaubenslehre", weil er keine „Dogmatik" schreiben will. Der Begriff des Dogmas sei nämlich für die evangelische Theologie unbrauchbar; man solle ihn „um der begrifflichen Klarheit willen [...] der römischen und der orthodoxen Theologie [...] überlassen" (Bd. 1, 84). Lange gibt dafür drei Gründe an:

Dogmen beanspruchten *erstens* zu Unrecht, „einen die Zeiten übergreifenden Wortlaut zu bieten, dessen Gültigkeit prinzipiell nicht in Zweifel steht und daher auch nicht verändert werden kann" (ebd.); dieses ahistorische Verständnis belegt Lange bezeichnenderweise mit der berühmten Definition des I. Vatikanums, „Dogmen seien aus sich heraus und nicht auf Grund des Konsenses der Kirche unreformierbar (,ex sese, non ex consensu Ecclesiae, irreformabiles')" (ebd.; Zitat DH 3074). *Zweitens* liege einer solchen „ungeschichtlichen Rede von Gott" die Voraussetzung zugrunde, es sei möglich, „,objektive' Aussagen über Gott zu machen" (Bd. 1, 85). Dass dies aber erkenntnistheoretisch *nicht* möglich ist, habe Kant gezeigt. *Drittens* und vor allem aber „widerspricht die für das Dogma konstitutive lehrgesetzliche Autorität fundamental der [reformatorischen Zentraleinsicht der] Rechtfertigung allein aus Glauben" (ebd.), da sie die Anerkennung von Lehrsätzen ggf. gegen eigene Einsicht fordere und diese zudem zur Zugehörigkeitsbedingung, mithin zum heilsrelevanten guten Werk mache. Lange stellt dem ein als genuin protestantisch behauptetes, strikt fiduziales Glaubensverständnis gegenüber, das den als unbedingtes Vertrauen gedeuteten Glaubensakt allen propositionalen Gehalten vorordnet.

Kirchliche Lehrbildung wird dadurch nicht obsolet. Sie dient der „Identitätsbestimmung", um „die christliche Botschaft als solche kenntlich" zu machen und „gegen Fehlinterpretationen zu schützen". Dies verlangt – wie Lange durchaus einräumt – „ein gewisses Maß an Verbindlichkeit", wenn auch mit „große[r] Variationsbreite". Diese Verbindlichkeit darf aber nicht durch irreformable Dogmen erzeugt werden. Die „christliche Identitätsbestimmung" kann vielmehr, „in direktem Gegensatz zu der oben zitierten Konzilsformulierung, nur *ex consensu Ecclesiae* erfolgen – und zwar nur aus einer solchen Übereinstimmung, die immer wieder neu zu überprüfen und zu erwerben ist."

Wie immer man diese Argumentation im Einzelnen beurteilt: Klar ist, dass sie sich durch schroffe Abgrenzung vom Katholizismus profiliert. Der Protestantismus erscheint als charakteristisch eigene „Weise[] des Christseins" (Bd. 2, 168), die weder einer als überzeitlich beanspruchten Lehrdefinition bedarf noch das Ziel einer übergreifenden organisatorischen Einheit aller Christenmenschen einschließt. Die Suche nach einem ökumenischen Lehrkonsens kann dann aus protestantischer Perspektive schon apriori, ganz unabhängig von ihren Ergebnissen, nur als Irrweg bezeichnet werden, weil die Protestanten sich hier eine ihnen wesensfremde, römisch-katholische Form aufzwingen lassen.[22] An dieser prinzipiellen Differenz konnte auch das II. Vatikanum nichts Wesentliches ändern. In einem grundsätzlichen, fundamentaltheologischen Sinn ist es daher für protestantische Theologie bedeutungslos. Es ist daher kein Zufall, dass sich Lange bei der Beurteilung des Katholizismus eher am Tridentinum und am I. Vatikanum orientiert. Die nachtridentinische Entwicklung habe an der tridentinischen Lehre gar nichts ändern können, da das Unfehlbarkeitsdogma von 1870 ausdrücklich auch rückwirkend eingeführt worden sei (vgl. Bd. 2, 169). Gemäß dieser – für die Feinheiten katholischer Dogmenhermeneutik eher unsensiblen – Betrachtungsweise konnte das II. Vatikanum zwar „eine – sehr wirkungsvolle! – Veränderung des Tons, aber keine grundlegende Änderung in der Sache" bewirken (Bd. 2, 271). Wenn Lange konzediert, das Ökumenismus-Dekret sei in der „Diktion offener geworden" (Bd. 2, 335), fügt er sofort hinzu, dies sei aber „lediglich eine Modifikation der früheren Sprachregelung" (Bd. 2, 336) und habe am Programm einer Rückkehr-Ökumene letztlich nichts geändert. Die seit dem Konzil zu konstatierende „gewisse Öffnung der römisch-katholischen Kirche" gegenüber der ökumenischen Bewegung sei ohnehin in den „expliziten Formulierungen geringer als vielfach angenommen" (Bd. 1, 20).

Wie der Protest einer nicht geringen Zahl protestantischer Hochschullehrer gegen die Unterzeichnung der GER gezeigt hat, ist die Position einer grundsätzlichen Abgrenzung vom Katholizismus in der protestantischen Theologie jedenfalls in Deutschland durchaus nicht unpopulär. Gleichwohl ist zweifelhaft, ob die für Lange grundlegende schroff antidoktrinale Profilierung des Glaubensverständnisses im Sinne eines strikten Fiduzialglaubens tatsächlich zwingendes Implikat reformatorischer Theologie ist. Wenn der Glaubensakt stärker an seine (doktrinal explizierbare) inhaltliche Bestimmtheit gebunden wird, dann verändert sich sofort auch die ökumenische Gesprächskonstellation, weil von prinzipiell vergleichbaren Grundlagen ausgegangen werden kann. Unter dieser Prämisse entstand in den vergangenen Jahrzehnten ein neues Genre der Glaubensreflexion: die „ökumenische Dogmatik".

---

22 Lange plädiert statt einer „Konsens-Ökumene" für eine „Verständigungs-Ökumene", die einen „lockere[n] Zusammenschluss lehrmäßig verschiedener und organisatorisch selbstständiger Kirchen" anstrebt (Bd. 1, 20).

3. Ein neues Genre: „Ökumenische Dogmatik"

Die 1983 erschienene „Ökumenische Dogmatik" des Lutheraners Edmund Schlink ist der erste dogmatische Entwurf, der die Inhalte des christlichen Glaubens programmatisch in konfessionsübergreifendem Horizont unter Orientierung am Verbindend-Gemeinsamen darstellt. Schlinks Werk stand lange allein und hat erst jüngst einen Nachfolger gefunden: das Gemeinschaftswerk einer „Ökumenischen Dogmatik" des Katholiken Wolfgang Beinert und des Lutheraners Ulrich Kühn.[23] Beide Werke sollen im Folgenden nicht umfassend gewürdigt, sondern nur daraufhin untersucht werden, inwiefern für sie das II. Vatikanum von Bedeutung ist.

3.1 Edmund Schlinks „Ökumenische Dogmatik"

Edmund Schlink gehört zu den großen Wegbereitern der Ökumene nach dem II. Weltkrieg.[24] Tief in der lutherischen Tradition verwurzelt,[25] engagierte er sich bereits früh im Ökumenischen Rat der Kirchen und nahm als offizieller Berater am II. Vatikanum teil; sein Buch „Nach dem Konzil"[26] steht neben Barths „Ad Limina Apostolorum" als früher evangelischer Kommentar zu den Konzilsergebnissen. In einer langen Folge von Veröffentlichungen hat er die ökumenische Bewegung begleitet, mitgestaltet, angeregt und dabei immer die theologische Dimension der ökumenischen Aufgabe betont; eine Flucht vor dem theologischen Begriff in Liturgie und Weltdienst lehnte er ab. Insofern ist es nur konsequent, dass er die Summa seines langen theologischen Weges in der Gestalt einer „Ökumenischen Dogmatik" vorlegte, die ein Jahr vor seinem Tod erschien.[27]

---

23 Zu nennen wäre natürlich auch die „Katholische Dogmatik aus ökumenischer Erfahrung" von Otto-Hermann Pesch (Bd. 1,1 und 1,2, Ostfildern 2008, Bd. 2, Ostfildern 2010). Da der vorliegende Beitrag nach den Auswirkungen des II. Vatikanums auf die *evangelische* Dogmatik fragt, wird Peschs Werk nicht eigens analysiert. Dass Pesch sich in hohem Maße auf das II. Vatikanum stützt, ist allerdings evident. Zu Pesch vgl. auch meinen Beitrag: Oberdorfer, Perspektivische Wahrheit (s. Anm. 3), bes. 268–270 und 272.

24 Zur Biographie vgl. J. Eber, Einheit der Kirche als dogmatisches Problem bei Edmund Schlink, Göttingen 1993, 18–50. Zu Schlinks ökumenischer Vita und dem theologischen Profil seines ökumenischen Engagements vgl. D.J. Smit, Confessional *and* ecumenical? Revisiting Edmund Schlink on the hermeneutics of doctrine, in: ders., Remembering Theologians – Doing Theology. Collected Essays 5, hg. von R. Vosloo, Stellenbosch 2013, 543–558.

25 Vgl. schon E. Schlink, Theologie der lutherischen Bekenntnisschriften, München (1940) ³1948.

26 E. Schlink, Nach dem Konzil, Göttingen 1966.

27 E. Schlink, Ökumenische Dogmatik. Grundzüge, Göttingen 1983. Vgl. dazu auch B. Oberdorfer, Ökumenische Dogmatik?, ÖR 57 (2008), 22–33.

Im Vorwort dieses Werkes erläutert Schlink knapp die Motive, die ihn dazu
veranlassten. Wiederholt spricht er von der katalysierenden Bedeutung seiner
vielfältigen ökumenischen „Begegnungen", die neben dem theologischen Gespräch häufig auch die „Teilnahme an Gottesdiensten" unterschiedlicher Konfessionen einschlossen (V). Entscheidend sei ihm nun eine „Beobachtung" (VI) geworden, die sich ihm in den Gesprächen mit orthodoxen Kirchen und anderen
Kirchen aus dem ÖRK und eben auch bei der Teilnahme am II. Vatikanum erschlossen habe, die Beobachtung nämlich, dass ökumenisch oft „in der Struktur
des Gebetes oder der Verkündigung über dasselbe Thema gemeinsame Aussagen"
möglich sind, „die in der Struktur der dogmatischen Lehre unmöglich sind" (VI).
Dies habe ihn zu der Einsicht geführt, dass die Fixierung auf dogmatische Formeln den Blick auf grundlegende Gemeinsamkeiten verstellen kann, da das Gemeinsame sich häufig in anderer Gestalt bzw. „Struktur" artikuliere. Als Beispiele
für die „Vielzahl der Strukturen der Glaubensaussage" nennt Schlink „Bekenntnis, Gebet, Doxologie, Verkündigung und Lehre" (VI). Als das Gemeinsame erkennt Schlink nun das den „voneinander getrennten Kirchen [...] gemeinsam ge-
bliebene[] Dogma" (V). Diesen „Konsensus" im „Dogma" gelte es „neu bewusst zu
machen[]"; von ihm her – Schlink sagt: „von innen" – seien die Differenzen in der
dogmatischen Explikation zu erfassen, statt „von außen", d. h. „von den dogmatischen Gegensätzen, die die Grenzen der voneinander getrennten Kirchen kenn-
zeichnen, [...] auszugehen". Da das verbindende „Dogma" sich aber in den unterschiedlichen Kirchen in unterschiedlichen „Strukturen" konkretisiert, muss die
Dogmatik das Gemeinsame ggf. durch „Übersetzung" aus einer Struktur in eine
andere erschließen.

Das II. Vatikanum ist in diesem Zusammenhang einer von mehreren Anlässen
für Gemeinschaft eröffnende ökumenische Begegnungserfahrungen, die die Bedeutung der Lehrdifferenzen nicht bagatellisieren, aber dazu motivieren, diese im
Lichte einer elementareren Verbundenheit neu zu betrachten. Da Schlink betont,
dass er die genannte „Beobachtung [...] schon früher gemacht" und sie sich ihm in
den späteren Begegnungen nur „immer wieder bestätigt" habe, ist das II. Vatikanum nicht als der Auslöser von Schlinks ökumenehermeneutischem Reflexions-
prozess anzusehen. Wohl aber konnte das Konzil Schlink durch seine Öffnung zu
den nicht-katholischen Kirchen verdeutlichen, dass auch mit der römisch-katholischen Kirche die Suche nach einem gemeinsamen Grund möglich und sinnvoll
ist, dass also auch im Dialog mit ihr die Unterscheidung von Dogma und dogmatischer Formel anwendbar ist, weil sie sie in bestimmter Hinsicht selbst anwen-
det.[28]

In der Durchführung der „Ökumenischen Dogmatik" hat das II. Vatikanum quantitativ keine hervorstechende Bedeutung. Ausweislich des Registers wird es kaum öfter explizit genannt als das Tridentinum. Allerdings sind die Nennungen durchaus gewichtig. So zieht Schlink das Konzil heran, um zu zeigen, dass die römisch-katholische Kirche damit in kontroverstheologisch schwierigen Bereichen „einen wichtigen Schritt vollzogen" (487) habe. Dies vermerkt er etwa, wenn das Konzil im Blick auf die „außerhalb ihrer Grenzen vollzogenen Taufen" von einem „göttlichen Gnadenwirken auch außerhalb der römisch-katholischen Kirche sprach (s. Lumen gentium 15)" (ebd.). Oder er würdigt in der Ekklesiologie, dass das Konzil „mit Recht zu dem zuvor einseitig bevorzugten Begriff ‚der mystische Leib Christi' den Begriff des Gottesvolkes hinzugenommen und von diesen beiden Schwerpunkten her die Lehre von der Kirche entfaltet [habe], ohne den einen Begriff in den anderen aufzulösen und ohne andere neutestamentliche Bezeichnungen zu ignorieren" (585). Auch registriert er Annäherungen zwischen den Kirchen, wenn bei der strittigen Verhältnisbestimmung von Wort und Sakrament „das II. Vatikanische Konzil das Wirken Gottes durch das Wort der Heiligen Schrift wieder stärker betont" habe, während umgekehrt „die Liturgiereform der Reformationskirchen das Herrenmahl wieder enger mit dem Wortgottesdienst verbunden" habe (518). Wie Barth hebt auch Schlink positiv hervor, im II. Vatikanum habe die Autorität der Bibel im Vergleich mit anderen Traditionen „faktisch zugenommen"; „biblische Argumente" hätten eine „viel größere Rolle gespielt als im I. Vatikanum" (692).

Besonders ausführlich beschäftigt sich Schlink mit den Aussagen des Konzils über die „Hierarchie der Wahrheiten". Hier erkennt er „Übereinstimmungen" mit den „Methoden, die sich in der Arbeit des Ökumenischen Rates bewährt haben" (694). Aber auch Luther habe „Hauptartikel" des Glaubens gegenüber weniger zentralen Artikeln abgehoben, ebenso wie die Altprotestantische Orthodoxie „fundamentale" und nicht fundamentale Lehren unterschieden habe. Wenn das II. Vatikanum nun als das „Fundament des Glaubens" den Glauben an den trinitarischen Gott und an den menschgewordenen Sohn Gottes als unseren Herrn und Erlöser bestimme, so entspreche dies der „Basis" des ÖRK, die als Zugehörigkeitsbedingung „das Bekenntnis Jesu als ‚Gott und Heiland' und die Bereitschaft zu einem gemeinsamen Wirken ‚zur Ehre Gottes des Vaters und des Sohnes und des Heiligen Geistes' festgelegt" habe (697).

---

28 Auch in „Nach dem Konzil" bettet Schlink das II. Vatikanum ein in den breiteren Strom eines „Aufbruch[s] der Christenheit", für den er vielfältige Faktoren geltend macht, vgl. Schlink, Nach dem Konzil (s. Anm. 26), 9–23.

Die *inhaltliche* Übereinstimmung im Glaubensfundament und die *methodische* Übereinstimmung in der Unterscheidung von Fundament und Explikation bilden nun – verbunden mit Schlinks *heuristischem* Prinzip der Berücksichtigung unterschiedlicher Präsenzformen des Dogmas – eine gute Voraussetzung für den verständigungsorientierten Umgang mit den dogmatischen Differenzen – zumal das Konzil selbst, wie Schlink eigens hervorhebt, die Frage nach den „untergeordneten dogmatischen Aussagen (bzw. ‚Wahrheiten') und nach den „Rangstufen" nicht selbst beantwortet, sondern „der theologischen Weiterarbeit überlassen" habe (698).

Man könnte insofern sagen, dass Schlink die vom Konzil vorgetragene Lehre von der „Hierarchie der Wahrheiten" geradezu als hermeneutischen Schlüssel für einen ökumenischen Zugang zu den Lehraussagen des Konzils insgesamt, ja zur römisch-katholischen Lehre überhaupt verwendet. Jedenfalls sieht er sich dadurch gerechtfertigt, in sein Verfahren, die Lehrdifferenzen „von innen", vom gemeinsamen Fundament her zu interpretieren, auch die römische Kirche einzubeziehen.

Natürlich kann man fragen, ob Schlink das Modell der „Hierarchie der Wahrheiten" nicht überstrapaziert. Jedenfalls ist unklar, ob sein Bild von der „kopernikanischen Wende" (695), nach der nicht mehr alle kirchlichen Gemeinschaften um die eine Kirche kreisen, sondern alle Kirchen um den einen Christus, wirklich seit dem Konzil auch dem römischen Selbstverständnis entspricht. Und in der unterschiedlichen Gestaltung der „Rangstufen" im Blick auf ihre Nähe zum ‚Fundament' können die harten Lehrdifferenzen durchaus erneut zur Geltung kommen. Gleichwohl bleibt bemerkenswert, dass Schlink im Katholizismus selbst ein Prinzip entdeckt, dass diesen ökumenisch gesprächsfähig macht.

3.2 Die „Ökumenische Dogmatik" von Wolfgang Beinert und Ulrich Kühn

Genau zwanzig Jahre nach Schlink veröffentlichten der Katholik Wolfgang Beinert und der Lutheraner Ulrich Kühn ihre gemeinsame „Ökumenische Dogmatik".[29] Sie berufen sich im Vorwort auf Schlink als „Altmeister der evangelischen ökumenischen Theologie" (V). Ihr Ansatz unterscheidet sich aber von diesem. Während bei Schlink die Suche nach der Einheit im Vordergrund steht, setzen Beinert und Kühn eine bereits erreichte Gemeinsamkeit voraus, die so groß ist, dass

---

29 W. Beinert / U. Kühn, Ökumenische Dogmatik, Leipzig/Regensburg 2013.

jeweils einer der Autoren ein dogmatisches Teilgebiet in einer für beide Konfessionen repräsentativen Weise bearbeiten kann. So zeichnet Beinert für die wissenschaftstheoretischen Prolegomena verantwortlich, Kühn für das Kapitel zu Offenbarung, Schrift und kirchliche Lehre, Beinert wiederum für die Gotteslehre, etc. Die einzige „Ausnahme" (VI) bildet die Ekklesiologie.

Hier räumen die Autoren ein, dass die Differenzen eine gemeinsame Darstellung noch unmöglich machen; der Traktat wird deshalb doppelt, aus evangelischer und aus katholischer Perspektive, abgehandelt. Beinert und Kühn betonen aber, dass „insgeheim auch hier ein festes Miteinander als Ergebnis erschein[e]" (ebd.).

Das II. Vatikanum hat in diesem Projekt quantitativ und qualitativ eine herausragende Stellung. Weit umfangreicher als die bisher behandelten Autoren – selbst als Pannenberg – ziehen vor allem Beinert, aber (in geringerem Ausmaß) auch Kühn es heran. In nahezu allen „Traktaten" (bis auf Pneumatologie und Eschatologie) erscheint es als wichtiger Referenztext. Dabei betonen die Autoren durchgängig seine epochale Bedeutung: Im Offenbarungsverständnis etwa habe es einen „wichtigen Schritt über das I. *Vaticanum* hinaus vollzogen", indem es Offenbarung heilsgeschichtlich als „geschichtliche[n] Vorgang und nicht primär [als] eine Lehre" verstehe (37); dies sei ein „Fortschritt", das Konzil habe damit „ die Einsichten der Bibelwissenschaften und auch des ökumenischen Dialogs aufgegriffen" (ebd.). Das Konzil „markier[e]" auch einen „wichtigen Schritt der katholischen Christologie [...]" von der metaphysisch-ontologischen, an der Zwei-Naturen-Lehre ausgerichteten Christologie der Neuscholastik hin zu einer ‚erzählenden'", sich für die Einsichten der historische Exegese öffnenden Betrachtungsweise (328); dies habe „zu großer Nähe zwischen evangelischer und katholischer Christologie geführt" (ebd.). Besonders nachdrücklich als „ekklesiologische[r] Neuansatz des Konzils" (468) gewürdigt wird die „communio"-Ekklesiologie, die zwar altkirchlichen Ursprungs, aber vom Konzil gleichsam wiederentdeckt worden sei (vgl. 436). Als ekklesiologischer „Grund- und Schlüsselbegriff" (ebd.) überwinde der communio-Gedanke die „gewohnte Unterscheidung von Klerikern und Laien" (552) im Zusammenhang der einen „Gemeinschaft aller Christgläubigen" (ebd.). Die Autoren räumen zwar ein, dass das Konzil die Lehramtstheologie des I. Vatikanums „in vollem Maße" bestätigt habe (66; vgl. 625); es habe aber „neben der päpstlichen auch die kollegial-bischöfliche Lehrvollmacht herausgestellt" (66). Sie konstatieren eine elementare Spannung in der konziliaren Ekklesiologie selbst im Blick auf die Beurteilung nichtrömischer Kirchen: „Der Alleinstellungsanspruch der römischen Kirche soll mit der Einsicht in das Geistwirken in anderen Institutionen vermählt werden" (500). Daraus resultiere ein nachkonziliarer innerkatholischer „Auslegungsstreit" um das „subsistit", in dem sich die Autoren dezidiert gegen die lehramtliche Interpretation (namentlich in der Erklärung „Dominus Iesus") wenden, die die exklusive Identität der römischen Kirche mit der Kirche Jesu Christi bekräftigt und anderen Kirchen weiterhin das Kirchesein „im eigentlichen Sinn" abspricht. Generell heben sie die Konzilsaussagen hervor, die ein Geistwirken auch außerhalb der römischen Kirche benennen – geradezu „spektakulär" ist für Kühn etwa „jener Abschnitt in der Kirchenkonstitution [...], demzufolge auch Nichtchristen Anteil an der Gnade haben" (393; vgl. 402 f.; 489 f.). Durchgängig erkennbar ist das Bestreben, in den Konzilsdokumenten eine Öffnung für die Anliegen der reformatorischen Theologie zu identifizieren.

Wenige Jahre nach dem Streit in der deutschen evangelischen Theologie um die „Gemeinsame Erklärung zur Rechtfertigungslehre" bedeutet ein Projekt dieses Zuschnitts ein klares programmatisches Statement. Katholische und evangelische Theologie erscheinen durch ein gemeinsames Problembewusstsein so eng miteinander verbunden, dass die unterschiedlichen Zugänge, Akzente, Sprachformen als Differenzen innerhalb einer umgreifenden Gemeinschaft erkennbar werden. Die „Ökumenische Dogmatik" ist gleichsam eine umfassende Umsetzung des in der GER auf die Rechtfertigungslehre beschränkten „differenzierten Konsenses". Selbst der bleibende Dissens in der Ekklesiologie, näherhin im Amtsverständnis, wird gewissermaßen eingekapselt; er strahlt nicht auf die anderen theologischen Themen aus, wird also nicht als Indikator für eine kontradiktorische Fundamentaldifferenz wahrgenommen, sondern als Dissens in einem Teilgebiet markiert.

Dies ist unter anderem deshalb möglich, weil auch Beinert und Kühn sich auf die Lehre des II. Vatikanums von der *hierarchia veritatum* berufen (vgl. 7 f.), die es erlaubt, verbleibende Differenzen zu gewichten und ggf. als untergeordnet gegenüber einer Einheit im ‚Glaubensfundament' zu beurteilen.[30] Hier wird im Übrigen eine zweite Diskursformation sichtbar, innerhalb deren die „Ökumenische Dogmatik" sich programmatisch positioniert: die innerkatholische Diskussion nämlich um die Interpretation – wenn man so will: das Erbe – des II. Vatikanums. Durch die Tat stellen sich Beinert und Kühn auf die Seite derjenigen, die die ökumenische Öffnung des Konzils bewahren möchten, auch gegenüber Bestrebungen, das Konzil so strikt in Kontinuität zum Tridentinum und zum I. Vatikanum zu rücken, dass es diesen gegenüber eigentlich nichts wirklich Neues gebracht

---

30 Dies geschieht explizit im Blick auf die Ekklesiologie: „Nicht eigentlich im Zentrum des Glaubens – Trinität, Christus, Erlösung –, sondern im Verständnis der Weitergabe dieser Mitte differieren die Kirchengemeinschaften und ihre Theologien" (VI).

hat. Sie richten sich damit auch gegen Tendenzen (auf beiden Seiten!), die Bedeutung der ökumenischen Bewegung des 20. Jahrhunderts für die jeweilige konfessionelle Selbstbeschreibung zu bagatellisieren. Durch den Anspruch, ein im theologischen Lehrbetrieb beider Konfessionen verwendbares Lehrbuch vorzulegen, demonstrieren sie, dass die ökumenische Verantwortung zum ‚Kerngeschäft' der Dogmatik gehört und nicht als allenfalls entbehrliches *donum superadditum* aufgefasst werden darf.

4. „Unternehmen Zukunft"? Ökumenische Fernwirkungen des II. Vatikanums

„‚Unternehmen Zukunft' – das ist die Ökumene." So betont optimistisch setzen Beinert und Kühn den Anfang ihrer „Ökumenischen Dogmatik". Sie begründen das mit der Beobachtung: „Große Teile der Christenheit und viele ihrer Führungspersönlichkeiten sind überzeugt, dass allen Trennungen zum Trotz die Gemeinsamkeit unter den Nachfolgerinnen und Nachfolgern Christi sich als unzerstörbar erwiesen hat." Und sie fügen hinzu, „Jesu Wunsch nach Einheit" sei „keine mit den Horizonten wandernde Utopie, sondern eine sich ständig der Erfüllung nähernde Verheißung" (V). Die empirische Evidenz dieser Behauptungen ist allerdings zweifelhaft: Gewiss haben die umfassenden sozial- und kulturgeschichtlichen Entwicklungen des 20. Jahrhunderts ein breiteres und tieferes Verständnis christenmenschlicher Verbundenheit über die Konfessionsgrenzen hinweg erzeugt, dessen deutlichster Ausdruck die ökumenische Bewegung ist.[31] Dass dies eine stetige Dynamik hin auf immer größere oder immer deutlicher sichtbare „Einheit" etabliert hätte, wird man indes wohl selbst dann nicht ohne Weiteres sagen können, wenn man Einheit nicht strikt als *organisatorische* Einheit fasst. Jedenfalls ist der *Wunsch* nach Einheit in den unterschiedlichen Denominationen, ja häufig auch innerhalb ihrer, mit sehr unterschiedlichen Vorstellungen von der Gestalt dieser Einheit verbunden. Insofern lässt sich die vollmundige Bestimmung der Ökumene als „Zukunftsprojekt" auch als Ausdruck der Sorge um die Zukunft dieses Projekts, mithin als Beschwörung dieser Zukunft lesen.

Doch vielleicht bedarf es dieser kontraempirischen Fiktion eines umfassenden stetigen Annäherungsprozesses gar nicht, um die vielfältigen positiven Effekte

---

31 Die multilaterale Ökumene, wie sie sich besonders im Weltrat der Kirchen artikuliert, spielt bei Beinert und Kühn übrigens – anders als bei Schlink – keine signifikante Rolle; sie konzentrieren sich weitgehend auf den katholisch-lutherischen Dialog.

des „Jahrhunderts der Ökumene" im Einzelnen unbefangen würdigen zu können. Dass zu diesen positiven Effekten auch die ökumenische Öffnung der römisch-katholischen Kirche im II. Vatikanum gehört, ist unbestreitbar. Was daraus folgt, ist freilich offen und wird in beiden Konfessionen durchaus kontrovers diskutiert. Stimmen, die in diesem Konzil keinen *grundsätzlichen* Wandel erkennen und daher, unabhängig von aller erfreulichen Annäherung im Einzelnen und im Atmosphärischen, an einer *grundsätzlichen* Differenz zwischen den Konfessionen festhalten, gibt es hier wie dort.[32] Andere sehen im II. Vatikanum weiterhin die Grundlage dafür, dass auch mit der römisch-katholischen Kirche ein „Konsens in Grundwahrheiten" als bestehend konstatiert werden kann, mit Konsequenzen auch für die konfessionsperspektivische dogmatische Darstellung der ‚christlichen Wahrheit'. Direkt oder indirekt bleiben die Impulse des Konzils also auch für die evangelische Theologie weiterhin virulent, und sie tut gut daran, das nicht zu ignorieren.

Zusammenfassung

Hat das II. Vatikanum die protestantische Dogmatik beeinflusst? Nach hermeneutischen Überlegungen zur Bedeutung der Entwicklungen in anderen Konfessionen für die protestantische Dogmatik behandelt der Beitrag zunächst Karl Barths Reaktion auf das II. Vatikanum, vergleicht dann Pannenbergs „Systematische Theologie" und Langes „Glaubenslehre" als zwei signifikant unterschiedliche dogmatische Lehrbücher und stellt schließlich das neue Genre der „Ökumenischen Dogmatik" anhand der Entwürfe von Schlink und Bienert/Kühn vor.

Did the Second Vatican Council influence Protestant dogmatics? The paper starts with general hermeneutical reflections on if or how the doctrinal developments in other denominations can have impact on Protestant dogmatics. Then, it discusses Karl Barth's early comments on the Council, compares Pannenberg's "Systematic Theology" and Lange's „Glaubenslehre" which significantly differ referring to that question, and tackles the new genre of "Ecumenical Dogmatic," introducing the respective works of Schlink and Bienert/Kühn.

---

32 Vgl. oben zu D. Lange. Auf katholischer Seite vgl. K.-H. Menke, Sakramentalität. Wesen und Wunde des Katholizismus, Regensburg 2012.

JOSEF WOHLMUTH

Erwartungen an eine künftige evangelische Rezeption des Zweiten Vatikanums aus katholischer Sicht

Kann ich es überhaupt wagen, als katholischer Theologe an die Kirchen der Reformation heranzutreten, um meine Erwartungen an diese zu formulieren, obwohl sie nach dem Konzil doch gar nicht offiziell eingeladen wurden, den katholischen Rezeptionsprozess aktiv zu begleiten? Wenn ich meine Erwartungen dennoch formuliere, dann aus meiner Sicht der bisherigen innerkatholischen und ökumenischen Rezeption, soweit ich sie in den 50 Jahren überblicken kann.

1. Einblick in die innerkatholische Rezeption des Zweiten Vatikanums

Nach meiner Kenntnis der Konziliengeschichte ist ein Konzil, gerade auch dann, wenn es wichtige Entscheidungen für die universale Kirche getroffen hat, in der Kirche erst angekommen, wenn seine Entscheidungen in Lehre und Lebensgestaltung von den Gläubigen rezipiert worden sind. Kurz nach dem Zweiten Vatikanum sagte mir der Bonner Kirchenhistoriker und theologische Berater des Kölner Kardinals Frings auf dem Konzil, Hubert Jedin, nach seiner Kenntnis der Konziliengeschichte dauere es jeweils etwa 50 Jahre, bis klar ist, ob ein Konzil in der Kirche angekommen ist. Dies sei für das Zweite Vatikanum nicht anders. Das erschien mir damals als einem mit dem Konzil aufgewachsenen Theologen allerdings reichlich lange. Wir konnten das von Johannes XXIII. ausgerufene Konzil kaum erwarten. Als es nach drei Jahren zu Ende war, hatten wir überhaupt keinen Zweifel daran, dass so wie wir, auch die gesamte Kirche das Konzil mit offenen Herzen erwartet hatte. Große Vorbehalte gegen die Entscheidungen des Konzils kannte meine Altersgruppe kurz nach dem Konzil überhaupt nicht. Inzwischen sind die Jahre vergangen und noch immer haben wir als Katholiken den Eindruck, das Zweite Vatikanische Konzil sei noch nicht vollends rezipiert worden, ja Zweifel sind allenthalben zu spüren, ob die Reformeuphorie der 1960er Jahre zu unbedarft, ja utopisch gewesen sei. Kein Wunder, wenn immer wieder zu hören war, das Zweite Vatikanum selbst sei schuld daran gewesen, dass in diesen 50 Jahren ein gewaltiger Einbruch im kirchlichen Leben geschah. Wir sind deshalb als Katholiken meiner Generation gut damit beschäftigt, als unbedeutende Zeitzeugen des Konzils, der eigenen Kirche Selbstzweifel zu nehmen und die Gläubigen nicht in Agonie verfallen zu lassen. Wir wollen nicht, dass das Konzil in der geschichtlichen Vergangenheit versinkt. Wir schließen uns nicht den Zweiflern an, die sagen, aufgrund des Konzils habe sich die nachkonziliare Kirche als ohnmächtig erwiesen, die großen Herausforderungen der vergangenen 50 Jahre zum Wohl der Christenheit zu bewältigen. Viele Wünsche richten sich deshalb von meinen Altersgenossen in Theologie und kirchlicher Praxis zuerst an die eigene Kirche, die konziliaren Aufbrüche nicht zu vergessen. Nach meiner Überzeugung ist es, nüchtern betrachtet, jetzt im Rahmen des 50jährigen Jubiläums erst recht an der Zeit, innerkatholisch zu prüfen, in welchen Punkten das Zweite Vatikanum nur lückenhaft rezipiert wurde und wo sich Fragen anmelden, die mit dem Konzil noch gar nicht ins Auge gefasst werden konnten, aber heute im Rückbezug auf das Konzil beantwortet werden müssen.

Die an mich herangetragene Bitte, über meine Erwartungen bezüglich einer künftigen *evangelischen* Rezeption des Zweiten Vatikanums nachzudenken, hat mich fragen lassen, ob es in den evangelischen Kirchen wirklich ein ernsthaftes Interesse an der Rezeption des Zweiten Vatikanums geben kann, zumal die Einladung der „getrennten Brüder" damals eher als minimale Form der Teilnahme am Konzil zu verstehen war. Aber dann wurde mir bewusst, dass die nachkonziliare Zeit schon von so vielen ökumenischen Initiativen unter Beteiligung der evangelischen Kirchen geprägt war, dass ich diese nur als eine Weise der Rezeption des Zweiten Vatikanums deuten kann. So habe ich mich entschieden, im Folgenden einige Gedanken zu äußern.

Im Theologischen Kommentar zum Zweiten Vatikanischen Konzil[1] fragt Peter Hünermann, ob die Texte des Zweiten Vatikanums eine innere Einheit aufweisen. Diese Frage ist auch für eine künftige evangelische Rezeption nicht unwichtig. Hünermann verweist u. a. auf Karl Rahners Versuch, diese innere Einheit zu bekräftigen, indem er die Unterscheidung Kirche *ad intra* und Kirche *ad extra* von Kardinal Suenens übernahm. (58) Als grundlegendere Sicht auf die Texte des Konzils referiert Hünermann den Pariser Theologen Christoph Theobald. (59 f.) Bei ihm gibt es eine vertikale Achse der Texte von der Spitze der Offenbarung von Gott her bis zum Gegenpol, dem Menschen als Empfänger der Offenbarung in Gewis-

---

1   Vgl. P. Hünermann / B. Hilberath (Hg.), Herders Theologischer Kommentar zum Zweiten Vatikanischen Konzil. 5 Bde. Freiburg i. Br. 2004–2006. Zum Folgenden vgl. bes. Bd. 5: Die Dokumente des Zweiten Vatikanischen Konzils: Theologische Zusammenschau und Perspektiven.

sen und Freiheit. Dieser vertikalen Achse sind zwei horizontale Ebenen beigeordnet: 1. Schrift und Tradition; 2. Kirche mit ihrem Selbstverständnis als Zentrum, dem in Lumen gentium (LG) die nichtkatholischen Kirchen und kirchlichen Gemeinschaften, das Judentum und die anderen Religionen und schließlich die säkularen Atheismen in entsprechender Abstufung kreisförmig zugeordnet werden (vgl. LG 13), wobei der Streit um das *subsistit in* (LG 8) zumindest so viel besagt, dass die katholische Kirche nicht ausschließlich mit der einen, heiligen, katholischen und apostolischen Kirche identifiziert werden darf. Das sind alles hoch theologische Fragen, um die sich auch weiterhin ein gemeinsames Ringen lohnt. Dabei steht nicht nur das Zweite Vatikanum, sondern auch das Kirchenverständnis der vergangenen Jahrhunderte, zumal seit dem 16. Jh., zur Debatte. Das Studium der offiziellen Texte und ihrer Entstehungsprozesse ist unerlässlich und die unabschließbare Interpretation geht die gesamte Christenheit an.

Was Hünermann als „exemplarische[n] Charakter des II. Vatikanischen Konzils" bezüglich der Erarbeitung der Texte herausstellt, ist interessanterweise im Vergleich mit dem Konzil von Trient gar nicht so exemplarisch. Denn dort hatten z. B. die Fachtheologen in der Textproduktion sogar eine offizielle Stellung inne, indem sie den Entscheidungsinstanzen grundlegende Einschätzungen der reformatorischen Positionen und entsprechende Textentwürfe vorlegten, die dann von den stimmberechtigten Konzilsvätern bis zur Verabschiedung in der feierlichen Sitzung behandelt wurden. Die Reformatoren waren nicht nur durch ihre Schriften im Tridentinum mehr oder weniger präsent, sondern wurden auch zur Teilnahme am Konzil eingeladen. Leider führten widrige politische Umstände dazu, dass die Eingeladenen nicht nach Trient kamen.[2]

Die Einheit der Texte, auf die man in der Rezeption des Zweiten Vatikanums Wert legt, war auch schon für das Konzil von Trient wichtig. Die Texte, die dort verabschiedet wurden, entstanden in drei zeitlich weit auseinander liegenden Perioden (1545–1563), die mit der Kürze und Kompaktheit des Zweiten Vatikanums (1962–1965) nicht vergleichbar sind. In Trient war in der dritten Periode fast eine neue Generation herangewachsen. Das Ziel, die reformatorischen Lehren und Praktiken abzuwehren, trug zur Einheit der Texte bei, besiegelte aber auch die Trennung. Im Gegensatz dazu gehörte es zum Zweiten Vatikanum, keine neuen Verurteilungen mehr auszusprechen und mit Entschiedenheit Texte zu verfassen, die auch den nichtkatholischen Kirchen akzeptabel erscheinen sollten.

---

2 Vgl. J. Wohlmuth, Art. Tridentinum I. Geschichte, Prozeß, Ergebnisse, in: RGG⁴ 8 (2005), 588–592.

Peter Hünermann hat in seiner theologischen Zusammenschau, die auf das im Konzil Erreichte zurückschaut und zugleich Perspektiven für die weitere Rezeption entwirft, nicht nur auf die sachliche Einheit und Zusammengehörigkeit der konziliaren Texte aufmerksam gemacht, sondern auch auf das innere Gefälle der konziliaren Textsorten von den Konstitutionen über die Dekrete bis zu den Erklärungen verwiesen.[3] Hünermann schaut auch zurück auf das Konzil von Trient und das Erste Vatikanum, von denen er feststellt, in Trient habe man die Lehr- und Reformtexte als ‚Dekrete' bezeichnet, während im ersten Vatikanum die beiden dogmatischen Dokumente über die Offenbarung *Dei Filius* und über die Kirche *Pastor aeternus* als ‚dogmatische Konstitutionen' bezeichnet wurden.[4] Hünermann sieht deshalb zunächst schon bei der Entstehung der Texte ein gewisses Machtgefälle im Zweiten Vatikanum, weil die [zentrale] theologische Kommission von Anfang an beansprucht habe, „allein für dogmatische Konstitutionen zuständig zu sein" (57), und die anderen Kommissionen, die nur für die praktischen Fragen der Reform des kirchlichen Lebens zuständig seien, nur ‚Dekrete' und ‚Erklärungen' vorbereiten sollten. Dass dies nicht durchgehalten werden konnte, zeigte bereits das erste Dokument des Konzils, die Liturgiekonstitution (*Sacrosanctum Concilium*: SC), das kein reines Lehrdokument ist, und *Gaudium et spes* (GS), das große Dokument der konziliaren Schlussphase, für das sich gegen Widerstände die spannungsreiche Bezeichnung ‚Pastorale Konstitution' durchgesetzt hat. Aufs Ganze gesehen konnte sich also die Dualität von Lehre und Pastoral nicht in Reinform durchhalten, da z. B. *Nostra aetate* (NA) und *Dignitatis humanae* (DiH) als Erklärungen ebenfalls lehrmäßige Prämissen und Inhalte enthielten.

Daraus folgte, dass das Zweite Vatikanum mit seinen Konstitutionen (einschließlich der Liturgie- und Pastoralkonstitution (GS, SC) ein hohes Maß an Doktrinalität zeigte. Dies hat den nachkonziliaren und ökumenischen Rezeptionsvorgang nicht in jeder Hinsicht erleichtert, ermutigte aber auch dazu, die Theologien nicht gering einzuschätzen. Allerdings machte bald – zumal in traditionalistischen katholischen Kreisen – der Verdacht einer heimlichen Protestantisierung der katholischen Kirche die Runde. Daraus erwuchsen Fragen nach der Verbindlichkeit der Texte aufgrund ihrer gestuften Qualifizierung. Bei strittigen

---

3   Vgl. P. Hünermann, Die Gestalt des Textes: Einheit – Struktur – Grundlage, in: ders./Hilberath (Hg.), Theologischer Kommentar, Bd. 5 (s. Anm. 2), 56–75 (Kap. 1, III.).

4   Genauer gesehen gibt es noch andere Textformen in Trient wie *Canones*, die der *Doctrina* beigeordnet sind oder auch als Kanones der Reform zu gelten haben. Beide Konzilien beginnen mit dem Glaubensbekenntnis.

Punkten berief man sich gerne auf den ‚Geist des Konzils', wenn die Texte zu sperrig und die gelebte Praxis des Glaubens zu anspruchsvoll erschien oder wenn in der liturgischen Erneuerung die verschiedenen Wünsche aufeinander prallten. Die Rezeption wurde deshalb innerkatholisch ein hartes Ringen um das Verstehen und verantwortliche Umsetzen der konziliaren Entscheidungen. Den ‚Geist des Konzils', so wurde auch von offizieller Seite immer wieder betont, gebe es nicht neben den Texten, sondern mit und in ihnen. Den innerkatholischen Rezeptionsprozess lenkten jedoch nicht nur die konziliaren Texte selbst, sondern auch – und bisweilen noch mehr – die gesellschaftlichen und politischen Strömungen, welche die Öffentlichkeit bestimmten. Gleichwohl gehörte es zu den grundlegenden Weichenstellungen der Pastoralkonstitution GS, dass die Kirche die Bereiche des Gesellschaftlichen und Politischen in ihrer Eigenständigkeit anerkannt hatte. An den Wellen der gesellschaftlichen und politischen Entwicklungen lassen sich jedoch die Phasen der Konzilsrezeption gut ablesen. Sie reichten von den revolutionären Bewegungen über die Friedensbewegung bis in den Aufbruch der ökologischen Bewegung, um nur diese zu nennen. Widerholt hatten wir als Katholiken den Eindruck, dass sich die evangelischen Kirchen mutiger, bisweilen aber auch unter erhöhtem Risiko den jeweiligen Strömungen öffneten. Nicht zu vergessen ist dabei, dass die große politische Wende von 1989 alle Kirchen vor Probleme stellte, die das Konzil unter den Bedingungen des Kalten Krieges noch gar nicht kennen konnte.

Ablesen lassen sich an der Konzilsrezeption natürlich auch die innerkatholischen Friktionen, als z. B. die Theologie der Befreiung ins Visier des Lehramtes geriet und die Gruppe um Marcel Lefebvre und die Piusbruderschaft bis in die jüngste Vergangenheit das Feld bestimmten. Die ökumenische Konzilsrezeption, in der man sich um Konsenstexte bemühte, bewegte sich mehr im Kreis der Fachleute, bei denen die politischen Herausforderungen eine geringere Rolle spielten. Nicht zu übersehen ist auch, dass die Christenheit in der westlichen Welt in den 50 Jahren gewaltig in die Defensive geraten ist. Dies hat die katholische Kirche stärker betroffen als die evangelischen Kirchen. Klar ist, dass die Missbrauchsfälle die katholische Kirche in ihrer Glaubwürdigkeit zutiefst erschütterten. Der Wechsel im römischen Pontifikat von Papst Benedikt zu Papst Franziskus wurde zum Signal, wie tief die Erschütterung der Kirche reichte und wie sehr sie einer grundlegenden Reform bedarf. Deshalb wird auch in den kommenden Jahren erneut zur Debatte stehen, welche Bedeutung dem Zweiten Vatikanum zukommt. Es wäre m. E. gut, wenn die evangelischen Kirchen die anstehenden Reformen aufmerksam, wohlwollend und zugleich kritisch begleiteten. Vielleicht zeichnet sich dabei auch schon ab, ob ein neues Konzil ins Auge gefasst werden muss. Werden die Bemühungen um die Reform der katholischen Kirche die gesamte Christenheit so betreffen, dass daraus auch eine neue Vision der Ökumene entspringen wird? Ich glaube deshalb, dass erst heute, im Rückblick auf die 50 Jahre seit dem Zweiten Vatikanum, eine neue Bestandsaufnahme möglich und fällig ist. Dies ist m. E. auch die Stunde, in der die evangelischen Kirchen aus ihren Erfahrungen und Theologien herausgefordert sind, mit allen Kräften die Einheit der Kirche in versöhnter Verschiedenheit anzuzielen und mit allen Kräften mitzutragen. Wir können heute klarer sehen und gemeinsam analysieren, wo die gesellschaftlich-politischen Wellenbewegungen der vergangenen 50 Jahre auch in Sackgassen geführt haben und deshalb heute um tragfähigere Orientierungen gerungen werden muss.

Das Zweite Vatikanum war nach katholischem Verständnis ein ökumenisches Konzil. Als solches war es auch nicht zur Neuerfindung der katholischen Kirche einberufen, sondern stand von vornherein in einer langen Reihe der Konzilien, mag man über deren anerkannte Zahl von 20 vorausgehenden Konzilien auch streiten. Aber immerhin gehörte das Wissen, dass auf einem ‚ökumenischen Konzil‘ eigentlich die gesamte Christenheit repräsentativ vertreten sein müsste, noch zur spätmittelalterlichen Konzilsgeschichte: So wurde das ‚universale Konzil‘ im Konzil von Ferrara-Florenz erst zum ‚ökumenischen Konzil‘, als die griechisch-orthodoxe Kirche und andere orthodoxe Kirchen zum Konzil kamen. Das Desaster, dass in Florenz die Einheit mit den Griechen beschlossen wurde, aber zerbrach, als die Konzilsväter noch kaum zuhause angekommen waren, ist eine Erfahrung für künftige Zeiten, konziliare Verhandlungen zur Herbeiführung der Einheit sorgfältigst vorzubereiten und respektvollst durchzuführen. Das Zweite Vatikanum sollte nach dem Willen Papst Johannes XXIII. in besonderer Weise auf die Einheit der Christenheit hinarbeiten, wurde aber dadurch nicht schon im strengen Sinn des Wortes zu einem ‚ökumenischen Konzil‘ der Christenheit. Durch die Zielrichtung auf die Einheit hin wurde jedoch erreicht, dass die Stunde der Ökumene in der katholischen Kirche gekommen war. Es wurden keine Lehrentscheidungen verabschiedet, die neue Barrieren unter der Christenheit aufrichteten. Zugleich sollte das Konzil in seiner pastoralen Ausrichtung dem Aggiornamento dienen, das die katholische Kirche nicht zuletzt auch für die anderen Kirchen ‚attraktiv‘ machte. Gottlob stellte sich bald heraus, dass Kirchenreform ohne theologische Grundlagenbesinnung nicht möglich war. Dazu trug auch bei, dass die konziliaren Prozesse, die mehr und mehr im Angesicht der ‚getrennten Brüder‘ verliefen, das bisherige katholische Denken aufbrach und über sich selbst hinausführte.

2. Erwartungen und Wünsche an die evangelischen Kirchen in der zweiten Phase der Konzilsrezeption

Im Blick auf die 50 Jahre ist der Zeitpunkt bloßer Archivierung des Konzils noch nicht gekommen. Das Konzil ist noch nicht dem kulturellen Gedächtnis überlassen. Es gibt die Chance des zweiten Blicks auf die konziliaren Texte und damit auf einen kritischeren Rezeptionsprozess, angesichts dessen ich frage, ob damit nicht auch erst die Stunde einer wahrhaft ökumenischen Rezeption angebrochen ist, in der sich die Bedeutung des Konzils auch für die evangelischen Kirchen und ihre Verantwortung für die gesamte Christenheit erweisen kann. Es ist besonders in Deutschland nicht gering einzuschätzen, dass es im Haus der Wissenschaften katholische und evangelische Fakultäten der Theologie und eine Reihe theologischer Einrichtungen gibt, die in der nachkonziliaren Zeit bisher bereits viele Formen der Zusammenarbeit in Forschung und Lehre entwickelten, von denen auch die ökumenischen Bemühungen mitgetragen wurden. Es gab auch seit dem Ende des Konzils kein Studium der katholischen Theologie ohne Öffnung auf die evangelische Theologie. Diese hat die Texte des Konzils ihrerseits nicht nur oberflächlich zur Kenntnis genommen. Es entstand so etwas wie eine gemeinsame Lektüre, die in gemeinsamen Lehrveranstaltungen vorangetrieben wurde. Die Kirchenkonstitution *Lumen Gentium* (LG), die Offenbarungskonstitution *Dei Verbum* (DV) oder die Pastoralkonstitution (GS) waren zentraler Gegenstand gemeinsamer theologischer Lehre und Forschung geworden. Überraschend war die Schnelligkeit, mit der die Liturgiekonstitution (SC) im Leben der katholischen Kirche Fuß fasste und sich auch auf das Verständnis und die Praxis des Gottesdienstes in den evangelischen Kirchen auswirkte.[5] Es ist mein ausdrücklicher Wunsch, dass der Eifer der ersten Stunde in der akademischen Zusammenarbeit nicht erlahmen möge.

Zur großen Überraschung waren es auch die konziliaren Texte, denen vom Konzil nur eine gestufte Hochrangigkeit zugesprochen wurde, die in der nachkonziliaren Rezeption höchste Bedeutung erlangten. Dazu gehören neben dem Ökumenismusdekret (UR) die Erklärung über das Verhältnis der Kirche zu den nichtchristlichen Religionen (NA) sowie die Erklärung über die Religionsfreiheit (DiH). Dennoch kam es wiederholt zu gehörigen Rezeptionsstörungen, die vor al-

---

5 Vgl. M. Meyer-Blank, Gottesdienstlehre, Tübingen 2011. – mit einem erstaunlichen Impetus, die Liturgie in den Kontext gesamtkirchlicher Tradition zu stellen, ohne das eigene Profil dabei aufzugeben.

lem das Verständnis der Kirche und den interreligiösen Dialog in Aufnahme von NA und zumal das jüdisch-christliche Verhältnis nach NA 4 betrafen. Es war etwa der Streit um die Karfreitagsfürbitte von 2008, der die *lex orandi* in der katholischen Kirche und noch mehr die jüdischen Teilnehmer am katholisch-jüdischen Dialog in Aufregung versetzte, während der Streit nach *Dominus Iesus* (2000) um die Kirchlichkeit der evangelischen Kirchen fast zu einem ökumenischen Supergau führte. Es ist mein Wunsch, dass diese punktuellen, zumal katholischerseits verursachten Störfälle in intensivem Nachdenken gemeinsam weiter bearbeitet werden. Was insbesondere NA 4 betrifft, hat sich in den vergangenen Jahren gezeigt, dass das Judentum viel näher zur Kirche gehört als der Islam und die anderen nichtchristlichen Religionen. Das ist das gemeinsame Ergebnis des jüdisch-evangelischen und jüdisch-katholischen Dialogs. Gleichwohl könnte ich mir in diesem Punkt noch mehr Gemeinsamkeit vorstellen. In der Frage etwa der Judenmission hat es auf beiden Seiten immer wieder Verwerfungen gegeben, die einer noch grundlegenderen Bearbeitung bedürfen.[6] Diese Fragen sollten auch auf den ökumenischen Kirchentagen noch entschiedener behandelt werden.

Was den weiteren Weg auf größere Einheit in versöhnter Verschiedenheit betrifft, glaube ich, dass die Kirchenkonstitution, in gewisser Weise die Magna Charta für die christliche Ökumene aus katholischer Sicht, für die weitere evangelische Rezeption in ihrer Bedeutung nicht unterschätzt werden sollte. Ökumenismusdekret und *Nostra aetate* haben darin ihre dogmatische Grundlage. Das Verständnis der Kirche ist immer noch jener Punkt, an dem die Versöhnung weiter voranschreiten muss, bis schließlich auch klar ist, ob und in welcher Gestalt und Intensität die evangelischen Kirchen die Einheit überhaupt anstreben. Welche Unterschiede sind von den Offenbarungsquellen her gedeckt? Karl-Heinz Menke hat in seinem viel beachteten Buch *Sakramentalität* ein katholisches Kirchenverständnis unterbreitet,[7] das für die evangelischen Kirchen wahrscheinlich eine Ekklesiologie mit neuen Kampflinien und Barrieren bedeuten wird. Ich würde das Buch deshalb lieber nur als katholische Problemanzeige lesen, über die in vielen Einzelpunkten gestritten werden muss. Erst in zweiter Linie verlangen die dort aufgeworfenen Fragen auch eine kritische Auseinandersetzung mit und in den Kirchen der Reformation. Ich selbst verspreche mir von einer Rückkehr zu einer

---

6   Vgl. H. Frankemölle / J. Wohlmuth (Hg.), Das Heil der Anderen. Problemfeld: „Judenmission" (QD 238), Freiburg/Basel/Wien 2010 . Vgl. dort meinen Beitrag: J. Wohlmuth, Das Heil der Juden in der Kirchenkonstitution des Zweiten Vatikanischen Konzils Lumen Gentium, in: ebd., 460–485.

7   Vgl. K.-H. Menke, Sakramentalität. Wesen und Wunde des Katholizismus. Regensburg 2012.

Polemik, von der die nachtridentinische Ära geprägt war, für den Fortgang der Ökumene nicht viel Gewinn. Ich glaube auch nicht, dass sich die Ekklesiologie des Zweiten Vatikanums auf die Sakramentalität der Kirche verkürzen lässt, wenn nicht zwischen den Kirchen des Wortes und der Kirche der Sakramente eine neue Kluft aufgerissen werden soll. Dies schreibe ich, obwohl ich in Fragen etwa einer eucharistischen Ekklesiologie von meinem Lehrer her nahe bei Menke stehe. Beachtet man in Menkes Buch die aufgezeigten Wunden des Katholizismus, würde ich mir etwa von einer Rückkehr zu einer Liturgie, die Karl-Heinz Menke vor Augen steht, keine Heilung erwarten. Sehr wohl aber würde ich mir mit ihm von den evangelischen Kirchen, die sich der weiteren Rezeption des Zweiten Vatikanums widmen, wünschen, dass die Bemühungen um die Liturgie des Abendmahles nicht nachlassen. Ich sehe auch auf diesem Gebiet in der nachkonziliaren Zeit beachtliche Gemeinsamkeiten, die sich im Verhältnis von *lex orandi* und *lex credendi* bereits herausgebildet haben. Ich weiß aber aus Erfahrung, dass die Erneuerung der Liturgie alle Kräfte der Theologie und der Pastoral verlangen, wenn das Kirchenvolk mitgenommen werden soll. Ich frage mich oft, ob nicht an der liturgischen Gestalt, in der das Abendmahl oder die Eucharistie gefeiert werden, die dahinter stehende Theologie besser abgelesen werden kann als an den theologischen Abhandlungen und Konsenstexten (die allerdings die unverzichtbare Basis für liturgische Erneuerung sein müssen). Ich möchte auch die Frage der eucharistischen Gastfreundschaft oder Abendmahlsgemeinschaft nicht nur theologisch-abstrakt behandelt wissen, sondern immer auch an der liturgischen Feier ablesen. Aus diesen Bemerkungen geht hervor, dass ich die Liturgiekonstitution des Zweiten Vatikanums noch einer viel intensiveren evangelischen Rezeption empfehlen möchte, obwohl ich mich über Vieles freue, was in den evangelischen Kirchen durch das Zweite Vatikanum bereits angestoßen wurde, wenn ich etwa an die neuen Agenden denke, die in den evangelischen Kirchen der letzten Jahrzehnte entstanden sind. Ich staune auch über den Text der EKD über das Abendmahl, der auch die liturgischen Anliegen aufgegriffen hat.[8] Der Versuch, die alten Kontro-

---

8   Kirchenamt der EKD (Hg.), Das Abendmahl. Eine Orientierungshilfe zu Verständnis und Praxis des Abendmahls in der evangelischen Kirche, Gütersloh [5]2008, 203. Zur Frage „Welche Stücke der Liturgie sind unverzichtbar?" heißt es dort unter 3.4: „Unverzichtbar sind die Einsetzungsworte, das Vaterunser, die Austeilung der Elemente in der versammelten Gemeinde und eine Danksagung an Gott (beziehungsweise Christus). Kirchenrechtlich wird die Frage nach den unverzichtbaren Elementen in aller Regel durch das Bekenntnis, die jeweiligen Ordnungen der Landeskirchen und die dadurch normierte Praxis einer Gemeinde beantwortet. Von solchen Festlegungen darf nicht abgewichen werden. Zur Unverzichtbarkeit gehört natürlich auch, daß der Gesamtvollzug des Abendmahls als solcher erkennbar sein muß. Zwar kann das Abendmahl durchaus

JOSEF WOHLMUTH

versen über Realpräsenz und besonders auch über das Opfer zu überwinden, ist ebenfalls höchst erfreulich. Aus meiner Kenntnis evangelischer Liturgien des Abendmahls meine ich jedoch sagen zu dürfen, dass die eucharistischen Hochgebete von vielen evangelischen Menschen immer noch als zu ‚katholisch' eingeschätzt werden, obwohl doch die katholische Liturgiereform ihrerseits aus der reichen Gebetstradition der frühen Christenheit geschöpft hat. Wie groß die Verschiedenheit der Liturgien dennoch sein und bleiben kann, wäre ein weiteres Klärungsdesiderat. Kann etwa auf ein Eucharistiegebet in der Abendmahlsliturgie ebenso leicht verzichtet werden wie auf eine Gabenbereitung? Unter welchen Umständen wäre ein Abendmahl auch ohne Einsetzungsworte vertretbar?[9] Wo liegen die Grenzen zwischen Abendmahl und Agape oder Feierabendmahl?

Ich spreche aus meiner Sicht ein weiteres Desiderat an. Im Zweiten Vatikanum hat bekanntlich das Verhältnis von Schrift und Tradition in der Offenbarungskonstitution *Dei Verbum* eine entscheidende Rolle gespielt, und es hat sich ergeben, dass die sehr viel stärkere Betonung des Wortes Gottes und damit der Heiligen Schrift insgesamt für das Leben der katholischen Kirche unabdingbar ist. Wenn diese Konstitution festhält, dass das Lehramt nicht über dem Wort Gottes steht, sondern ihm dient (DV 10), dann ist dies kein Zugeständnis an die evangelischen Kirchen, sondern entspricht dem Selbstverständnis der katholischen Kirche über die Jahrhunderte hin. Die Vorrangigkeit der Schrift als *norma normans non normata* führt gleichwohl nicht zur Missachtung kirchlicher Tradition, wohl aber zu deren möglicher Kritik. An dieser Kritik sollte in Zukunft nicht mehr aus konfessionellen Interessen heraus gearbeitet werden, sondern aus dem erweiterten Blickfeld auf die universale Kirche in ihren verschiedenen Entwicklungen, Spal-

---

mit einem gemeinsamen Essen (Agapemahl) verbunden werden, es muß aber klar als eigenständiger Teil erkennbar sein", ebd., 49. Kurz zuvor heißt es zu den Einsetzungstexten: „Nur durch die wörtliche Rezitation der Einsetzungsworte nach einem der neutestamentlichen Zeugen oder in der historischen Mischform der biblischen Texte ist sichergestellt, daß das Sakrament gemäß seiner ursprünglichen Intention unverfälscht im Gottesdienst gefeiert wird und nicht durch individuelle theologische Deutungen oder liturgische Einfälle überlagert wird", ebd., 49.

9 Vgl. den exzeptionellen Text der römischen Glaubenskongregation, mit dem das frühkirchliche Eucharistiegebet von Addai und Mari, das bis heute in der Chaldäischen Kirche verwendet wird und keine Einsetzungsworte hat, als gültige Form anerkannt wurde. Eine solche Entscheidung wäre ohne die bessere Kenntnis der Liturgiegeschichte und damit ohne Rezeption der liturgischen Forschung, die im Kontext des Zweiten Vatikanums eine große Förderung erfuhr, unvorstellbar gewesen. Vgl. H. Meyer u. a. (Hg.), Dokumente wachsender Übereinstimmung. Sämtliche Berichte und Konsenstexte interkonfessioneller Gespräche auf Weltebene, Bd. 3: 1990–2001, Paderborn 2003, 599–601.

tungen und Einheitsbemühungen. Im 16. Jh. hatte der Streit um die Prinzipien der Kirchenreform u. a. auf das Prinzip *sola scriptura* gesetzt, um bestimmte Erscheinungsformen der römischen Kirche der Kritik unterziehen zu können. Dies hatte u. a. Konsequenzen für die liturgische Stellung und theologische Bedeutung der eucharistischen Einsetzungsworte. Abgesehen von der mehrfältigen Überlieferung der Texte im Neuen Testament gab es eine noch viel größere Variation der Einsetzungstexte in den frühkirchlichen Anaphoren; der Streit um deren Auslegung begleitete die Theologiegeschichte besonders im zweiten Jahrtausend. Inzwischen hat sich gezeigt, dass die ntl. Eucharistietexte nicht mehr auf eine *ipsissima vox* Jesu zurückgeführt werden können. Dies bedeutet aber nicht die Abschaffung der Eucharistiefeier, sondern deren Neuentdeckung aus dem Kontext der liturgischen Ausfaltungen vom Neuen Testament bis zur Gegenwart. So weit konnte man im 16. Jh. noch nicht gehen, und die wissenschaftliche Exegese hat der Ökumene einen Dienst erwiesen, der wesentlich dazu beigetragen hat, der Eucharistie- oder Abendmahlsgemeinschaft näher zu kommen. Auf diesem Weg gilt es, in Zukunft voranzuschreiten.

Das ist ein Beispiel dafür, warum ich ein ausdrücklicher Freund der Konsensökumene bin. Diese u. a. verweist auch darauf, wie in konziliaren Meinungsbildungsprozessen und Entscheidungen seit Jahrhunderten gearbeitet wurde, um die Einheit der Kirche zu bewahren oder neu herbeizuführen. Hier empfehle ich *Lumen Gentium* Nr. 12 in besonderer Weise einer kritischen evangelischen Rezeption. Der Text legt größten Wert darauf, dass es in der Kirche einen Glaubenskonsens gibt, in dem man sich schon eingefunden hat oder der nach hartem Ringen erreicht wird. Das Konzil sieht darin nicht nur das Wirken des Heiligen Geistes, sondern darin drückt sich die Irrtumslosigkeit aus, die der gesamten Kirche zukommt. Es heißt in LG 12: „[...] Die Gesamtheit der Gläubigen, welche die Salbung von dem Heiligen haben (vgl. 1 Joh 2,20.27), kann im Glauben nicht irren [...]" Dies tut sich kund im universalen Konsens „in Sachen des Glaubens und der Sitten" „durch den übernatürlichen Glaubenssinn des ganzen Volkes" „‚von den Bischöfen bis zu den letzten gläubigen Laien' [Augustinus]". Hier werde der „Geist der Wahrheit" geweckt und genährt", damit „das Gottesvolk unter Leitung des heiligen Lehramtes" das Wort nicht mehr nur als menschliches Wort annimmt, „sondern wirklich [als] das Wort Gottes" (vgl. 1 Thess 2,13).[10] Mag sein, dass dies für

---

10 J. Wohlmuth (Hg.), Dekrete der ökumenischen Konzilien (CODdt.), Bd. 3, Paderborn 2002, 858: „*Universitas fidelium, qui unctionem habent a sancto* (vgl. 1 Joh 2,20.27) *in credendo falli nequit* [...], *cum ‚ab episcopis usque ad extremos laicos fideles'* [Augustinus] *universalem suum consensum de rebus fidei et morum exhibit* [...]".

evangelische Ohren allzu hierarchisch erscheint. Wenn aber das menschliche Wort in der Verkündigung sich nicht als wahrhaft göttliches Wort erweisen würde – wofür stünde die Kirche dann? LG 12 muss m. E. Thema bleiben, bis sich in den strittigen Punkten ein wirklich ökumenischer Konsens einstellen wird. Ich habe die bisherigen ökumenischen Konsenstexte immer als kleines Wunder empfunden, wenn sie – oft nach hartem Ringen – den konfessionellen Streit überwunden haben. Ich habe den großen Wunsch, dass die evangelischen Kirchen, die viel Erfahrung mit synodalen Meinungsbildungsprozessen haben, nicht nachlassen, sich um Übereinstimmungen zu bemühen, an denen das gesamte evangelische Kirchenvolk beteiligt ist, und auf diese Weise tragfähige Konsense heranreifen.

Nach dem Amtsantritt Walter Kaspers als Präfekt des römischen Einheitssekretariats und der Wahl Kardinal Ratzingers zum Papst äußerte der bekannte Ökumeniker Harding Meyer große Hoffnungen auf weitere Schritte der Annäherung.[11] Ich stimme seinem Votum zu, in dem er die im Gespräch befindlichen Kirchen aufrief, die bereits erreichten theologischen Übereinstimmungen einer kirchenoffiziellen Rezeption zu unterziehen. Meyer war sich sehr wohl dessen bewusst, welchen Rückschlag *Dominus Iesus* bedeutete. Gleichwohl ist sein kurzer Beitrag ein feuriges Plädoyer für mehr und intensivere ökumenische Übereinstimmungen. Es ist sein Anliegen, den Dialog fortzuführen „auf der Basis verbindlicher Vergewisserungen des schon Erreichten" (690). In diesem Zusammenhang schreibt er, die Entdeckung der je größeren Gemeinschaft könne nur gelingen, wenn die neuen Zuwächse an Gemeinsamkeit von den leitenden Instanzen ernst genommen werden, und zwar trotz *Dominus Iesus* (691). Das schlechthinnige ökumenische Problem liege in der „vollen wechselseitigen Anerkennung der Kirche als Kirche Christi" (691). Dabei gehe es letztlich um die „kirchliche ‚Rezeption' der Dialogergebnisse, wie sie auch von Johannes Paul II. in *Ut unum sint* (Nr. 80) gefordert wurde" (692). Harding Meyer führt dann die wichtigsten Ergebnisse der ökumenischen Dialoge am Beispiel Abendmahl, Kirchliches Amt und Kirche auf. Zum wohl kontroversesten Thema ‚Kirche' hält er folgende Punkte fest: 1. Kirche gehört zum Heilsgeschehen und beruht nicht auf freiwilligem Zusammenschluss; 2. Kirche ist Gemeinschaft (communio); 3. Kirche ist als ganze und in all ihren Mitgliedern von Gott berufen; 4. Kirche ist heilig und sündig zugleich; 5. Kirche ist eine sichtbare Größe und nicht eine unsichtbare Gemeinschaft der Herzen; 6. Kirche braucht dauerhafte Strukturen und verbindliche Glaubensnormen. Meine Hoffnung ist es, dass diese Punkte nicht ad acta gelegt werden, sondern das Bemühen um weitere Annähe-

---

11 Vgl. H. Meyer, Ökumene – Stillstand oder neuer Kairos? Zur Zukunft des evangelisch-katholischen Dialogs, StZ 225 (2007), 687–696.

rung der Kirchen beflügeln. Hier erwarte ich mir in Zukunft von evangelischer und katholischer Seite ein geduldiges Ringen um ein immer tieferes Verständnis der Kirche in ihrer Stellung im Heilsgeschehen.

Was die kirchlichen Ämter betrifft, sollte Übereinstimmung darin erzielt werden, dass es eine Kirche ohne Ämter nicht gibt, auch wenn sie dem Wandel unterliegen. Harding Meyer zählt in seinem Beitrag folgende Essentials auf: 1. Das kirchliche Amt beruht auf göttlicher Stiftung; 2. Es hat apostolischen Ursprung; 3. Es ist mit Vollmacht ausgestattet; 4. Das Amt wird in einem gottesdienstlichen Akt der Ordination verliehen; 5. Zum Amt sind einzelne Getaufte berufen und es steht nicht im Gegensatz zum allgemeinen Priestertum aller Getauften; 6. Die Ausgestaltung des kirchlichen Amtes ist verschieden verlaufen.

Ich würde mir sehr wünschen, dass auf dieser Basis die Ordination in der evangelischen Tradition als das gilt, was man im katholischen Verständnis als Sakrament bezeichnet. Den Aufgaben entsprechend legen sich ganz bestimmte Stufungen nahe. Ich habe deshalb Probleme, wenn Karl-Heinz Menke die Sakramentalität des kirchlichen Amtes gegen dessen funktionale Dimension ausspielt.[12] Ist es nicht gerade mit der Person auch die ,Funktion' oder Aufgabenumschreibung, die durch die Sakramentalität gesegnet und damit bekräftigt werden? Hat nicht auch Jesus den Aposteln wiederholt gesagt, worin ihre Aufgaben bestehen? Die Zusammengehörigkeit von Funktionalität und Sakramentalität sollten deshalb – das wäre mein Wunsch – auch die Diskurse um das evangelische Amtsverständnis prägen. Dass auch das Papstamt als Petrusdienst vor einer Wandlung steht, haben nicht nur die letzten Pontifikate gezeigt, sondern auch ihre wiederholten Einladungen kundgetan, die schon zu einem ökumenischen Nachdenken geführt haben. Auch hier ist mein Wunsch, dass um die Struktur, Kompetenz und Praxis des Papstamtes in den evangelischen Kirchen so gerungen wird, als ginge es auch um ihre ureigenste Sache.

Die große ökumenische Müdigkeit, die wir seit geraumer Zeit erleben, liegt nicht an der Konsensökumene als solcher, sondern daran, dass selbst dort, wo ein Konsens auch kirchenamtlich aufgegriffen wurde, der Prozess nicht schon abgeschlossen ist; er muss durch die Rezeption aller Gläubigen erst noch Gesamtgut der Kirchen werden. Dies ruft nach einer Reformbereitschaft an Haupt und Gliedern ebenso wie an einer beständigen Lernfähigkeit der gesamten Christenheit. Die vorliegenden ökumenischen Konsenstexte haben m. E. die Basis der Gemeinden nicht im hinreichenden Maß erreicht. Ich würde mir insofern wünschen, dass der genannte Text der EKD über das Abendmahl konsequent das Denken und

---

12 Vgl. Menke, Sakramentalität (s. Anm. 7), 186–224.

Handeln der Gemeinden bestimmen möge. Forschung und Lehre an den Theologischen Fakultäten und die verschiedenen Unterrichtsmöglichkeiten in Katechese und Religionsunterricht sollten die Rezeption begleiten und immer wieder neu anstoßen.

Ich würde mir von den evangelischen Kirchen nicht nur die Rezeption des Zweiten Vatikanischen Konzils wünschen, sondern noch mehr einen gelebten Glauben, der zum Vorbild wird. Man sollte sich nicht mit dem minimalen Kirchenbesuch abfinden. Hier stimme ich Karl-Heinz Menke ausdrücklich zu, wenn er betont, dass sich die Kirchen nicht mit dem Mindestmaß an Frömmigkeit zufrieden geben sollten. Wenn ein Muslim fünfmal am Tag betet, sollte m. E. das dreimalige Gebet für die Christenheit kein Fremdwort sein. Neuere Bemühungen um ein ökumenisches Stundengebet hätten längst verwirklicht werden können. Die Gottesverehrung als Antwort auf das geoffenbarte Wort, für die sich die Gläubigen am Sonntag Zeit nehmen sollten, erscheint mir heute als besondere Berufung der Getauften.

3. Die Bedeutung des Glaubensbekenntnisses von Nizäa-Konstantinopel für die Einheit der Kirchen in einer globalisierten Menschheit

Ich komme noch einmal auf das Konzil von Trient zurück, jenem Konzil, das zu seinem Beginn die bleibende Einheit der Kirche an das Glaubensbekenntnis von Nizäa-Konstantinopel gebunden hat. So armselig sich der Beginn des Konzils von Trient ausnimmt, so wichtig erscheint mir, dass das überkommene Glaubensbekenntnis die gemeinsame Klammer der damaligen in Streit geratenen christlichen Kirchen blieb. Es wurde auch von den Reformatoren rezipiert. Unter dem Titel ‚Rezeption des katholischen Glaubensbekenntnisses' heißt es zu Beginn des Trienter Konzils: „[...] Darum war das Konzil der Meinung, es müsse das Glaubenssymbol, das die heilige römische Kirche verwendet, als das Prinzip, in dem alle, die den Glauben an Christus bekennen, notwendigerweise übereinkommen und als festes und einzigartiges Fundament, gegen das ‚die Pforten der Unterwelt niemals stark genug sind' (vgl. Mt 16,18), mit genau den Worten zum Ausdruck bringen, mit denen es in allen Kirchen gelesen wird."[13] Was allzu lange als die

---

13 CODdt. (s. Anm. 10), 662: „Quare symbolum fidei , quo sancta Romana ecclesia utitur, tanquam principium illud, in quo omnes, qui fidem Christi profitentur, necessario conveniunt, ac fundamentum firmum et unicum, contra quod *portae inferi numquam praevalebunt* [Mt 16,18], toti-

größte Selbstverständlichkeit angesehen wurde, dass nämlich das Nizäno-Konstantinopolitanum als Prinzip der Einheit aller an Christus Glaubenden gelten könne, müsste in Zukunft – das wäre mein Wunsch – von den evangelischen Kirchen noch viel entschiedener ins Bewusstsein gehoben und von allen Kirchen als Basis der Einheit angesehen und gelebt werden. Dahinter verbirgt sich keine Rückkehr-Ökumene, sondern eine Ökumene des gemeinsamen Strebens nach Einheit, die im Zustand der heutigen Christenheit jedenfalls noch nicht als erreicht angesehen werden kann. Ich bin mir bewusst, dass mit der Bedeutung des *Credo* für die Kirche noch einmal das *sola scriptura* zur Debatte steht. Zur *ecclesia primitiva* kommt man besser mit *sola fide* als mit *sola scriptura*. Nicht von ungefähr hängt der Wendepunkt des Zweiten Vatikanums schon in den ersten Monaten damit zusammen, dass das Verständnis der Offenbarung und die Art ihrer Weitergabe zu den Grundproblemen zählte, in denen sich das Konzil der Reformation stellen wollte. Da aber die Reformatoren auch selbst das Glaubensbekenntnis anerkannten, hätte schon im 16. Jh. der Hiatus zwischen Schrift und Tradition nicht als unüberwindbar gelten müssen. Wenn das Glaubensbekenntnis – wie in der frühen Kirche – ökumenisch als *regula fidei* zu verstehen ist, dann kann daraus ein Prinzip und ein Fundament für das weitere Zusammenwachsen der Kirchen werden, denen allen die eine heilige Kirche von ihrer Gründung her bereits vorgegeben ist.

Ich weiß natürlich, dass auch das Glaubensbekenntnis der Kirchen der Interpretation bedarf. Aber ich würde mir wünschen, dass im heutigen Christentum die Basis der Einheit nicht in Schlagworten gesucht wird, sondern wir uns durch die zustimmende Übereinstimmung mithilfe des Glaubensbekenntnisses in die letzten Abgründe von Schöpfung und Vollendung, in deren Mitte Jesu Leben, Tod und Auferstehung stehen, einweisen lassen. Das Nizäno-Konstantinopolitanum ist ein Textprodukt zweier Konzilien, hinter dem die Gemeinden mit ihrer Taufpraxis ebenso standen wie die Theologien der ersten Jahrhunderte, die es wagten, gegen die großen philosophischen Systeme bis hin zum Neuplatonismus von einer Dreifaltigkeit der einen Gottheit und von der Fleisch- und Menschwerdung des aus Gott geborenen Logos zu sprechen, dessen Hingabe bis in den Tod die Zeit der Kirche eröffnet, in der die Gemeinschaft der Glaubenden zur Teilnahme am Leben des Auferstandenen begnadet wird. Ich stimme Karl-Heinz Menke zu, dass

---

dem verbis, quibus in omnibus ecclesiis legitur, exprimendum esse censuit." Übergangen wird hier freilich, dass das *filioque* zum Streitapfel mit der Orthodoxie geführt hatte, der im Konzil von Ferrara-Florenz zwar intensiv diskutiert und als gelöst angesehen, aber von der Orthodoxie bis heute nicht angenommen wurde.

die Kirchen sich nicht entweder von Jesus Christus *oder* vom Heiligen Geist exklusiv verstehen dürfen, möchte aber die Katholizität nicht so extrem an die christologisch bedingte *Sakramentalität* binden, dass die Pneumatologie zu sehr in den Hintergrund gerät und dadurch übersehen würde, wie sehr das Glaubensleben bei Paulus von Gottes Geist geprägt ist, der die Geburtswehen der Schöpfung mitleidet und unsere und der Menschheit Leidens- und Todesschreie fürbittend vor Gottes Angesicht trägt (vgl. Röm 8,18–27).

Nun muss ich aber auch einen Wehrmutstropfen nennen, der den hehren Anfang des Trienter Konzils trübt; denn am Ende steht das ‚Tridentinische Glaubensbekenntnis' von 1564, das Papst Pius IV. in der Bulle *Iniunctum nobis* veröffentlich hat. Er fügte darin dem Credo eine Erweiterung hinzu, und sagt am Ende des Textes, die *fides catholica* sei jener Glaube, außerhalb dessen niemand gerettet werden könne (*extra quam nemo salvus esse potest*). (DH 1862–1870, zit. 1870). In dieser Erweiterung wurden die vielen Anathematismen – in Bekenntnisse transformiert – dem Credo beigegeben. Hier kann man studieren, wie aus dem universalen Glaubensbekenntnis von Nizäa-Konstantinopel durch die Ergänzungen nach dem Konzil eine Konfession entstand, die sich in der Folgezeit mehr von den tridentinischen Zusätzen als vom grundlegenden Glaubensbekenntnis der Christenheit her verstand. Entsprechend wurden die Reformationskirchen, die am Gedanken der *una sancta* ebenfalls festhielten, durch die nachfolgenden Erweiterungen in den Bekenntnisschriften ihrerseits Konfessionskirchen. Das ökumenische Anliegen wird noch auf längere Sicht darin bestehen, diese konfessionellen Ausprägungen auf die zugrundeliegende Basis des Glaubensbekenntnisses von Nizäa-Konstantinopel zu ‚reduzieren' und daraus zugleich den notwendigen als auch hinreichenden Grund der Einheit und der bleibenden Unterschiedenheit zu erkennen. Karl-Heinz Menke hat in *Sakramentalität* gravierende Differenzen zwischen katholisch und evangelisch aufgezeigt, welche die Einheit der Kirche verhindern. Die fortbestehende Vielheit von Kirchen, die auf einer gemeinsamen Grundlage beruht, ist für ihn kein Modell von Einheit. Gibt es wirklich keine Einheit, die auf dem Weg theologischer Konsensbildung unter offizieller Anerkennung bestimmter bleibender Unterschiede gelebt werden und vielleicht sogar eucharistische Gastfreundschaft einschließen kann? Ich sehe in der weitgehenden Rücknahme gegenseitiger Verurteilungen des 16. Jh., die in einer geduldigen Aufarbeitung der Quellen erreicht wurde, einen wirklichen Schritt hin zu größerer Einheit,[14] auch wenn die katholische Akzeptanz noch zö-

---

14 Vgl. K. Lehmann / W. Pannenberg / Th. Schneider (Hg.), Lehrverurteilungen – kirchentrennend? (DiKi 4), 4 Bde., Freiburg i. Br./Göttingen, 1986–1994.

gerlich erscheinen mag.[15] Die *una sancta catholica et apostolica ecclesia* ist eine Größe, die – mit den vier Epitheta umschrieben – zugleich gewisse Akzente der Verwirklichung zulässt.

Die vorgegebene Einheit bleibt immer auch das Ziel kirchlicher Wirklichkeit; die Heiligkeit steht dafür, dass die Kirchen niemals sich selbst, sondern dem einen, allheiligen Gott gehören und deshalb reformbedürftig bleiben; die Katholizität steht für Universalität in einer Welt der Globalisierung, ausgerichtet auf die Menschheit und darauf bedacht, die Offenbarung ohne Abstriche weiterzutragen; die Apostolizität bindet zurück an die Ursprünge der Kirche, die zugleich dem Geist verpflichtet ist, der durch die Propheten sprach und spricht. Das Zweite Vatikanum hat in der Tat größten Wert darauf gelegt, dass diese eine Kirche schon existiert, wenn auch nicht voll verwirklicht in einer der bestehenden Kirchen.[16]

Mit der Vermutung, dass die Christenheit mit dem Glaubensbekenntnis von Nizäa-Konstantinopel sich früh einer globalisierten Menschheit zuwandte, komme ich zum Aspekt der Globalität, die im griechischen Sprachgebrauch ‚öku-

---

15 In der Stellungnahme der Deutschen Bischofskonferenz zur Studie „Lehrverurteilungen – kirchentrennend?" vom 21. Juni 1994 heißt es abschließend immerhin: „Wir sind überzeugt, daß die Studie ‚Lehrverurteilungen – kirchentrennend?' ein entscheidender Beitrag zu der vom II. Vaticanum geforderten Umkehr ist. Sie dient der Läuterung unserer Erinnerungen, die durch Jahrhunderte hindurch von Polemik bestimmt waren. Vor uns liegt als neue Aufgabe, im ökumenischen Dialog eine positive Formulierung des gemeinsamen Glaubens anzustreben, in dem die verschiedenen christlichen Gemeinschaften ihre eigene Tradition erkennen können und die doch ein Zeugnis des christlichen Glaubens in der Sprache der Gegenwart darstellt.", zit. nach: www.dbk.de/fileadmin/redaktion/veroeffentlichungen/deutsche-bischoefe/DB52.pdf (S. 23 f.).

16 Karl-Heinz Menke verweist auf den Schlussseiten seiner Arbeit auf seine philosophischen Prämissen, von denen er die starke Betonung der Sakramentalität ableitet: „Sakramentales und postmodernes Denken verhalten sich zueinander wie zwei einander sich ausschließende Gegensätze. Entweder ist das ‚Ich' des Menschen eine bloße Strategie der Natur bzw. des ‚Willens zur Macht'. Oder es ist im Sinne der Transzendentalphilosophie Kants und Fichtes etwas Unableitbares bzw. ‚Unbedingtes' – theologisch gesprochen: Sakrament des schlechthin Unbedingten (Gottes).", Menke, Sakramentalität (s. Anm. 7), 326. Das Ich – Sakrament Gottes? Würde die Einheit der Kirche gegen das postmoderne Denken vom unbedingten Ich her zu Ende gedacht, wüsste ich aus meinem von Levinas her geprägten Denken her nicht, wie das transzendentale Ich zum Sakrament Gottes werden könnte. Bei Levinas ist es der Bruch der transzendentalen Apperzeption, die das Subjekt zum Einfallstor der Transzendenz werden lässt und es dadurch als Ich depotenziert und in die Einzigkeit (der Stellvertretung) einsetzt. Das prinzipiell von der Alterität geprägte Subjekt, lässt Kirche aus Subjekten entstehen, die qua Geschöpfe der Alterität die Priorität einräumen. Als solche mögen sie ‚Abbild' oder ‚Sakrament Gottes' genannt werden. – Dies schreibe ich nicht nur, weil Menke weiß, wie ich denke, sondern auch, um anzudeuten, wie wichtig es ist, die philosophischen Implikationen unseres Denkens offen zu legen und zugleich zur Debatte zu stellen.

menisch' oder ‚katholisch' genannt wird; diese betrifft das weltumspannende Element des christlichen Glaubens. Dabei würde ‚ökumenisch' eher die weltweite Verbreitung und ‚katholisch' auch die innere Fülle eines Glaubens betreffen, der nicht scheut, aus dem Gespräch mit den Philosophien, Wissenschaften und Künsten sich je neu der Gegenwart zu öffnen. Dass solcher Glaube, der sich am Evangelium orientiert, mit gutem Recht auch ‚evangelisch' genannt werden kann, steht für mich überhaupt nicht in Zweifel. Peter Hünermann zeigt sehr erhellend, dass das Zweite Vatikanum sich insgesamt an die Weltöffentlichkeit wandte, auch wenn es Fragen behandelte, die das Innere der Kirche betreffen. Was die theologische Spannweite der Texte betrifft, möchte ich fast sagen, sie bewege sich immer am *Credo* entlang, das mit den Eckpunkten Schöpfung und Eschaton, das heilsgeschichtliche Offenbarungsgeschehen umfasst. Hünermann betont deshalb auch, dass die Texte nur generelle, grundlegende Aspekte in den Blick nehmen, die in einem einzigen Rezeptionsprozess gar nicht aufgearbeitet werden können. Ich füge hinzu, im Konzil habe zwar bereits ein Bewusstsein von Globalität angehoben, aber die notwendige Sprache dafür gab es noch nicht.[17] Der inzwischen erreichte Stand der Ökumene im Zeitalter der Globalität lässt es eigentlich nicht mehr zu, das Verhältnis der katholischen Kirche zu den anderen Kirchen (und umgekehrt) im Sinn einer *ecclesia ad intra* und *ecclesia ad extra* zu bestimmen.[18] Trotz der Unterscheidung zwischen Kirche und Welt legt es sich auch nicht mehr nahe, sie als Binnen- und Außenwelt zu behandeln, zumal die Welt als Schöpfung zum Innersten der Kirchen gehört. Mit Papst Franziskus gedacht würde dies in umgekehrter Richtung bedeuten, an die Ränder gehen zu müssen, um in der Welt und bei den Menschen zu sein und auf diese Weise Binnen- und Außensicht zu relativieren oder dialektisch so zu deuten, dass die Kirche am intensivsten bei sich ist, wenn sie bei der Welt ist.

---

17 Vgl. das 3. Kapitel des 5. Bandes des Herderkommentars, der diese Unterscheidung beibehält. Entsprechend nimmt Hans-Joachim Sander die Ortsbestimmung der Ökumene unter der Überschrift „III. Kirche versteht sich von Außen her" vor (Hünermann/Hilberath [Hg.], Theologischer Kommentar, Bd. 5 [s. Anm. 2], 186–209). Mag sein dass die Verkündigung an die Völkerwelt diese Unterscheidung noch erträgt, für die innerchristliche Ökumene ist sie m. E. nicht mehr hilfreich.

18 Hier könnte der Vergleich mit den Vereinten Nationen weitergeführt werden. Zu deren Option gehört es, die Menschheit und ihre Völkerschaften grundsätzlich nur noch als Welt-Innen-Politik zu verstehen. Überall, wo mit dem Axiom der Nichteinmischung dennoch nationale Machtpolitik betrieben wird, kommt es zu Verhältnissen, in denen die Welt der Selbstzerstörung ganzer Völker tatenlos zusieht. Das Nichteinmischungs-Verbot wäre das Ende jeder christlichen Ökumene.

Nach meinem Verständnis ist das Zeitalter der Globalität auch das der bleibenden Bedeutung des Glaubensbekenntnisses von Nizä-Konstantinopel als Fundament und Prinzip der Einheit. Vorbei ist hingegen schon das Zeitalter der ‚Konfessionen', d. h. jener Partialisierungen der Kirchen durch die hinzugefügten Bekenntnisse im Plural, die sich über das wahrhaft ökumenische Glaubenssymbol von Nizäa-Konstantinopel hinaus in ihrer Existenz zu behaupten versuchen. Die bereits erreichten ökumenischen Konsense über die gegenseitige Anerkennung des Grundsakramentes Taufe sowie über das Verständnis von Abendmahl/Eucharistie führen gewissermaßen aus der konfessionellen Trennungsgeschichte hinaus in die Weite der gemeinsamen Glaubensgeschichte der Christenheit. Deshalb ist es bereits möglich, ja selbstverständlich geworden, miteinander zu beten oder ökumenisch zu trauen, weil der konfessionelle Streit das Glaubensbekenntnis nicht mehr übertönt. Die vielen Bekenntnisse einschließlich der tridentinischen Ergänzungen trugen genau dazu bei, sich gegeneinander abzugrenzen und das gemeinsame Fundament bis zum Einsturz zu untergraben. Ich glaube, dass der Anspruch, das Zweite Vatikanische Konzil zu rezipieren, für die katholische Kirche und für die evangelischen Kirchen, darin besteht, das Wagnis einzugehen, die biblischen Schriften als gemeinsames Fundament und das Glaubensbekenntnis als gemeinsames Dach zu akzeptieren, um innerhalb deren schiere Unbegrenztheit weitere Schritte auf die versöhnte Einheit der Christenheit hin zu tun.

Es ist mein großer Wunsch, der über meine Lebenszeit hinausgehen wird, dass sich bei fortschreitender Globalisierung der Menschheit das Verlangen nach einer von Gott gewünschten Einheit der Christenheit verstärkt und weitere Konsensbemühungen und innere Reformen der Kirchen an jene Schwelle heranführen, an der eines Tages ein neues, wahrhaft ökumenisches Konzil einberufen und die gegenseitige Anerkennung der Kirchen auf der Basis des einen Glaubens in versöhnter Unterscheidbarkeit beschlossen und gefeiert werden kann. Ein fast utopischer Ausblick!

Zusammenfassung

Auf dem Hintergrund der kath. Rezeption des Zweiten Vatikanums, das für Akzeptanz bei den anderen christlichen Kirchen warb, plädiert der Beitrag für eine Konsensökumene durch offizielle Rezeption, für *gemeinsame* Anstrengungen im Verhältnis von Kirche und Judentum, für intensiveres Gespräch über die Kirche und die Feier ihrer Liturgien. Das Glaubensbekenntnis als Basis für die Einheit der

Kirchen nährt die Utopie eines kommenden ökumenischen Konzils, das die Einheit der Kirchen in versöhnter Unterscheidbarkeit feiern wird.

Looking at the Catholic reception of the Second Vatican Council, which desired to be more acceptable by the Protestant Churches, the paper pleads for more ecumenical spirit by official reception of reached ecumenical consents, more common affords in relationships between Church and Israel, and more discussion about ecclesiastical essentials and reformed liturgies. The Creed of Nicaea and Constantinople, as the basis for Christian unity, nurture the utopia of a future Ecumenical Council, which will celebrate the unity of churches in reconciled diversi(bili)ty.

Markus Dröge

Das Zweite Vaticanum ökumenisch erinnern

1. Erinnern als gemeinsame Aufgabe

Wenn ein Ehepaar nach fünfzig Jahren auf den gemeinsamen Weg zurückschaut, dann können die Erinnerungen und ihre Deutungen durchaus unterschiedlich sein. Was für den einen Partner lebendig präsent ist, mag der andere nur noch vage erinnern. Die Partner deuten das Erlebte je vor dem Hintergrund ihrer eigenen Prägung, der Tradition ihrer Herkunftsfamilie und ihrer persönlichen Vorerfahrungen. Sie setzten unterschiedliche Schwerpunkte, wenn sie zurückschauen. Zukunft gewinnt eine Partnerschaft aber nur, wenn die Erinnerungen und ihre Deutung immer wieder neu miteinander ins Gespräch gebracht werden. Vergessenes kann neu lebendig, blinde Flecken der Erinnerung neu gefüllt und aus den je eigenen Sichtweisen können Elemente einer gemeinsamen Deutung entwickelt werden. Ob und wie dies geschieht, entscheidet mit darüber, wie die gemeinsame Gegenwart interpretiert und die Zukunft geplant wird.

Nun sind die Landeskirchen und die römisch-katholischen Bistümer in Deutschland natürlich weit davon entfernt, ein altes Ehepaar zu sein. Aber wenn sie im Jahr 2014 am 21. November gemeinsam ökumenische Gottesdienste halten, anlässlich des 50. Jubiläums der feierlichen Abstimmung des Zweiten Vaticanums über das Dekret über den Ökumenismus und der Promulgation durch Papst Paul VI. am gleichen Tage, dann gilt auch für die ökumenischen Partner, dass die Erinnerung unterschiedlich ausgeformt ist und interpretiert wird. Umso wichtiger, dass die Erinnerung an das Zweite Vaticanum gemeinsam geschieht und dass die Erinnerungen und Deutungen in einen Dialog eingebracht werden, um die epochale ökumenische Bedeutung des Konzils auch für die Zukunft der ökumenischen Beziehungen fruchtbar zu machen. Es gilt auszuloten, wie die vergangenen 50 Jahre aus den verschiedenen Perspektiven gedeutet werden, welche blinden Flecke entstanden sind und welche Elemente einer gemeinsamen Deutung erkannt werden können. Aus einem solchen gemeinsam begangenen Jubiläum können Vorstellungen für den weiteren gemeinsamen Weg entwickelt werden.

Die römisch-katholische Seite hat die Art und Weise des Erinnerns an das Zweite Vaticanum bereits mit der Form ihrer Gedenkveranstaltungen vorgeprägt. Diese Form verrät viel darüber, wie von Rom aus die Ökumene gedeutet wird und welche Aspekte die katholische Kirche bei den Feierlichkeiten betont sehen will. Nachdem Papst Benedikt XVI. den 50. Jahrestag des Beginns des Zweiten Vatikanischen Konzils im Jahr 2012 mit einer Messe auf dem Petersplatz in Rom gefeiert hatte, eröffnete er zugleich das „Jahr des Glaubens". Benedikt wollte damit ein Zeichen gegen zunehmende Verweltlichung und Orientierungslosigkeit setzen. Es gehe darum, „jenes tiefe Verlangen, Christus dem Menschen unserer Zeit erneut zu verkünden, wieder zu beleben"[1]. Die Erinnerung an das Zweite Vatikanische Konzil wird hier rekonstruiert als eine Vergewisserung im Glauben und als eine Frage, wie der christliche Glaube besonders in den westlichen Industrieländern wieder zur Sprache gebracht werden kann. Auf der Grundlage dieses Jahres des Glaubens werden im Gedenkjahr 2014 nun auch evangelische Partner zu ökumenischen Gottesdiensten in den jeweiligen Kathedralen der Bistümer eingeladen, um an den gemeinsamen Weg seit dem Zweiten Vaticanum zu erinnern.[2]

Durch diese Weise des Erinnerns wird das Zweite Vatikanische Konzil als ein römisch-katholisches Ereignis interpretiert. Die offiziellen Initiativen und Einladungen zu den Gedenkveranstaltungen gehen von römisch-katholischer Seite aus. Als evangelische Kirche sind wir in dieser Perspektive Mitfeiernde eines römisch-katholischen Ereignisses. Die Vorschaltung eines Jahres des Glaubens unterstreicht diese Deutung, hebt sie doch hervor, dass es beim Rückblick auf das Zweite Vaticanum um einen inneren, geistlichen Klärungsprozess für die eigene Kirche geht. Diese Form des römisch-katholischen Erinnerns ist keineswegs abzuwerten. Mit gutem Recht und guten Gründen hat die römisch-katholische Kirche diesen Weg eingeschlagen. In dieser Konstellation muss es aber Aufgabe der evangelischen Kirche sein, ihre eigene Deutung in das Erinnern einzubringen. Nur dann können die Feierlichkeiten das erinnerte Ereignis für die Zukunft der Ökumene fruchtbar machen. Nur ein solches gemeinsames Erinnern wird den Folgen des Zweiten Vatikanischen Konzils gerecht, das, ob gewollt oder nicht, zu einem unvergleichlichen ökumenischen Aufbruch geführt hat.

---

1   Heilige Messe zur Eröffnung des Jahrs des Glaubens, Predigt von Papst Benedikt XVI., Petersplatz, 11. Oktober 2012.

2   Im Bereich der Evangelischen Kirche Berlin-Brandenburg-schlesische Oberlausitz sind die evangelischen Partner zu zwei Ökumenischen Gottesdiensten eingeladen: in Berlin in der Kathedrale St. Hedwig sowie in Görlitz in der Kathedrale St. Jakobus.

Der ehemalige Catholica-Beauftragte der Vereinigten Evangelisch-Lutherischen Kirche Deutschlands (VELKD), Landesbischof Prof. Dr. Friedrich Weber, hat dies im Jahr 2012 deutlich herausgearbeitet.[3] Das Zweite Vatikanische Konzil bedeutete für die katholische Kirche einen epochalen Einschnitt. „Aber es war nicht nur ein römisch-katholisches, sondern ein gesamtchristliches Ereignis"[4] und somit auch für die Protestanten ein bedeutsamer Einschnitt. Dem Ökumenismusdekret war eine „Erfolgsgeschichte"[5] beschieden, die von offizieller Seite so vielleicht gar nicht intendiert und erwartet worden war. Auch bestand eine gewisse Ratlosigkeit darüber, wie ökumenische Gemeinschaft denn nun konkret auszufüllen und zu leben sei. Gerade diese Leerstellen aber wurden in der Folge immer wieder dazu genutzt, in den Dialog miteinander zu treten. Und zwar auf allen Ebenen.

Die unmittelbare Folge des Ökumenismusdekretes war die Gründung von ökumenischen Kommissionen und Arbeitsgemeinschaften. „Was also bislang ausdrücklich illegal war, ist jetzt nicht nur legal, sondern sogar erwünscht."[6] Neben den offiziellen Gremien und Kommissionen auf allen kirchlichen Ebenen, wurde insbesondere die ökumenische Zusammenarbeit an der Basis gestärkt. Was vorher unter dem Mantel der Verschwiegenheit und inoffiziell stattfinden musste, ist mittlerweile zu einer Selbstverständlichkeit geworden: das Feiern ökumenischer Gottesdienste, Gebetsgottesdienste für die Einheit der Christen, Verabredungen zur Durchführung ökumenischer Trauungen, gemeinsame Erklärungen und Denkschriften, die Zusammenarbeit in gesellschaftlichen und diakonischen Arbeitsfeldern. Betrachtet man das Zweite Vatikanische Konzil von seinen Folgen her, so ist es gar nicht anders möglich, als es ökumenisch zu erinnern. Die Selbstvergewisserung im Glauben – die den Schwerpunkt der römisch-katholischen Form des Erinnerns prägt – entfaltet ihre ganze Kraft nur als eine Vergewisserung in ökumenischer Perspektive.

---

3 Vgl. Fr. Weber, Das II. Vatikanische Konzil und die Ökumene – Beobachtungen aus der Sicht eines Protestanten, Vortrag am 13. Februar 2012 im Ökumenischen Forum Osnabrück; www.landeskirche-braunschweig.de/uploads/tx_mitdownload/Vortrag_Vaticanum_II_Osnabrueck_2012.pdf (01.05.2014).

4 Weber, II. Vatikanische Konzil (s. Anm. 3), 1.

5 Vgl. O.H. Pesch, Das Zweite Vatikanische Konzil und die Ökumene, ÖI 21–22 (Mai 2012).

6 Pesch, Zweite Vatikanische Konzil (s. Anm. 5), 5.

2. Das Zweite Vaticanum als Impuls für die „Konvergenz-ökumene" – ein Rückblick aus evangelischer Perspektive[7]

Aus evangelischer Perspektive wahrgenommen hatte das Zweite Vatikanische Konzil Anlass zu begründeten ökumenischen Hoffnungen gegeben, die im Wesentlichen an einem veränderten Selbstverständnis der römischen Kirche festgemacht wurden. Dies zeigt sich in der ebenfalls am 21. November 1964 promulgierten Kirchenkonstitution *Lumen gentium*. Bereits der Titel *Lumen gentium* kann als programmatisch gewertet werden. „Lumen gentium" (Licht der Völker), so wird in der Konstitution gleich zu Beginn ausgeführt, ist nicht die römische Kirche, sondern Jesus Christus selbst.[8] Diese feine Unterscheidung zwischen Jesus Christus und der römischen Kirche weckte seit den 1960er Jahren die Hoffnung, Rom könne nun zukünftig einen Weg einschlagen, an dessen Ende schließlich die Anerkennung anderer Kirchen stünde, ohne die Wiedereingliederung in das römische Amts- und Kirchenverständnis als Vorleistung zu fordern. Der evangelische Theologe Edmund Schlink hat dies mit einem Vergleich ausgedrückt: Es gebe nun die Hoffnung auf eine Kopernikanische Wende: Alle Konfessionen sollten erkennen, dass nicht das Modell der konzentrischen Kreise Zukunft hat, in dem sich alles um das je eigene Selbstverständnis einer Kirche zu drehen habe, sondern ein Modell, in dem sich alle Konfessionen als Planeten verstehen, die sich um Christus drehen, und von ihm her ihr Licht empfangen.[9] Von dieser Hoffnung lebte bis Ende der 1990er Jahre die sogenannte „Konvergenzökumene". Die Konvergenzökumene war getragen von der Hoffnung, dass sich die Kirchen wie auf langsam zusammenlaufenden Linien annähern. Für die Konvergenzökumene steht herausragend das sogenannte *Lima-Papier*, die „Konvergenzerklärung der Kommission für Glauben und Kirchenverfassung" des Ökumenischen Rates der Kirchen von 1982 mit dem Titel: „Taufe, Eucharistie und Amt".[10] Die Konvergenzerklärung

---

7   Die in diesem Abschnitt dargelegte Interpretation wurde von mir erstmals für einen Vortrag entwickelt, den ich am 3. Juli 2006 auf Einladung von Abt Benedikt Müntnich anlässlich des 850jährigen Bestehens der Abteikirche Maria Laach vor katholischen und evangelischen Seelsorgerinnen und Seelsorgern gehalten habe. Vgl. M. Dröge, Freundschaftlich anders sein. Neue Chancen in der „Ökumene der Profile", EvTh 4 (2007), 307–315. Weiterentwickelt habe ich die Gedanken in: M. Dröge, Die „Ökumene der Profile" freundschaftlich gestalten – Plädoyer für einen neuen Stil öffentlicher religiöser Diskurse, KuR 2 (2007), 261–276.

8   Lumen gentium, in: LThK².E 1, 157; vgl. dazu: M. Dröge, Kirche in der Vielfalt des Geistes, Neukirchen-Vluyn 2000, 16.

9   Vgl. W. Fleischmann-Bisten, Das Papstamt in heutiger evangelischer Sicht, in: ders. (Hg.), Papstamt – pro und contra, Göttingen 2001, 153–174: 167.

ging davon aus, dass die zwischen den Konfessionen noch erkennbaren Unterschiede nicht das Wesentliche des christlichen Glaubens ausmachen. Deshalb müsste sich im Rückgriff auf die gemeinsame Basis (die Bibel, das Gottesverständnis, die Lehre von Christus) das noch Trennende bald überwinden lassen. Dies kann am Beispiel des Themas „Amt" verdeutlicht werden. Eine gegenseitige Anerkennung der Ämter, so das *Lima-Papier*, erscheine möglich, wenn die Kirchen sich gegenseitig zugestehen, dass ihre Amtsverständnisse je auf ihre Weise dem gemeinsamen Anliegen dienen, die Apostolizität der Kirche zu bewahren.[11]

Möglich wurden die konvergenzökumenischen Annäherungen mit der Methode des *differenzierten Konsenses*, die sich bei der Einigung der reformierten und lutherischen Kirchen in der Leuenberger Konkordie (1973) bewährt hatte. In einem Dreischritt wurde das Gemeinsame festgehalten, das Strittige benannt und dann die Differenzen im Blick auf die Frage bewertet, ob diese noch als kirchentrennend zu bewerten zu bewerten sind und wie diese zu überwinden sind.[12] Mit ebendieser Methode arbeitete dann auch Mitte der 1980er Jahre die von Papst Johannes Paul II. angeregte und von Wolfhart Pannenberg und Karl Lehmann verantwortete Studie *Lehrverurteilungen – kirchentrennend?*[13]

---

10 Taufe, Eucharistie und Amt. Konvergenzerklärung der Kommission für Glauben und Kirchenverfassung des Ökumenischen Rates der Kirchen, Frankfurt a. M./Paderborn 1982 (Im Folgenden zit.: Lima-Erklärung).

11 Vgl. Lima-Erklärung (s. Anm. 10), Art. 34 ff.

12 Vgl. M. Welker, Was geht vor beim Abendmahl?, Gütersloh ²2004. Welker charakterisiert das „neue Klima" der Konvergenzökumene, das durch einen neuen „Gesprächsstil" entstanden ist, in folgendem Dreischritt: *„Frage nach relativen Gemeinsamkeiten", „subtiler und mehrschichtiger Umgang mit historischen Differenzen", Wertung der Differenzen als „Herausforderungen [...], die Suche nach weiteren und tieferen Gemeinsamkeiten beharrlich fortzusetzen."* (ebd., 31 f., im Original kursiv, M. D.).

13 K. Lehmann / W. Pannenberg (Hg.), Ökumenischer Arbeitskreis evangelischer und katholischer Theologen. Lehrverurteilungen – kirchentrennend? I. Rechtfertigung, Sakramente und Amt im Zeitalter der Reformation und heute, Göttingen ³1986. – Wie diese Studie vorgeht, kann am Thema „Eucharistie/Abendmahl" verdeutlicht werden: „Auch ohne direkte Anlehnung an die Begrifflichkeit eines der [...] Lehrsysteme des 16. Jahrhunderts lassen sich *alle wesentlichen Elemente des Glaubens* an die eucharistische Gegenwart Jesu Christi aussagen, wie das auch bereits in verschiedenen Konsens- und Konvergenztexten geschehen ist: Gegenwärtig wird der erhöhte Herr im Abendmahl in seinem dahingegebenen Leib und Blut mit Gottheit und Menschheit durch das Verheißungswort in den Mahlgaben von Brot und Wein in der Kraft des Heiligen Geistes zum Empfang durch die Gemeinde. [...] Angesichts dieser gemeinsamen Glaubensüberzeugung von der wahren und wirklichen Gegenwart des Herrn in der Eucharistie sind die verbleibenden, durch die konfessionellen Traditionen geprägten unterschiedlichen Akzentuierungen in der Theologie und Spiritualität der Eucharistie nicht mehr als kirchentrennend zu bezeichnen", ebd., 123f.

Die Ansätze der Konvergenzökumene wurden besonders an der Basis hoff-
nungsfroh aufgenommen. Nach gemeinsamer Arbeit am Lima-Papier wurden in
Gemeinden teilweise sogar ökumenische Abendmahls/Eucharistiefeiern gefeiert,
durchaus mit Genehmigung der zuständigen römisch-katholischen Bischöfe.[14]
Die kirchenamtliche Rezeption ist allerdings konfessionell sehr unterschiedlich
ausgefallen. So hat etwa die Evangelische Kirche im Rheinland in ihrem landes-
synodalen Beschluss vom Januar 1993 die Ergebnisse der Studie *Lehrverurteilungen – kirchentrennend?* rezipiert und der Hoffnung Ausdruck gegeben, dass nun
bald deutliche Schritte auf dem Weg zu weiterer Einheit folgen würden.[15] Eine offizielle römisch-katholische Rezeption des *Lima-Papiers* oder der Studie *Lehrverurteilungen – kirchentrennend?*, die zu lehramtlichen Konsequenzen geführt hätte,
hat es innerhalb der römisch-katholischen Kirche aber nicht gegeben.

Als letzter konvergenzökumenischer Versuch, der aber bereits den Keim der
Enttäuschung in sich trug, können die Bemühungen um die Gemeinsame Erklärung zur Rechtfertigungslehre (GE)[16] gewertet werden. Die Einigung in Fragen
der Rechtfertigungslehre sollte die Basis des Gemeinsamen nochmals verbreitern.
Wenn, so waren die Erwartungen, die Kirchen sich im Verständnis der rechtferti-
genden Kraft des Evangeliums einig wären, dann müsse aus diesem Grundkonsens die gegenseitige Anerkennung als Kirche Jesu Christi konsequenterweise in
Kürze folgen. Kritische Stimmen waren bereits damals skeptisch, weil sie die
Rechtfertigungslehre in der GE nicht im Sinne reformatorischer Theologie als das
zentrale theologische Kriterium gewürdigt sahen, was sich schon im Vorfeld darin
zeige, dass Rom nicht erkennen ließ, dass geplant sei, aus der GE Konsequenzen
für das eigene Kirchenverständnis und für die Anerkennung der lutherischen Kirchen als Kirche Jesu Christi zu ziehen. Ferner wurde kritisiert, dass die für Lehrfra-
gen zuständigen evangelischen Instanzen nicht ausreichend beteiligt wurden.[17]

---

14 So etwa in der ökumenischen Gemeinschaft in Koblenz zwischen der Pfarrei Herz Jesu und der
Evangelischen Kirchengemeinde Koblenz-Mitte Mitte der 1980er Jahre.

15 Leitung der Evangelischen Kirche im Rheinland (Hg.), Erklärung der Landessynode der Evangelischen Kirche im Rheinland über das Verhältnis zur römisch-katholischen Kirche und zu anderen
Kirchen, Düsseldorf 1993. – In dieser Erklärung werden die Erkenntnisse der Lima-Erklärung (s.
Anm. 10) und der Studie „Lehrverurteilungen – kirchentrennend?" (s. Anm. 13) rezipiert, und es
wird der Hoffnung auf „eine verbindliche gegenseitige Anerkennung der evangelischen und römisch-katholischen Kirche als Glieder des einen Leibes Christi auf Grund unserer einen Taufe"
(ebd., 15) Ausdruck gegeben.

16 Gemeinsame Erklärung zur Rechtfertigungslehre (GE) des Lutherischen Weltbundes (LWB) und
des Päpstlichen Rates zur Förderung der Einheit der Christen, 1999.

17 Vgl. E. Jüngel, Um Gottes willen – Klarheit!, ZThK 94,3 (1997), 394–406; vgl. den Artikel „Mehr als
243 evangelische Hochschullehrer unterschreiben", FAZ v. 20.10.1999, 4.

Im Jahr 2000 markierte dann die Erklärung *Dominus Iesus* den Wendepunkt.[18] Jesus Christus und das römisch-katholische Kirchenverständnis werden darin so nah miteinander verbunden, dass für das evangelische Kirchenverständnis streng genommen kein Raum mehr bleibt: „Die Gläubigen sind angehalten zu bekennen, dass es eine geschichtliche in der apostolischen Sukzession verwurzelte Kontinuität zwischen der von Christus gestifteten und der katholischen Kirche gibt. [...] Diese Kirche [...] ist verwirklicht in der katholischen Kirche, die vom Nachfolger Petri und von den Bischöfen in Gemeinschaft mit ihm geleitet wird." Gemeint ist, dass die Kirche Jesu Christi „voll nur in der katholischen Kirche weiter besteht", dass aber „außerhalb ihres sichtbaren Gefüges vielfältige Elemente der Heiligung und der Wahrheit zu finden sind." Kirche im strengen Sinne gibt es nur, wo die apostolische Nachfolge im Sinne der römisch-katholischen Lehre existiert. Ansonsten kann nur von „kirchlichen Gemeinschaften" gesprochen werden, „deren Wirksamkeit sich von der der katholischen Kirche anvertrauten Fülle der Gnade und Wahrheit herleitet."[19]

Was war durch *Domimus Iesus* anders geworden? Nicht weniger als der Grundansatz für das ökumenische Gespräch. Wurde bis dato nämlich im gängigen Dialogverständnis mit der Methode des differenzierten Konsenses zunächst die breite Basis des Gemeinsamen definiert, um dann das Trennende zu analysieren und nach Überwindungsmöglichkeiten für die Trennung zu suchen, so wurde jetzt von Rom klargestellt, dass das Kirchen- und Amtsverständnis der römisch-katholischen Kirche als nicht aufzugebende Basis jeder ökumenischen Bemühung zu verstehen ist: Was Kirche ist, macht sich nach *Dominus Iesus* am römischen Amtsverständnis fest.

Aus evangelischer Sicht musste dies als eine Interpretations*festlegung* gewertet werden, die die Erwartungen einer Weiterentwicklung des römischen Kirchenverständnisses, wie sie das Zweite Vaticanum geweckt hatte, stark dämpfte, wenn nicht gar bis auf Weiteres zu Nichte machte. Die Unterscheidung zwischen Jesus Christus und dem eigenen Kirchenverständnis, die in *Lumen gentium* als programmatisch verstanden worden war, wurde nun nicht mehr betont. Um es mit dem Bild von Edmund Schlink auszudrücken: Rom wollte nun doch die Sonne bleiben, von deren Strahlen alle Kirchen mehr oder weniger leben und zu leben haben. Einheit im Sinne eines solchen Ökumeneverständnisses könne nur entste-

---

18 Kongregation für die Glaubenslehre, Erklärung Dominus Iesus. Über die Einzigartigkeit und die Heilsuniversalität Jesu Christi und der Kirche, 6. August 2000, in: VApS 148 (2000) (Im Folgenden zit. Dominus Iesus).

19 Dominus Iesus (s. Anm. 18), Art. 16 f.

hen, wenn auch die anderen Kirchen diese Grundannahme akzeptieren. Das heißt: Die Kopernikanische Wende hat doch nicht stattgefunden. Rückblickend muss deshalb gesagt werden, dass das Erscheinen von Dominus Iesus das Ende der Konvergenzökumene markiert.

In der Folge von Dominus Iesus hat die evangelische Theologie ihre eigenen ekklesiologischen Positionen wieder klarer verdeutlicht. Scharf wurde die enge Identifizierung von Christologie und römischer Ekklesiologie, also von Christus und römisch-katholischer Kirche, in Dominus Iesus als theologisch unsachgemäß kritisiert.[20] Kardinal Ratzinger verteidigte daraufhin die Sicht von Dominus Iesus als das gute Recht Roms und ermunterte die evangelische Kirche, ihrerseits ihr Kirchenverständnis dagegen zu profilieren.[21] Dies geschah unter anderem mit der Studie „Kirchengemeinschaft nach evangelischem Verständnis".[22] In diesem Votum wurde die Position des evangelischen Kirchen- und Einheitsverständnisses im Sinne des Modells der Leuenberger Konkordie von 1973 und der Schrift Die Kirche Jesu Christi von 1994[23] knapp beschrieben: Anerkennung von Kirchengemeinschaft ist dann möglich, wenn das gemeinsame Verständnis des Evangeliums und der Sakramente sowie des gemeinsamen Grundes Jesus Christus erreicht ist.

3. Zur gegenwärtigen ökumenischen Lage

3.1 Von *Dominus Iesus* zum Papstbesuch in Deutschland im September 2011

Seit dem Erscheinen von Dominus Iesus war die ökumenische Lage in Deutschland dadurch geprägt, dass die gewachsenen ökumenischen Beziehungen an der Basis weiter gepflegt wurden, dass es aber keine substantiellen Fortschritte gegeben

---

20 Vgl. die Synodenerklärung der 5. Tagung der 9. Synode der EKD „Zur Vatikanischen Erklärung Dominus Iesus" vom 9.11.2000: „[...] in die Freude über das Einverständnis im Blick auf fundamentale Einsichten unseres gemeinsamen Glaubens mischt sich Betrübnis über die in der Erklärung Dominus Iesus manifesten theologischen Irrtümer. Es betrübt uns, – dass die römisch-katholische Kirche sich selbst als die einzige vollkommene Realisierung der Kirche Jesu Christi versteht und damit bestreitet, dass sich der Leib Christi in einer Vielzahl von Schwesterkirchen verwirklicht und dass sich die Treue Gottes auch darin bewährt."; www.ekd.de/synode2000/beschluesse_dominusiesus.html (1.05.2014).

21 Vgl. FAZ v. 22.9.2000, 51.

22 Kirchenamt der EKD (Hg.), Kirchengemeinschaft nach evangelischem Verständnis. Ein Votum zum geordneten Miteinander bekenntnisverschiedener Kirchen, EKD.T 69 (2001).

23 W. Hüffmaier (Hg.), Die Kirche Jesu Christi. Der reformatorische Beitrag zum ökumenischen Dialog über die kirchliche Einheit (Leuenberger Texte 1), Frankfurt a. M. 1995.

hat. Große Erwartungen wurden an den offiziellen Besuch von Papst Benedikt XVI. in Deutschland im September 2011 gerichtet, einerseits weil Papst Benedikt der erste deutsche Papst war, der das Kernland der Reformation besuchte, zum anderen weil von ihm, dem Autor von *Dominus Iesus*, gerade bei diesem Besuch zumindest erste Zeichen einer Neuinterpretation des reformatorischen Kirchenverständnisses aus römisch-katholischer Sicht erwartet wurden. Welche Botschaften seines Besuches sind im Gedächtnis geblieben?

In seiner Rede im Bundestag am 22. September 2011[24] hat Papst Benedikt die öffentliche Bedeutung des christlichen Glaubens betont und die Politikerinnen und Politiker eindrucksvoll an die Verpflichtung erinnert, ihre Verantwortung vor Gott im Sinne des Gottesbezuges des deutschen Grundgesetzes wahrzunehmen. Für evangelische Ohren irritierend war allerdings die von ihm gezeichnete Skizze der europäischen Geistesgeschichte, in der die Reformation nicht vorkam. In seiner Predigt während der Messe im Olympiastadion am 22. September 2011 in Berlin[25] rief der Papst vor 70.000 Teilnehmenden mit dem neutestamentlichen Bild vom Weinstock und den Reben zu einer geistlichen Erneuerung der Kirche auf – irritierend für ökumenisch engagierte Protestanten war, dass er dabei nicht auf konkrete Missstände und Reformbemühungen innerhalb der krisengeschüttelten katholischen Kirche in Deutschland eingegangen ist. Bischof Friedrich Weber hat am 5. November 2011 auf der Generalsynode der VELKD in Magdeburg folgendes Resümee gezogen: „[...] so einfach alle Fragen, die in Deutschland den Katholizismus auseinanderreißen, nicht wahrzunehmen oder nicht einmal kurz anzusprechen, fand ich eine vertane Chance sowohl für die Ökumene als auch die innerkatholische Debatte."[26]

Ein historischer Moment war der Besuch in Erfurt am 23. September 2011. Die Predigt des Papstes im ökumenischen Gottesdienst im Augustinerkloster[27] brüskierte dann aber alle ökumenisch Engagierten, da der Papst ökumenische Bemü-

---

24 Rede Papst Benedikts XVI. im Deutschen Bundestag am 22. September 2011; www.bundestag.de/ kulturundgeschichte/geschichte/gastredner/benedict/rede.html (1.05.2014)

25 Predigt von Papst Benedikt XVI., Olympiastadion Berlin, Donnerstag, 22. September 2011; www.vatican.va/holy_father/benedict_xvi/homilies/2011/documents/hf_ben-xvi_hom_20110922_olympiastadion-berlin_ge.html (1.05.2014).

26 Vgl. Fr. Weber, Gemeinsam Kirche sein?! Ökumenische Beobachtungen der letzten 12 Monate, Bericht des Catholica-Beauftragten der VELKD vor der 11. Generalsynode auf ihrer 4. Tagung in Magdeburg am 5.11.2011, 5, Zeile 2 ff.

27 Ökumenischer Gottesdienst, Ansprache von Papst Benedikt XVI., Augustinerkloster Erfurt, 23. September 2011; www.vatican.va/holy_father/benedict_xvi/speeches/2011/september/documents/hf_ben-xvi—spe—20110923_augustinian-convent-erfurt_ge.html (01.05.2014).

hungen mit den Verhandlungen zwischen politischen Vertragsparteien verglich
und folgenden Satz sprach: „Ein selbstgemachter Glaube ist wertlos." Es blieb der
Eindruck zurück, ökumenisch engagierte Theologen würden einen „selbstgeba-
stelten Glauben favorisieren".[28] Schließlich ist die wirkmächtige Rede im Freiburger Konzerthaus zu erwähnen mit ihrer schwer verständlichen und vielfach miss-
verstandenen Rede von der „Entweltlichung" der Kirche.[29] Ziel des Papstes war es,
mit diesem Begriff die Kirche zu ermahnen, sich stärker an einem geistlichen
Selbstverständnis zu orientieren. Im aktuellen gesellschaftlichen Klima in
Deutschland hat dies aber dazu geführt, dass die Rede von der „Entweltlichung"
auch von denen gerne aufgegriffen wurde, die mit einer laizistischen Grundhal-
tung die öffentliche Wirkung der großen Kirchen zurückdrängen wollen. Gerade
für die evangelische Kirche, die sich in der Tradition Dietrich Bonhoeffers als „Kirche für andere", das heißt als eine nicht um ihr selbst willen tätige Kirche, sondern als eine gesellschaftlich engagierte Kirche versteht und die ihren Öffentlich-
keitsanspruch in der aktuellen Situation verteidigen muss, war die Wirkung der
Freiburger Papstrede kontraproduktiv.

Der EKD-Ratsvorsitzende Präses Nikolaus Schneider hat anlässlich des Papst-
besuches einen weiterführenden Vorschlag gemacht. Beim Besuch Benedikts in
Erfurt hat er von einer „Ökumene der Gaben" mit folgenden Worten gesprochen:
Es ist „Zeit für eine ‚Ökumene der Gaben', in der unsere Charismen sich ergänzen
und einander erhellen. [...] Im Zusammenklang unserer je besonderen Gaben mag
es gelingen, so von Gott zu reden, dass Menschen in ihm eine Adresse für ihre
Sehnsüchte, Fragen und Ratlosigkeiten wie auch für ihre vermeintlichen Sicher-
heiten wahrnehmen. [...] Die Kirchen der Reformation verstehen sich als ‚Kirche
der Freiheit'. Damit ist eine Freiheit gemeint, die sich im Ja zu Jesus Christus
gründet – nicht eine unverbindliche Beliebigkeit. Denn wir haben von den Reformatoren und im Grunde vom Kirchenvater Augustinus gelernt, dass nur die Freiheit, die im Zusammenspiel von Freiheit und Bindung begriffen wird, wahre Freiheit ist. Diese augustinisch gegründete Theologie der Reformation ist unsere
besondere Gabe in einer weltweiten Christenheit." Er beschreibt dann das theologische Konzept Luthers und der Reformatoren als eine Theologie, die sich von
Gott Gewissheit angesichts von Verunsicherungen schenken lässt. Dies sei „so ak-

---

28 Weber, Gemeinsam Kirche (s. Anm. 26), 6, Zeile 27.
29 Begegnung mit in Kirche und Gesellschaft engagierten Katholiken, Ansprache von Papst Bene-
    dikt XVI., Konzerthaus, Freiburg i. Br., 25. September 2011; www.vatican.va/holy_father/ bene-
    dict_xvi/speeches/2011/september/documents/hf_ben-xvi_spe_20110925_catholics-
    freiburg_ge.html (1.05.2014).

tuell [...] wie nie." Abschließend formuliert er: „Das gilt für die evangelischen Kirchen. Aber gilt das nicht auch für unsere römisch-katholische Schwesterkirche
und für die ganze anders- und nichtglaubende, aber ebenfalls zutiefst verunsi-
cherte Welt – gerade in dieser äußerst krisenhaften Zeit? [...] [W]ir [laden] alle
Christenmenschen ein, sich gemeinsam mit uns darüber zu freuen, dass Gott der
ganzen Kirche eine starke Theologie der Gewissheit in Zeiten höchster Verunsi-
cherung geschenkt und für die ganze Christenheit in den letzten fünfhundert
Jahren lebendig gehalten hat."[30]

Bischof Weber hat auf der Generalsynode der VELKD im November 2011 in
Magdeburg im Rückblick auf den Papstbesuch folgendes Fazit gezogen: „Dem
Papst war auf seinem Deutschlandbesuch immer wieder die Sorge abzuspüren,
dass in den säkularen, westlichen Staaten der Gottesglaube verlorengeht. Doch
dies darf nicht dazu führen, dass aus Angst vor Veränderungen an der katholischen Glaubenswahrheit oder der Anpassung an den Zeitgeist der notwendige innerkatholische Dialogprozess sich im Sande verläuft oder weitere Annäherungen
zwischen unseren Kirchen in die ferne Zukunft verschoben werden."[31]

Rückblickend erscheint der Papstbesuch im September 2011 vor allem als ein
Besuch, der – neben der gesellschaftlichen Botschaft, die Benedikt XVI. an die
deutsche Öffentlichkeit gerichtet hat – die geistliche Erneuerung der eigenen Kirche im Blick hatte. Die Predigt im Berliner Olympiastadion hat dies am deutlich-
sten zum Ausdruck gebracht: Die römisch-katholische Kirche wurde aufgerufen,
sich neu auf den Weinstock Christus auszurichten. Dass noch andere Kirchen als
Reben mit dem Weinstock Christi verbunden sind, war nicht das Thema des Papstes. Speziell für den evangelisch-katholischen Dialog wurde an keiner Stelle eine
neue Perspektive eröffnet. Anders war dies beim Deutschlandbesuch Johannes
Paul II. im November 1980. Er gab damals die Anregung für die theologische Arbeit des „Ökumenischen Arbeitskreises evangelischer und katholischer Theologen". Frucht der Arbeit dieses Kreises war unter anderem die bereits erwähnte
Studie „Lehrverurteilung – kirchentrennend?"[32]

---

30 Ansprache des Vorsitzenden des Rates der Evangelischen Kirche in Deutschland (EKD), Präses
   Nikolaus Schneider, am 23. September 2011 im Kapitelsaal des Augustinerklosters zu Erfurt;
   www.ekd.de/texte-erfurt-2011 (1.05.2014).
31 Weber, Gemeinsam Kirche (s. Anm. 26), 7, Zeile 24 ff.
32 Vgl. Lehmann/Pannenberg (Hg.), Lehrverurteilungen (s. Anm. 13).

3.2 Die Evangelischen Landeskirchen – bewegt durch Reformprozess und Reformationsgedenken

Bedingt durch die Situation, dass es keine substantiellen Weiterentwicklungen in den ökumenischen Beziehungen in den vergangenen knapp 15 Jahren gegeben hat, waren es seit dem Jahr 2000 weniger ökumenische Entwicklungen, die die Evangelischen Landeskirchen bewegt haben, als vielmehr die Reformprozesse, die in der eigenen Kirche zu initiieren und zu steuern waren und weiterhin zu steuern sind. Vorbereitet durch das Buch „Kirche in der Zeitenwende" von Wolfgang Huber[33] wurde ein Prozess des Nachdenkens eingeleitet, der schließlich zu dem Impulspapier „Kirche der Freiheit" des Rates der EKD führte.[34] Seither wird versucht, in verschiedenartigen Reformprozessen in den einzelnen Landeskirchen sowohl das geistliche Profil der Kirchen zu schärfen als auch angesichts geringer werdender Ressourcen flexibler mit Strukturen umzugehen, die Mitarbeitenden – seien es die Haupt- oder Ehrenamtliche – deutlicher in ihren Gaben und Bedürfnissen wahrzunehmen und die Kirche in ihrer Grundausrichtung klarer missionarisch zu gestalten. Diese Reformbemühungen fallen zusammen mit der Reformationsdekade, mit der die evangelischen Landeskirchen den Weg hin zum Reformationsjubiläum 2017 gestalten. Das Reformationsjubiläum soll unter dem Thema „Am Anfang war das Wort" gefeiert werden. Bis dahin gehen die Themenjahre den Spuren der Reformation nach, die in den letzten 500 Jahren in Kirche und Gesellschaft erkennbar geworden sind. Die EKD-Synode 2012 in Timmendorfer Strand hat Leitlinien für die Feier des Reformationsjubiläums beschlossen:[35] Das Reformationsjubiläum 2017 will ein internationales, ökumenisches und gesamtgesellschaftliches Ereignis werden; es soll weder national noch anti-römisch aufgeladen werden. Es feiert die Wiederentdeckung des Evangeliums als Basis aller Freiheit eines Christenmenschen, nicht die Entstehung einer neuen Kirche. Es erinnert den Durchbruch einer die ganze Gesellschaft und alle intellektuellen Dimensionen ergreifenden Umwälzung, nicht die vermeintlich heldenhafte Tat

---

33 W. Huber, Kirche in der Zeitenwende. Gesellschaftlicher Wandel und Erneuerung der Kirche, Gütersloh 1998.

34 Vgl. Kirche der Freiheit. Perspektiven für die Evangelische Kirche im 21. Jahrhundert. Ein Impulspapier des Rates der EKD, Hannover 2006.

35 5. Tagung der 11. Synode der EKD, Timmendorfer Strand, 1. bis 7. November 2012, Kundgebung: Theologische Impulse auf dem Weg zum Reformationsjubiläum 2017 – „Am Anfang war das Wort...", 07. November 2012; www.ekd.de/synode2012/beschluesse/s12_04_iv_beschluss_kundgebung_reformationsjubilaeum2017.html (1.05.2014).

eines einzelnen Mannes. Es erinnert die gemeinsame zweitausendjährige Geschichte der Westkirchen aus dem Blickwinkel reformatorischer Kirchen. Es verleugnet die kummervolle Ambivalenz der konfessionellen Trennungen nicht und wird Formen entwickeln, in denen dieses versöhnungsbedürftigen Teils seiner Geschichte ökumenisch gedacht werden kann. Es stellt theologisch die Frage nach der Providenz Gottes in der Entstehung und fünfhundertjährigen Erhaltung der konfessionellen Vielfalt. Im Feiern der Reformation geht es um die damalige Hinwendung zum Evangelium, die Konzentration auf die vier Exklusivbestimmungen (*solus christus, sola scriptura, sola gratia, sola fide*), die Rechtfertigung des Sünders als Prinzip der reformatorischen Theologie und die Bereitschaft zur Verantwortung für den Nächsten in der und für die Welt. Diese Ausrichtung verdeutlicht, dass der Vorbereitungsprozess auf das Reformationsjubiläum als eine Besinnung auf die reformatorische Theologie, und damit eine Besinnung auf Christus, gestaltet wird und dass die Ökumene dabei eine wichtige Rolle spielen soll.[36]

3.3 Aktuelle Entwicklungen

Seit dem Rücktritt von Papst Benedikt XVI. und dem Beginn des Pontifikates von Papst Franziskus, gewählt am 13. März 2013, ist eine neue Bewegung in der römisch-katholischen Kirche zu beobachten, die teilweise geradezu euphorische Züge trägt. Die Person, die Reden und die Reformansätze des neuen Papstes werden von der Weltöffentlichkeit mit Staunen verfolgt. Gibt es jetzt berechtigte Hoffnungen auf einen neuen ökumenischen Frühling?

Zumindest andere Töne sind vernehmbar, die nun die römische Musik machen. Die Töne des deutschen Papstes Benedikt XVI. waren, bei aller Hochschätzung seiner Persönlichkeit, doch eher auf Abgrenzung gegenüber den evangelischen Kirchen gestimmt. Ein ängstlich zurückhaltender Geist hatte sich in der römischen Kirche breit gemacht, so als müsse sich die römische Kirche davor fürchten, zu protestantisch zu werden, wenn sie die Nähe zu den evangelischen

---

36 In Magdeburg wurde dies von der Vollkonferenz der UEK, der Union Evangelischer Kirchen in Deutschland, so beschrieben: Wir sehen uns *„in einen ökumenischen Prozess der theologischen und planerischen Vorbereitung des Reformationsjubiäums gestellt, der von den Grundeinsichten reformatorischer Theologie, insbesondere der in Christus begründeten Ekklesiologie, her gestaltet werden muss. Dabei kommt der Beziehung zur römisch-katholischen Kirche eine besondere Bedeutung zu.",* vgl. Stellungnahme zum Bericht des Catholica-Beauftragten der VELKD, Vorlage zu TOP 11, 4. Tagung der UEK-Vollkonferenz, 4.,5. und 8.11.2011.

Christen sucht. Die Töne, die jetzt aus Rom zu hören sind, klingen anders, ohne dass bereits erkennbar wäre, ob sich daraus auch für die katholisch-evangelische Ökumene Veränderungen ergeben werden. Ekklesiologische Initiativen sind derzeit noch nicht wahrnehmbar. Allerdings gibt es Indizien, die auf eine neue Öffnung zu aktuellen Problemen – also Indizien für ein neues *aggiornamento* – schließen lassen können. Wenn etwa Kardinal Kasper nach Rom eingeladen wird, um über Familienethik zu referieren,[37] und wenn er sich unter dem Beifall des Papstes dafür einsetzt, dass Geschiedene zur Eucharistie zugelassen werden, dann erweckt dies evangelische Aufmerksamkeit. Wenn der Papst eine Basisbefragung zum Thema Familie angeregt und durchgeführt hat, kann dies Hoffnungen schüren, es möge sich wieder etwas vom Geist der Volk-Gottes-Theologie des Zweiten Vatikanischen Konzils in der römisch-katholischen Kirche breit machen.

Papst Franziskus scheint auch eine stärkere Öffnung gegenüber den gesellschaftlichen Themen anregen zu wollen und die gesellschaftliche Gestaltungskraft des Glaubens neu zu betonen. In der Enzyklika „Lumen fidei", die die „vierhändige Enzyklika" genannt wird, weil sie von Papst Benedikt begonnen und von Papst Franziskus fertiggestellt wurde,[38] ändert sich im vierten Kapitel, das allem Anschein nach von Franziskus formuliert wurde, der Ton. Der Glaube sei „Dienst am Gemeinwohl". Der Glaube „stellt sich in den konkreten Dienst der Gerechtigkeit, des Rechts und des Friedens." (LF 51). Er lässt „die Natur mehr achten [...] die uns anvertraut ist, damit wir sie pflegen und hüten." Ob sich diese weltzugewandte Art des Denkens in der katholischen Kirche durchsetzen wird, ist noch nicht entschieden. Weitere Indizien, ob ein neuer Geist sich in Rom breit machen wird, werden an der für den Herbst 2014 einberufenen Bischofssynode abzulesen sein. Wenn der Geist eines neuen *aggiornamento* die römisch-katholische Kirche ergreifen würde, dann könnte es mit der Ökumene, zumindest atmosphärisch, wieder leichter werden.

4. Das Zweite Vaticanum ökumenisch erinnern – Schlussfolgerungen

Welche Vorstellungen für einen zukünftigen gemeinsamen Weg der Ökumene ergeben sich aus dem Rückblick auf die vergangenen 50 Jahre seit der Promulgation von *Lumen gentium* und dem Ökumenismus-Dekret? Was können römisch-katho-

---

37 Vgl. Das Evangelium von der Familie, FAZ v. 3.3.2014.
38 Vgl. M. Bräuer/P. Metzger, Ökumenischer Lagebericht 2013, MdKI 6 (2013), 109 ff.

lische Bistümer und Evangelische Landeskirchen anlässlich dieses Jubiläums in den Ökumenischen Gottesdiensten gemeinsam feiern?

4.1 In Christus die Einheit suchen

Die ökumenischen Hoffnungen, die sich aus evangelischer Perspektive mit dem Zweiten Vaticanum von Anfang an verbunden haben, waren begründet in einer ansatzweisen Neubestimmung des Verhältnisses von Christus und Kirche in der Kirchenkonstitution *Lumen gentium*. Evangelisches Ökumeneverständnis konnte darin einen Ansatz wiederfinden, wie er dem eigenen Verständnis der Verhältnisbestimmung von Christus und Kirche entspricht. Eine Ökumene auf Augenhöhe in der gemeinsamen Ausrichtung auf Christus, getragen von der Erwartung, dass die Entwicklung des ökumenischen Fortschrittes sich in konvergierenden Linien bewegen würde, prägte die ersten Jahrzehnte nach dem Zweiten Vaticanum, zumindest bei denen, die sich in der ökumenischen Bewegung engagierten.

Ein Ökumeneverständnis, oder „Ökumenismus"-Verständnis, das von der Voraussetzung ausgeht, ein bestimmtes in der römischen Kirche traditionell gewordenes Amtsverständnis müsse anerkannt werden, um den Weg zu mehr sichtbarer Einheit zu gehen, erschwert deshalb die „Konvergenz" der Annäherung. Da seit *Dominus Iesus* gerade ein solches Amtsverständnis wieder pointierter von Rom aus vertreten wird, ist es nur folgerichtig, dass es seither keine wesentlichen Fortschritte in der evangelisch-katholischen Ökumene gegeben hat. Aus evangelischer Sicht ist es deshalb wünschenswert und für weitere substantielle ökumenische Fortschritte notwendig, dass wieder neu ein Nachdenken über die systematisch-theologische Bestimmung des Verhältnisses von Christus und Kirche beginnt. Aber auch solange dies nicht stattfindet, muss ökumenische Gemeinschaft gestaltet werden. Mit welcher Zielrichtung kann dies geschehen?

Evangelische und römisch-katholische Christen können sich in einer Zeit notwendiger Kirchenreformen gegenseitig in ihrer je eigenen Form der Christuserkenntnis respektieren, d. h.: die eigene und die andere Art und Weise der Christuserkenntnis und die ihr jeweils entsprechenden Ansätze für Kirchenreformen aufmerksam und lernbereit wahrnehmen und begleiten. Evangelische Christinnen und Christen können und sollen es ernst nehmen, wenn die Päpste durch ihr Wirken den Christusglauben in der Schwesterkirche stärken wollen, wohl wissend, dass christuszentrierte Kirchenreform in evangelischen Kirchen anders aussieht und aussehen muss, sowohl vom Ansatz in der Wort-Gottes-Theologie als auch vom theologischen Verständnis kirchlicher Strukturen her betrachtet. Aus dieser Haltung heraus kann gemeinsam das Jubiläum „50 Jahre Ökumenismusdekret" gewinnbringend gefeiert werden. Dieses Feiern wird im Vertrauen darauf geschehen, dass Christus selbst der „Dominus Jesus", der Herr der Kirche ist, wenn auch die evangelische Kirche diese Aussage im Lichte ihrer Bekenntnis-schriften deutlich anders zu interpretieren hat als die Amtsträger der römisch-katholischen Kirche. Jeder tiefe und ernsthafte Glaube an den auferstandenen Christus wird aber davon ausgehen, dass die einigende Kraft des Auferstandenen immer stärker ist als die Macht der kirchlichen Traditionen. Die Einheit in Christus ist bereits gegeben und ist versöhnend wirksam durch die Präsenz des Auferstandenen.

4.2 In der Taufe die Einheit mit Christus bewusst machen

Um die Einheit in Christus gemeinsam erfahrbar zu machen, sollte der Blick auf das einigende Band der Taufe gerichtet werden. Denn was in der Taufe an Einheit geschenkt ist, ist bisher noch nicht in allen Konsequenzen bedacht worden. Bischof Weber hat auf der Generalsynode der VELKD im November 2011 in Magdeburg deshalb an die „Magdeburger Erklärung" von 2007 erinnert. Er formulierte: Es ist „[...] an die Magdeburger Tauferklärung aus dem Jahr 2007 zu erinnern, in der 11 Konfessionen in Deutschland gegenseitig ihre Taufe feierlich anerkannt haben. Doch ist es auf Grundlage der Magdeburger Erklärung hinreichend, was wir im Moment gemeinsam tun? Haben wir alle Möglichkeiten ausgeschöpft und ausgelotet? Die Taufe begründet „ein sakramentales Band der Einheit zwischen allen, die durch sie wiedergeboren sind", heißt es im Ökumenismusdekret des II. Vaticanums (UR 22), „[...] wenn dem so ist, dann dürfen wir nicht aufgeben, gemeinsam zu untersuchen, ob nicht ein tieferes Verständnis der Taufe zu einem Türöffner wird, unsere vermeintlich kirchentrennenden Unterschiede im Kirchenverständnis zu überwinden."[39]

Eine neue Perspektive für die Ökumene würde sich ergeben, wenn das ökumenische Gespräch nicht fixiert bliebe auf die vermeintlich unüberwindbaren Unterschiede im Amtsverständnis, sondern sich darauf besinnen würde, dass die Taufe uns im einen geistlichen Leib Christ verbindet.

---

39 Weber, Gemeinsam Kirche (s. Anm. 26), 16, Zeile 15–20 u. 17, Zeile 30–33.

4.3 Von Christus her 2017 feiern

Mit der Konzentration auf Christus lässt sich ein Ansatz für ein zwar nicht gemeinsam getragenes, aber doch gastfreundliches Feiern des Reformationsjubiläums 2017 finden. So wie die römisch-katholische Kirche die Initiative ergriffen hat und die nicht-römisch-katholischen Christen zu Jubiläumsgottesdiensten anlässlich des 50. Jahrestages der Promulgation des Ökumenismus-Dekretes eingeladen hat, so ergreifen die evangelischen Kirchen die Initiative und laden alle Christinnen und Christen ein, im Jahr 2017 zu feiern, dass sich in der Reformationszeit eine dynamische, biblisch orientierte Christuserkenntnis Bahn gebrochen hat, die die eine Kirche Jesu Christi weltweit neu auf den gekreuzigten und auferstandenen Christus aufmerksam gemacht hat. Dass Papst Franziskus entschieden angetreten ist, die römisch-katholische Kirche zu reformieren, könnte diesen Ansatz für eine gastfreundliche Feier des Reformationsjubiläums unterstützen. Evangelische Christinnen und Christen werden im Jubiläumsjahr 2017 nicht die Gründung der evangelischen Kirche feiern, sondern daran erinnern, dass Jesus Christus selbst die Kirche reformiert. Diese Erkenntnis eint alle Kirchen. Auch die römisch-katholische Kirche wäre nicht das, was sie heute ist, hätte sie sich nicht mit der Reformation auseinandersetzen müssen. Jede Kirche, gleich welcher Konfession, ist *semper reformanda* – immer neu zu reformieren. Denn Christus ist der Reformator jeder Kirche.

4.4 Die Apostolische Sukzession neu durchdenken

Um langfristig wesentliche ökumenische Fortschritte zu erzielen, wird das Grundproblem des ökumenischen Stillstandes früher oder später theologisch-systematisch neu zu bearbeiten sein: die Nicht-Anerkennung der Evangelischen Kirche durch das römische Lehramt aufgrund der zurzeit in Rom vorherrschenden Interpretation der sogenannten „Apostolischen Sukzession". Kaum noch in der kirchlichen Öffentlichkeit bekannt ist die Tatsache, dass der „Ökumenische Arbeitskreis evangelischer und katholischer Theologen" (ÖAK)[40] weiterhin sehr fruchtbare theologische Arbeit leistet. In der Interpretation des Begriffes „Apostolische Sukzession" ist die theologische Forschung inzwischen einen wesentlichen Schritt vorangekommen. Der ÖAK, der seinerzeit von Papst Johannes Paul II. bei dessen Deutschlandbesuch angeregt worden ist, hat im Jahr 2008 seinen abschlie-

---

40 Vgl. Lehmann/Pannenberg (Hg.), Lehrverurteilungen (s. Anm. 13).

ßenden Bericht zum Thema „Das kirchliche Amt in apostolischer Nachfolge" herausgegeben.[41] Dort spricht sich der Arbeitskreis „für eine differenzierte Rede von der ‚Apostolischen Sukzession'" aus.[42] Der ÖAK war sich darin einig, dass man sich auf das Grundanliegen besinnen muss, das hinter der Argumentationsfigur der Apostolischen Sukzession steht, nämlich, „dem bezeugten Evangelium Jesu Christi in seiner Identität durch die Zeiten hindurch dienlich zu sein."[43]. Folgendes Fazit wird gezogen: „Die Bestreitung der Legitimität der Amtssukzession in den reformatorischen Kirchen durch die römisch-katholische Kirche muss sich deshalb kritischen Rückfragen stellen."[44]

4.5 Die spirituelle Ökumene fördern

Abschließend möchte ich auf eine Entdeckung hinweisen, die in die Zeit vor der Reformation zurückverweist. Der große Philosoph und Theologe der Einheit, Nikolaus von Kues (1401–1464) hat in seinem Buch De docta ignorantia (Von der be-

---

41   D. Sattler / G. Wenz (Hg.), Das kirchliche Amt in apostolischer Nachfolge, Bd. 3: Verständigungen und Differenzen, Freiburg/Göttingen 2008.

42   Sattler / Wenz (Hg.), Das kirchliche Amt (s. Anm. 41), 9. Es habe sich bei der gemeinsamen Interpretation dieses Begriffs gezeigt, dass „eine unbedachte Inanspruchnahme dieser Argumentationsfigur zur Bestreitung der ‚Apostolizität' einer konfessionellen Ämterwirklichkeit vor der theologischen Forschung nicht bestehen kann." (9). „Es gibt vielfältige Formen, die apostolische Identität in Kontinuität zu wahren." (246). Der Begriff müsste sich wandeln, von einem Begriff, der zur Selbstverteidigung des eigenen Kircheseins benutzt wird, zu einem Begriff, der zur eigenen Umkehr ruft. (vgl. 247). „Die im ÖAK erstellten Studien führten [...] zu dem Schluss, dass die bisherigen Argumentationsfiguren nicht ausreichen, sondern dass präzisere Kriterien erforderlich sind." (249). Engführungen müssen korrigiert werden, z. B. die Vorstellung, „es gäbe eine historisch verifizierbare Ämterübertragung von der Zeit der Apostel bis heute." Historisch sei dies nicht nachweisbar. Es gehe schon deswegen nicht, weil bei der Amtsweitergabe „die Vorgänger in der Regel bereits verstorben waren, wenn die Nachfolger ins Bischofsamt eingesetzt wurden." (249). Die Vorstellung einer Kette der Weitergabe habe eher eine bildliche Bedeutung. Es könne in der frühen Kirche nicht von einer Garantie des apostolischen Erbes durch die apostolische Amtssukzession die Rede sein. Denn es habe eine „Vielzahl von Gestalten" gegeben, die Apostolizität der Kirche zu gewährleisten. (251).

43   Sattler / Wenz (Hg.), Das kirchliche Amt (s. Anm. 41), 252. Auch in der katholischen Kirche habe es historisch unterschiedliche Formen gegeben. „Einige Päpste haben [...] im 15. Jahrhundert Priestern [...] das Privileg verliehen, Priester [...] zu ordinieren." (257). Die Geschichte zeige also, „dass auch die römisch-katholische Tradition im Umgang mit den Trägern der Apostolischen Amtssukzession offener ist als weithin angenommen" ist. (257).

44   Sattler / Wenz (Hg.), Das kirchliche Amt (s. Anm. 41), 257.

lehrten Unwissenheit) aus dem Jahr 1440 einen Gedanken geäußert, bei dem er genau jenes Wort verwendet, das in der Erklärung *Domius Iesus* zum Zankapfel geworden ist: *subsistere*. „Subsistere" heißt: „in etwas anderem existieren/in etwas anderem verwirklicht-sein". In den umstrittenen Passagen von *Dominus Iesus* heißt es: „die Kirche Jesus Christi [...] ist [nur] verwirklicht [subsistiert nur] in der katholischen Kirche, die vom Nachfolger Petri und von den Bischöfen in Gemeinschaft mit ihm geleitet wird."[45] Cusanus argumentiert anders. Er setzt nicht abstrakt bei der Kirche an, sondern konkret beim einzelnen Glaubenden: Wo ein Mensch in Christus subsistiert, also an Christus glaubt und in ihm seine Verwirklichung findet, da wird die Einheit der Kirche möglich. Christus allein ist der Ermöglichungsgrund der Einheit, weil Christus selbst in der Einheit der göttlichen und menschlichen Natur alle Gegensätze überwunden hat. Cusanus betont dabei die Profilierung des je Eigenen in der Einheit. Dieses je Eigene darf nicht verloren gehen: „[...] jede verstandesbegabte Natur [ist], wenn sie in diesem Leben in größtem Glauben, in größter Hoffnung und in größter Liebe Christus zugewendet war, mit Christus dem Herrn [...] so sehr geeint, dass alle [...] nur in Christus subsistieren und durch ihn in Gott [...] dass jeder [...] ohne Verlust der Wirklichkeit seines eigenen Seins in Christus Jesus Christus ist und durch ihn in Gott [...] Auf keine andere Weise kann Kirche mehr geeint sein."[46]

Mit diesem Ansatz, der bei dem individuellen Glauben jedes einzelnen Christen und jeder einzelnen Christin ansetzt, die oder der sich Christus zuwendet, um mit ihm geeint zu „subsistieren", kann eine spirituelle Ökumene lebendig bleiben, die die Spannkraft aufbringt, die Einheit im Geist zu wahren, auch wenn die ekklesiologischen Fragen des „subsistere" noch nicht geklärt sind. In diesem Geiste lässt sich auch das Jubiläum 50 Jahre *Lumen gentium* und Ökumenismus-Dekret des Zweiten Vaticanums angemessen und würdig feiern.

Zusammenfassung

Der Beitrag zeichnet die ökumenischen Entwicklungen seit dem Zweiten Vaticanum aus evangelischer Perspektive kritisch nach. Er stellt die These auf, dass wesentliche Fortschritte in der römisch-katholisch/evangelischen Ökumene nur

---

45 Dominus Iesus (s. Anm. 18), Art. 16.
46 N. de Cusa, De docta ignorantia. Die belehrte Unwissenheit, Buch 3, Lateinisch-Deutsch, hg. von H. G. Senger, Hamburg 1999, 95–97.

dann zu erzielen sind, wenn die beiden Kirchen sich in ihrer jeweiligen Reformbedürftigkeit neu auf Jesus Christus konzentrieren und wenn das ökumenisch-theologische Gespräch sich der Aufgabe stellt, den Begriff der Apostolizität neu zu interpretieren.

This article gives a critical evaluation of the development of ecumenical relations since Vatican II from a Protestant perspective. The thesis is that, first of all, one can only achieve substantial progress in Roman Catholic-Protestant ecumenical relations when both churches, given that they are both in need of respective reform, focus on Jesus Christ anew. Secondly, their ecumenical-theological dialogue has to address the task of working out a new interpretation of the concept of apostolicity.

Autoren dieses Heftes

PROF. DR. REINHOLD BERNHARDT
Professur für Systematische Theologie/Dogmatik,
Universität Basel, Heuberg 33, CH-4051 Basel

PROF. DR. CILLIERS BREYTENBACH
Humboldt-Universität zu Berlin, Theologische Fakultät,
Seminar für Neues Testament, Unter den Linden 6, 10099 Berlin

PROF. DR. THEODOR DIETER
Institut für Ökumenische Forschung,
8, rue Gustave Klotz, F-67000 Strasbourg

BISCHOF DR. DR. H.C. MARKUS DRÖGE
Bischof der Evangelischen Kirche Berlin-Brandenburg-schlesische Oberlausitz,
Georgenkirchstraße 69/70, 10249 Berlin

PROF. DR. KLAUS FITSCHEN
Universität Leipzig, Theologische Fakultät, Institut für Kirchengeschichte,
Martin-Luther-Ring 3, 04109 Leipzig

PROF. DR. REINHARD FRIELING
Von-Hees-Str. 3, 64646 Heppenheim

PROF. DR. EILERT HERMS
Eberhard-Karls-Universität, Ev.-Theologische Fakultät,
Liebermeisterstr. 12, 72076 Tübingen

PROF. DR. FRIEDERIKE NÜSSEL
Universität Heidelberg, Theologische Fakultät, Ökumenisches Institut,
Plankengasse 1, 69117 Heidelberg

PROF. DR. BERND OBERDORFER

Universität Augsburg, Philosophisch-Sozialwissenschaftliche Fakultät,
Institut für Evangelische Theologie, Universitätsstraße 10, 86135 Augsburg

PROF. DR. DR. H.C. JOSEF WOHLMUTH

Prof. em. für Dogmatik an der Kath.-Theol. Fakultät der Universität Bonn,
Mutter-Barat-Str. 5, 53229 Bonn

Unser nächstes Heft widmet sich dem Thema „Asketen und Pilger":
PETER GEMEINHARDT (Göttingen), Aussteiger? Religiöse Stars? Antonius und das ägyptische Wüstenmönchtum – ANDREAS MÜLLER (Kiel), ‚ich bin dann mal weg' oder was bewegte Christen im vierten Jahrhundert, eine Pilgerfahrt zu machen? – CHRISTIANE ZIMMERMANN (Berlin), Überall Asketinnen und Asketen? Eine Spurensuche in Lykaonien – HANS-CHRISTOPH ASKANI (Genf), Friedrich Nietzsche, Max Weber, Michel Foucault und die moderne Faszination an der Askese – OLIVER FREIBERGER (Austin, Texas), Asketische Modelle in unterschiedlichen Kontexten. Kulturgeschichtliche Schlaglichter – ANNE STEINMEIER (Halle), Askese aus seelsorgerlicher Sicht – CORINNA DAHLGRÜN (Jena), Praktisch-theologische Aspekte der Askese – PATRICK HEISER (Fernuni Hagen), Pilgern zwischen individueller Praxis und kirchlicher Tradition – CHRISTIAN ANTZ (FH Westküste), Pilgern im 21. Jahrhundert. Menschen unterwegs zwischen Suche, Wandern und Urlaub – HANNS CHRISTOF BRENNECKE (Berlin), Odyssee eine Bildes oder die etwas anderen Erinnerungen eines Berliner Theologiestudenten an das Jahr 1968

*Rezensiert wird in der BThZ nur auf Beschluss und Anforderung des Herausgeber-*kreises. Es wird deshalb gebeten, keine unverlangten Rezensionsexemplare zuzusenden, da diese nicht zurückgesandt werden können.

Wolfgang Beinert | Ulrich Kühn
Ökumenische Dogmatik

880 Seiten | Hardcover | 15,5 x 23 cm
ISBN 978-3-374-03076-7
EUR 78,00 [D]

Zwei Theologen mit jahrzehntelanger ökumenischer Erfahrung legen als Summe ihrer Arbeit eine Darstellung des christlichen Glaubens vor. Ihre Fragestellung lautet: Wie weit, wie tief, wie umfassend können evangelische und katholische Christen heute gemeinsam ihren Glauben bekennen? Grundlage ihrer Arbeit ist die Überzeugung, dass die theologische Disziplin Dogmatik im Dienst dessen steht, was Aufgabe aller Glaubenden ist: Gott loben. Gottes-Lehre (dogma) mündet in Gottes-Lob (doxa).

Die großen Themengebiete der Dogmatik werden je von einem Autor vorgelegt, nachdem der Text vom Coautor gegengelesen wurde. Nur zum umfänglichen Traktat zur »Lehre von der Kirche« schreiben beide Theologen.

Die »Ökumenische Dogmatik« verkündet nicht das Ende der Trennung von evangelischen und römisch-katholischen Christen, aber sie macht es erheblich schwieriger, diese Trennung immer noch zu begründen.

EVANGELISCHE VERLAGSANSTALT
Leipzig www.eva-leipzig.de

Tel +49 (0) 341/ 7 11 41 -16   vertrieb@eva-leipzig.de